2016 年度国家社科基金一般项目

"非结构化电子文件管理研究"（16BTQ089）

非结构化电子文件管理研究

王志宇 等 著

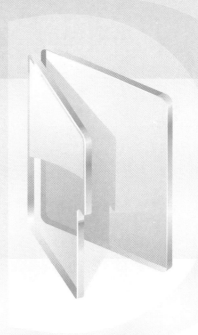

Electronic
Documents

中国社会科学出版社

图书在版编目（CIP）数据

非结构化电子文件管理研究 / 王志宇等著 . —北京：中国社会科学出版社，2023.3

ISBN 978 - 7 - 5227 - 1206 - 2

Ⅰ.①非… Ⅱ.①王… Ⅲ.①电子档案—档案管理—研究 Ⅳ.①G275.7

中国国家版本馆 CIP 数据核字（2023）第 022164 号

出 版 人	赵剑英
责任编辑	刘　艳
责任校对	陈　晨
责任印制	戴　宽

出　　版	中国社会科学出版社
社　　址	北京鼓楼西大街甲 158 号
邮　　编	100720
网　　址	http://www.csspw.cn
发 行 部	010 - 84083685
门 市 部	010 - 84029450
经　　销	新华书店及其他书店

印　　刷	北京明恒达印务有限公司
装　　订	廊坊市广阳区广增装订厂
版　　次	2023 年 3 月第 1 版
印　　次	2023 年 3 月第 1 次印刷

开　　本	710×1000　1/16
印　　张	16.25
插　　页	2
字　　数	236 千字
定　　价	88.00 元

目　　录

第一章

导　论

　　大数据环境下，非结构化电子文件正以前所未有的速度增长着，传统的档案管理方法对非结构化电子文件的管理弊端越来越明显，如何实现对其科学管理与高效利用，受到了人们越来越多的关注。因此，我国亟须对非结构化电子文件管理进行创新发展，以积极适应新时代下我国档案管理现代化发展需求。

　　非结构化电子文件具有数量庞大、结构复杂和难以管理等特点，是目前数据中的主体部分。本书根据档案管理现代化发展新理念和档案智能化知识挖掘与管理目标，论述了大数据环境下的非结构化电子文件的移交、接收、鉴定、归档和检索等内容。如何将大数据技术运用于档案学领域还需要反复的研究论证，因此，为了使档案事业更好地满足新时代社会建设和发展需求，适应社会发展节奏，我国近年来对档案管理现代化给予了高度重视。基于此，本书对大数据环境下的非结构化电子文件管理展开了多方面的探索和研究，主体内容包括非结构化电子文件的移交与接收、存储与检索、数据关联三个模块。（1）对于非结构化电子文件的移交与接收模块，主要通过目前我国各类规范解读对其进行分析探讨，并提出了相应的问题和策略。（2）对非结构化电子文件的存储与检索模块，笔者分别从 OS 文件系统、电子文件管理系统、对象存储、分布式存储、文档型非关系型数据库等技术角度进行了探索研究。（3）论证了语义网环境下非结构化电子文件的关联实现与元数据管理。此外，本书也积极分析了国外非结构化电子文件相关管理经验，以为我国非结构化电子文件的管理工作的建设发展提供参考。

第一节 研究背景及意义

大数据环境下，随着办公自动化和档案数字化的普及与发展，非结构化电子文件无处不在，其增长速度更是前所未有，其规模也远远超过了结构化数据成为海量数据中的主体数据类型，该类数据内容价值更是不容小觑，给大数据环境下人类档案数据管理带来了极大的挑战。因此，加快非结构化电子文件管理的研究发展进程更是迫在眉睫。

一 研究背景

在现行电子文件管理工作中，非结构化电子文件数据量占90%，这种现象从全球范围来看都是非常普遍的。2015年美国已进入"非结构化"数据分析新时代。由于非结构化电子文件数据具有彼此孤立且兼容性差的特征，我国目前各级各类档案馆、机关、团体、企事业单位等对非结构化电子文件的存储方法各异，档案存储质量参差不齐，为我国档案的集中管理和档案提供利用带来诸多不便。因此，非结构化电子档案的管理问题一直是电子文件工作所要面对的重要内容之一。近年来，我国为了推进对档案管理的与时俱进，对其提出了档案管理信息化和现代化的新要求和新目标，例如：中国国家档案局于2012年12月印发的《电子档案移交与接收办法》，明确规范了以非结构化形式移交和接收电子文件为档案行业标准；2020年5月实施的《基于文档型非关系型数据库的档案数据存储规范》提出的文档型非关系型数据库，为非结构化电子文件的存储管理提供了全新的管理思路和方法；2020年6月修订的《中华人民共和国档案法》中，强调档案信息化和档案信息资源共享服务平台建设的重要性，旨在推进我国档案现代化发展，使档案管理工作主动适应我国当前社会经济发展进程，助力于我国社会主义现代化强国的建设与发展；2021 年 10 月正式实施的《电子档案管理系统通用功能要求》；等等。由此可以看出新时代环境下，我国对非结构化电子文件的管理工作给予了高度的重视和关注。

二 研究意义

非结构化电子文件管理研究有助于对非结构化电子文件的管理与宣传、开发与研究以及对档案全文数据库的优化完善等，具体如下。

第一，以创新的理念和视角，探索出当下非结构化电子文件管理工作的新途径，为现行电子文件管理工作提供了重要的参考作用。国家档案局制定的《电子档案移交与接收办法》已经明确规范了以非结构化形式移交和接收电子文件为档案行业标准，本书以此为研究依据，分析技术原理并探索当前国内非结构化电子文件形成、归档、移交的解决方案。

第二，从技术路线和创新实践角度，提出在"大数据"环境下海量非结构化电子文件数据管理和分析挖掘的新方法。当前的电子文件管理正在进入"大数据"环境的新时代，国外正在研究对海量非结构化数据分析挖掘的新技术。本书立足于我国国内电子文件工作发展特点，以智能化的知识挖掘和管理为目标，探寻在大数据环境下采用新型技术手段对海量非结构化电子文件管理的新方法。

第三，进一步开拓了国内电子文件管理研究的领域和成长点。传统档案学界对电子文件管理的研究距今已有十五年之久，在新理念、新思维、新技术的引导下，电子文件管理研究已经进入了新的阶段和领域。本书旨在以非结构化电子文件为切入点，开拓和探寻新环境下电子文件管理研究的进化和生长点，为档案学新问题研究提供理论保障和技术支持。

第四，有助于非结构化电子文件管理理论与技术的广泛宣传，特别是基于大数据环境下的非结构化数据管理新理念。

第五，目前全文数据库虽然拥有强大的检索功能，但由于其占用空间和系统开销大等原因，其检索效率是一大难题，非结构化电子文件管理研究有助于对全文数据库的改善优化以及对于文档型非关系型数据库的应用。

第二节 国内外研究现状

对于非结构化电子文件的管理研究，国内和国外也早已有所探讨和研究，但两者研究的侧重点各有不同，以下内容分别通过对国内和国外相关主题的文献进行检索和查阅，并对其相关管理方法和技术等研究内容进行分析比较。

一 国内研究现状

通过 CNKI 和读秀数据库进行检索，其中 CNKI 数据库中分别以主题＝"非结构化＋电子文件/档案"、"非结构化＋数据"进行检索，与"电子文件/档案"相关的只有 15 条结果，与"数据"相关的有 3815 条结果，经过筛选，共得到 720 篇学术期刊，52 篇硕士学位论文和 2 篇会议论文，15 篇报纸文章和 2 篇博士学位论文。读秀数据库以书名＝"非结构化"进行检索，检索到 5 本书名与之相关的图书。两个数据库检索出的成果总体情况是：非结构化数据管理问题的研究早已有之，但在档案学领域的非结构化电子文件管理问题却极其稀少，具体内容总结如下。

自电子文件管理研究进入 Web 2.0 时代以来，新技术层出不穷，近年来的"云计算"和"大数据"相关技术兴起，引起了业界对海量非结构化数据管理问题的兴趣。在这个层面上，硕士学位论文更倾向于对新领域研究技术路线的研究。在许多专门领域，如医学、农业等已经率先进入非结构化信息和数据研究范畴，而档案学领域与之相关的问题研究并不多。原因就是电子文件的管理工作一开始就是和非结构化电子文件打交道，即便有一些结构化的 ERMS（电子文件管理系统）开发和应用，也大都局限在目录级检索层面，广大电子文件工作者甚至都不知道自己正在管理的文件属于非结构化数据，直至进入"大数据"时代，由于传统档案数字化工作蓬勃开展以及计算机环境直接生成的电子文件越来越多，海量非结构化电子文件管理问题才逐渐浮出水面，逐渐引起了业界的关注。以中国人民大学、清华大学和上海大学的档案学研究者为首的技术型专家已经在其研究成果中涉及海量非结构化电子文件数据的管理问题，如冯惠玲、薛四新、高艳霞等，档案学领域的研究偏向数据仓库、智能管理与智慧城市方面。基本一致的认识是：非结构化电子文件数据量与日俱增，现实工作意义重大，专门人才匮乏，非结构化电子文件管理问题亟待解决。

二　国外研究现状

在 Web of Science、Library and Information Science Abstracts、Emerald、SpringerLink 数据库中，分别以主题＝"unstructured"＋"electronic file/record"和"unstructured"＋"data"进行检索，共得到 1728 条记录。通过对相关文献的研究发现，近年来，随着大数据技术的应用，对海量非结构化数据挖掘分析研究的文章越来越多，国外对于非结构化电子文件的研究大部分聚焦于大数据环境下的可视化分析与智能利用方面，可以说已经进入非结构化数据分析新时代，并且其更侧重于技术的应用。与国内类似，非结构化文件研究领域，档案机构处于边缘位置。但也在紧锣密鼓地探索着，欧美国家的数字档案馆、电子文件档案馆以及专门的数字档案项目建设，正在从 XML 数据仓库的建设向知识性挖掘方面扩展，如美国的 ERA 项目、加拿大政府数字资源长期保存可信数字仓储（TDR）等。发达国家对非结构化电子文件的管理研究并没有拘泥于档案学领域，究其原因，是外国的档案组织机构和管理模式与国内不同，国外的电子文件管理在各种"解密"事件和活动中早已融入大众服务设施，比如社会化标签活动，本身就是对电子文件的公开利用，是由公众在社交媒体上以贴标签的方式帮助档案管理机构整理非结构化电子文件的活动。国外的大数据环境下非结构化数据研究也早已将档案信息纳入其研究领域和范畴。因此，虽然其包含的内容更为广泛，但从技术层面上看，是走在国内研究之前的，其技术路线是值得国内研究学者借鉴的。

三 研究述评

国内外对非结构化电子文件管理的研究，普遍认识到在"大数据"时代，海量非结构化电子文件数据是庞大的信息宝藏，通过大数据相关技术可发挥这些数据的潜能，创造更大的财富，且国外的研究早已偏重在应用研发上，与国内一直以来拘泥于传统管理理念的思路是不一样的。在总体上，国外对非结构化电子文件的管理研究属于大数据下的海量非结构化数据范畴，国内由于档案组织机构的特点与国外不同，相对来说，在档案学领域内外的研究范围划分体系比较明显。本书结合国内外的研究特点，结合国内现行电子文件管理体制的特征，以期探索出能够对现行管理工作起到实际和实践指导意义的途径，探索在理论、技术、人才、政策等多方面高效整合的非结构化电子文件创新管理方法，以更好地提升我国档案学领域的非结构化电子文件管理的技术与理论的研究效率和应用价值。

第三节　核心概念界定

非结构化数据，即"不能用数字或者统一的结构表示的数据，或没有固定结构的数据"①。该定义从数据结构角度对非结构化数据进行界定，该类数据形式多样、种类繁多，如文本文件、图像文件、音频文件、视频文件等。《电子档案管理基本术语》中的电子文件定义："国家机构、社会组织或个人在履行其法定职责或处理事务过程中，通过计算机等电子设备形成、办理、传输和存储的数字格式的各种信息记录。电子

---

① 国家档案局：《基于文档型非关系型数据库的档案数据存储规范》，标准号 DA/T 82—2019，2019 年 12 月 16 日发布，2020 年 5 月 1 日实施。

文件由内容、结构和背景组成。"① 该定义从来源、形成方式、包含内容等方面对电子文件进行了界定。电子档案，即"具有凭证、查考和保存价值并归档保存的电子文件"②。

本书的研究对象——非结构化电子文件，则是指不能用数字或统一的结构表示的信息记录。该类数据通常以文件或文件夹的形式存在，不方便用数据库中的二维逻辑表表示，其数据模型通常是不规则和不完整的，因此管理难度也相对较高。对比电子档案范围，本书所指非结构化电子文件包含电子档案。

第四节 非结构化电子文件管理的必要性和可行性

非结构化电子文件作为档案数据中的主要组成部分，目前对其管理存在存储不完整、检索不全、检索无果等诸多问题，对其利用和价值实现造成了极大的障碍，因此，亟须对我国非结构化电子文件管理方式进行改善和优化。

一 非结构化电子文件管理的必要性

人们对海量非结构化电子文件的高效利用需求越来越引起人们的高度关注，非结构化电子文件的规范化管理无论对档案事业还是社会发展都发挥着至关重要的作用。因此，我国有必要对其加强重视和管理，以适应新时代我国社会发展的需求。

（一）大数据环境下档案数据发展的客观要求

1. 档案数据的海量存储需求

《2020 联合国电子政务调查报告》显示，我国 2020 年电子政务发展

---

① 国家档案局：《电子档案管理基本术语》，标准号 DA/T 58—2014，2014 年 12 月 31 日发布，2015 年 8 月 1 日实施。

② 国家档案局：《电子文件归档与电子档案管理规范》，标准号 GB/T 18894—2016，2016 年 8 月 29 日发布，2017 年 3 月 1 日实施。

指数已达到 0.7948，相比 2018 年的 0.6811，排名提高了 20 位。随着无纸化办公日益普及，各机构单位也广泛生成了各种各样的大规模非结构化档案数据，如文档、图像、音频和视频等。近年来，为了在档案管理中推进档案管理现代化的目标实现，我国逐步推进了全国示范数字档案馆、国家级数字档案馆和档案网站建设等工作，由此也生成了海量的档案数据。表 1 - 1 为我国国家档案局分别于 2017 年、2018 年和 2019 年发布的全国档案行政管理部门和档案馆档案数据的基本情况。

表 1 - 1　　全国档案行政管理部门和档案馆档案数据基本情况统计

	2017 年	2018 年	2019 年
国家综合馆藏档案（万卷、件）	65371.1	75051.1	82850.7
其中：照片档案（万张）	2336.5	2056.0	2203.8
录音、录像磁影片（万盘）	—	105.0	99.6
馆藏电子档案（万 GB）	162.9	127.7	119.3
其中：文书类电子档案（万 GB）	84.2	—	—
数码照片（万 GB）	26.3	33.2	39.6
数字录音录像（万 GB）	52.5	30.5	35.9
馆藏档案数字化副本（万 GB）	1659.0	1556.4	1407.8
年接收档案（万卷、份）	—	6393.2	7862.4
其中：年接收照片档案（万张）	—	122.0	97.4
年接收录音录像影片（万盘）	—	2.9	2.7

根据表 1 - 1 可以看出，从 2017 年到 2019 年，我国国家综合馆藏档案增长率分别达到 14.80% 和 10.40%，并且档案数据容量即将突破十亿级。但是 2017 年、2018 年和 2019 年馆藏电子档案和馆藏档案数字化副本两者的总量占综合馆藏档案总量比重仅为 2.79%、2.24% 和 1.84%。由此可知，当前我国档案信息化和现代化发展任重而道远。

2. 档案数据的丰富存储需求

档案管理除了需要考虑来自档案数量方面的压力，不同格式和来源的档案存储问题同样是一大难题。随着我国办公自动化的普及和成熟，各行业各部门生成的电子文档格式势必将越来越丰富多样，文档结构也将更加复杂。据高德纳咨询公司 Gartner 统计，在海量数据中，非结构化数据是最主要的数据类型，在所有类型数据存储规模中占比已超过85%。[①] 另外，该公司认为，非结构化数据以同比 30%～60% 的势头增长，并预测，到2024 年，以文件或对象形式进行存储的非结构化数据将是 2019 年的 3 倍。2018 年我国展开了对重要网站网页资源归档试点工作，在未来网站网页资源归档全国普及后，势必也将进一步极大地扩大我国档案存储规模。在如此结构复杂多样的数据中，具有保存价值的档案资源同样随之迅速增长，非结构化档案数据资产化价值更是不可估量，如何实现各种非结构化档案数据的资产化管理成为人们不得不面对和解决的问题。

3. 档案数据高效检索需求

我国各档案机构归档保存档案数据存储方法各异，存储质量也参差不齐，从而导致档案存储管理中存在记录不全、数据丢失、档案无法访问等诸多问题，严重影响档案数据的存储质量与保管安全。对于传统纸质档案数字化形成的图像档案保管方法，目前我国主要采取图像和 PDF 文档两种格式分别进行异质备份存储，同时将 PDF 文件进行挂接的方式供用户利用，如中国矿业大学档案馆[②]数字图像的挂接存储便是通过该方法实现的。以存储管理规范化档案数据为主的关系型数据库，在一定程度上实现了对档案的高效管理，但该方法在未来档案管理的长远发展方面仍存在诸多弊端。传统的档案数据存储方法在一定程度上决定了档案数据的检索与利用，因此，要实现如此海量且复杂的档案信息化和现代化存储管理，仅仅依靠传统关系数据库势必无法满足社会发展的需求，

---

① 孙碧燕、王咏：《非结构化档案信息管理对策分析》，《企业研究》2010 年第 6 期。

② 李月娥、周晓林：《高校纸质档案数字图像存储与数据挂接模式探索——以中国矿业大学档案馆为例》，《档案与建设》2019 年第 5 期。

如何科学存储档案数据并提高档案检索效率日益成为档案领域亟须解决的重要问题。大数据环境下,对于海量存储的非结构化档案数据检索,仅靠基于关键词、主题等简单检索方式远远无法满足用户的检索需求。因此,传统的档案检索方式同样亟须改善优化。我国近年来大力倡导开放档案信息共享利用综合平台建设,并启动了"国家开放档案信息资源管理与共享利用综合系统建设项目"建设,旨在实现档案资源的共建共享,为公众的档案利用提供极大便捷。但目前档案存储保管依然存在"信息孤岛"的现象,导致我国各地档案被"割据",对实现档案共享与利用造成了极大的障碍,此外档案的著录层级结构不足,检索语言的词表结构简单、词间关系不完整等现象①,自然也导致档案在检索利用方面存在检索效率低、检索信息不全面、用户检索体验差,甚至档案信息查询无果等现象。

(二)档案资源化管理需求

1. 大数据环境下档案互联共享建设需求

大数据时代下,档案机构之间互联互通和数据共享的服务思想和需求日渐成为主流,档案由单一被动服务到主动多元化、智能化服务模式的转变成为档案工作未来发展的必然趋势。随着海量数据的产生,大数据、云计算以及人工智能等技术应运而生,给档案事业发展带来了机遇。相对传统样本数据对精确性与内容逻辑性的追求,大数据面向所有数据,支持数据间的复杂关系处理。② 因此,大数据时代强调的关联、整体等理念有助于我国档案管理向多元化、智能化和互联互通以及数据共享模式的转型发展。大数据的关联挖掘技术可以辅助人们在档案管理工作中通过静态分析与动态分析发现档案与档案之间或档案业务之间等新规律和新知识,在帮助人们改善优化档案管理的同时,实现基于大数据技术

---

① 陈正娇:《〈中国档案主题词表〉未能广泛使用的几点思考》,《文山学院学报》2010 年第 23 期。

② [英]维克托·迈尔–舍恩伯格、肯尼思·库克耶:《大数据时代生活、工作与思维的大变革》,盛杨燕、周涛译,浙江人民出版社 2013 年版,第 29 页。

支持下的预测，从而在实现更好更快地推动档案事业发展的同时满足社会建设需求。此外，借助大数据、云计算和强大的数据库还可以帮助人们实现全息式采集、分布式存储和可视化发布等功能，实现对传统档案管理存在局限的突破式创新①，有利于打破我国档案目前"信息孤岛"的局面，实现我国对档案跨地区、跨部门、跨行业的管理与服务以及共享模式建设和发展。非关系型数据库为目前大量存在的非结构化档案数据存储管理提供了技术上的专业性支持，为诸如图片、文档、音频、视频等档案数据提供了更佳的管理途径。此外，在数据安全方面，电子档案等数据具有易更改性，因此其完整性、真实性和可靠性受到了极大的威胁，为档案的安全保管带来了极大的挑战，而新兴技术则为档案安全存储提供了更加专业可靠的技术支持。如智能无线传感器技术对档案库房温、湿度环境的智能监测，人脸或指纹识别技术对出入库人员身份智能识别等功能。②

2. 用户服务的便捷智能化需求

随着我国的发展，公众的档案意识普遍提高，对档案的需求也大大提高，在参与我国新时代快速发展建设过程中，对档案服务利用工作也进一步提出了更高的要求。目前，在用户服务过程中，我国档案检索方式较为单一，需要充分考虑社会不同年龄阶段和不同职业的用户对档案利用的多样化需求。目前档案检索方式主要有简单检索、高级检索和专业检索等，简单检索虽然便于普通用户使用，但受检索方式影响可能会存在用户无法准确全面地获取所需档案的现象；专业检索由于其较强的专业性，在一定程度上也限制了用户的选择。不同的用户选择相同的档案检索系统对同一主题档案进行检索，得到的检索结果可能各有不同，检索质量也参差不齐。因此，在大数据环境下，仅仅依靠用户单方面通过关键词等方法进行档案数据查询将远远无法满足公众需求，因此，如

---

① 张倩：《高校档案大数据业务流程重组研究》，《档案与建设》2016 年第 11 期。
② 饶继红：《人工智能在档案管理工作中的应用》，《集成电路应用》2020 年第 7 期。

何充分挖掘用户潜在的档案检索需求并为之提供更全面准确的档案数据逐渐成为人们亟待解决的问题。

总之，面对大数据环境下数据的海量、多样和价值密度低等特点，文档型非关系型数据库为其提供了低成本且存储高效的技术支持，为档案便捷智能化服务需求奠定了基础，目前文档型非关系型数据库已被广泛应用于国内外大型企业的重要文件数据存储中。

（三）相关政策要求

"十二五"规划期间，《全国档案事业发展"十二五"规划》中提到要实施公共档案信息资源共享服务工程项目，打造"一站式"档案信息资源共享和服务平台，为社会提供全方位的档案信息服务。① "十三五"规划期间，国家档案局印发的《全国档案事业发展"十三五"规划纲要》中也制定了相关政策支持档案信息资源整合的发展。其中，有一项发展目标就是"实现档案资源多样化。依法管理档案资源，各级国家机关、团体、企业事业单位档案实现应归尽归、应收尽收；档案资源更加齐全完整、丰富多元，覆盖人民群众的档案资源体系更加完善"②，其中新增了对重要网站网页资源的归档要求，同时指出我国要加快档案信息资源共享服务平台建设，并努力实现"以信息化为核心的档案管理现代化"的发展目标和更加便民高效的档案服务，使档案管理与服务工作能够主动适应当前社会发展需求，助力于我国社会主义现代化强国建设。目前，我国为了规范政务办公、提高工作效率，在 2018 年和 2019 年分别发布了《关于加快推进全国一体化在线政务服务平台建设的指导意见》和《国务院关于在线政务服务的若干规定》等，多次强调全国一体化在线政务服务平台的全面快速建设，指出"国务院部门数据共享满足地方普遍性政务需求"，提出了数据在全国范围内的高效共享要求，旨在

---

① 国家档案局：《全国档案事业发展"十二五"规划（摘要）》，《机电兵船档案》2011 年第 2 期。

② 国家档案局：《全国档案事业发展"十三五"规划纲要》，《中国档案》2016 年第 5 期。

实现全国政务服务的"一网通办"、规范协同作业和数据共享。因此，在不久的将来，随着我国一体化在线政务服务平台的建成和普遍应用，势必会产生和积累更多的档案数据。面对新时代环境下一体化在线政务服务的新变化，我国海量档案数据高效安全管理问题的解决刻不容缓。2017年我国发布的《国务院办公厅关于印发政务信息系统整合共享实施方案的通知》中要求加快政务信息系统整合共享进程，并于2018年6月底，实现国务院各部门信息系统与国家数据共享交换平台的互联互通。此外，基于我国未来全面建成社会主义现代化强国的战略安排，对档案事业同样提出了相应的要求，于2020年6月修订的《中华人民共和国档案法》通过全国人大常委会审议，其中新增专章中的第五章"档案信息化建设"中强调：我国应将档案信息化纳入信息化发展规划，档案馆和机关、团体、企业事业单位以及其他组织应当加强档案信息化建设，推进档案信息资源共享服务平台建设。

综上所述，近年来，我国通过相关政策的发布多次强调档案信息化工作的建设发展，对我国档案管理和服务工作给予了充分的关注和重视，要求档案工作能够在我国现代化强国建设过程中充分实现其价值，满足社会经济发展需求。

二　非结构化电子文件管理的可行性

随着海量数据的急速增长，大数据和云计算技术应运而生。为了适应大数据时代社会发展需求，语义网技术、对象存储和非关系型数据库等信息技术应运而生，并在各个领域得到了广泛应用，极大地满足了各种复杂数据的存储与管理利用，摆脱了长期以来非结构化档案数据存储管理困扰，为档案数据的高效管理与利用提供了条件和支持。因此，本书在实验室内主要利用HDFS、MongoDB等技术搭建数据库系统进行程序性的实证研究和创新型实验实践。

第五节　研究内容与方法

本书主要以非结构化电子文件为研究对象，对其背景、来源与特征、移交与接收、存储与检索以及不同环境中的管理方式等方面展开论述。其中对各种管理的实现方法进行具体阐述。

一　研究内容

本书以非结构化电子文件为研究对象，主要分为八个章节对其展开论述，具体如下所示。

第一章，主要围绕本书的社会发展背景与研究意义、国内外研究现状、非结构化电子文件管理的必要性和可行性、研究内容、技术路线、创新等内容展开论述。

第二章，非结构化电子文件的形成与来源。本章具体分为了五个部分进行论述：第一部分，主要阐述了非结构化电子文件的存储结构与管理原理，介绍了非结构化电子文件的八层存储结构及其管理原理，从技术理论层面对其进行深入剖析以寻求科学的管理方法；第二部分，介绍了非结构化电子文件的来源，从通用办公环境和档案数字化转换两方面解释了非结构化电子文件规模在数据中的主体地位；第三部分，具体介绍了非结构化电子文件海量性、异构性、格式多样性、标准多样性和对系统依赖性更高的特点；第四部分，根据非结构化电子文件形式进行具体分类和阐释；第五部分，分析了非结构化电子文件管理中存在的重点与难点，指出非结构化电子文件管理中存在数据之间不兼容、数据真实性和安全性难保障、元数据管理研究滞后、电子文件之间联系性弱等重难点，但在大数据环境下，不断更新换代的语义网技术、多媒体技术和数据库等高新技术为非结构化电子文件的优化管理与发展提供了有力的技术支撑，使得非结构化电子文件现代化管理目标的实现指日可待。

第三章，非结构化电子文件的移交与接收。基于我国档案移交与接收的相关法律法规，结合当前沈阳市档案馆档案的管理过程，对非结构化电子文件的移交与接收工作进行了具体的论述，指出了在非结构化电子文件的移交与接收过程中存在的问题，并针对相应问题提出了合理建议与措施。

第四章，基于 OS 文件系统的非结构化电子文件存储与检索。本章首先介绍了非结构化电子文件基于本地 OS 文件系统和电子邮件进行管理的方法，具体以存储与检索两个模块为主要内容，详细阐述了基于 Windows 系统和苹果公司的 Mac 等不同系统环境中的虚拟文件夹技术、桌面搜索技术，以及电子邮件存储方式下非结构化电子文件的存储与检索方法实现，并对不同的存储与检索方法进行优缺点比较。目前尽管移动平台技术发展迅猛，但在档案馆（室）中对非结构化电子文件的管理仍然是基于 Windows 桌面环境的粗放管理，因此，本章以 Windows 系统环境下的非结构化电子文件管理为主进行了论述。

第五章，电子文件管理系统环境中非结构化电子文件的存储及检索。本章共分为四个部分：第一部分对电子文件管理系统的定义、特征、种类和功能进行总体概述；第二部分介绍了非结构化电子文件分别采用数据库字段存储、ERMS 数据库结合文件系统存储、介质服务器存储和数据库 DAT 格式文件存储实现方法，并对不同存储方法进行了比较分析；第三部分主要对目录检索和数据库系统检索进行了介绍和比较，并指出了各自的优缺点；第四部分，对电子文件管理系统环境中非结构化电子文件管理的相关案例进行了介绍。

第六章，语义网环境下非结构化电子文件的关联与元数据管理。本章共分为三个部分：第一部分论述了非结构化电子文件关联的构建，具体分析了非结构化电子文件关联的必要性和可行性及其实现机制；第二部分论述了具体的非结构化电子文件的半结构化管理实现方案；第三部分阐述了语义网环境下非结构化电子文件管理过程中的技术路线实现和应用。

第七章，大数据环境下非结构化电子文件的存储与检索。本章从大数据技术层面出发，分别介绍了基于大数据环境下对象存储、分布式文件系统和非关系型数据库技术的非结构化电子文件存储与检索方法及其优缺点比较，并阐述了相应的应用案例，指出了大数据环境下非结构化电子文件管理面对的挑战。

第八章，基于社交媒体文件的非结构化电子文件管理。本章主要围绕社交媒体信息的捕获、鉴定、保存和开发与利用四个模块展开论述。首先，捕获模块以美国国会图书馆归档 Twitter 项目中的社交媒体信息的捕获方法和捕获技术为主进行论述；其次，鉴定模块主要以美国、英国和澳大利亚三个国家社交媒体信息的鉴定主体与对象、鉴定内容与原则和鉴定标准与工具进行论证；再次，保存模块以英、澳的社交媒体信息的保存工作为主，介绍了社交媒体文本信息和大文件的存储实现方法，为我国社交媒体信息的存储提供了新的解决方案和对策；最后，对美国、英国、澳大利亚不同的开发与利用进行阐述，其中以美、英、澳三国的社交媒体信息为例介绍了档案利用平台的建立、著录、检索和分析，并分别从社交媒体信息关键词抽取、社交媒体信息主义分类、社交媒体信息情感分析和构建用户画像等不同角度分析了社交媒体信息专业领域的智能化开发与利用。

二　研究方法

（1）实验研究法。本书对非结构化电子文件存储管理的技术路线进行了探索设计，并基于提出的方法进行了相应的实验模拟验证，确保了其论证的可行性。

（2）调研分析法。本书所要解决的主要问题是在现行电子文件管理体制下针对非结构化电子文件提出新的管理方法。为了保证研究的客观性，邀请了沈阳市档案馆的老师参与了本书的撰写工作，切实结合档案管理实践工作对非结构化电子文件管理实现进行了研究探索，同时本书也通过网络调查等方式对美国、英国、澳大利亚基于社交媒体归档的非结构化电子文件管理工作经验进行了分析研究，以确保本书的应用性。

（3）比较研究法。通过对国内外非结构化电子文件的管理现状和方法研究，以及大数据和云计算相关技术的应用等相关领域的多角度比较分析，探索了我国非结构化电子文件管理的创新的技术路线、应用模式和发展趋势。

三　技术路线

如图1-1所示，展示了非结构化电子文件管理技术实现路线，首先对档案机构进行了实地调查和分析，实事求是地了解了目前我国各档案机构的实情和需求，根据需求进行实验模型的系统架构与程序模拟，以保证系统的可用性和安全性；其次，对非结构化电子文件的来源与生产特征进行分析，划分其种类，明确其存储，为非结构化电子文件的管理技术路线提供多种方式，如传统桌面环境非结构化电子文件管理、电子文件管理系统环境下非结构化电子文件管理以及XML格式与"内容管理"模式下的非结构化电子文件管理，同时也提出了多种大数据技术支持下的档案管理新模式，如分布式文件系统下非结构化电子文件管理、MapReduce模式下非结构化电子文件数据分布式分析处理以及面向文档

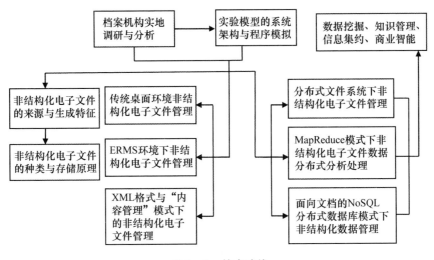

图1-1　技术路线

的 NoSQL 分布式数据库模式下非结构化数据管理。大数据技术支持的档案管理新模式可以实现对非结构化电子文件的数据挖掘、知识管理、信息集约以及商业智能化分析等功能，有助于对大规模结构复杂、种类多样的非结构化档案数据进行数据挖掘和服务利用，实现档案数据的共联、共建与共享，助力于社会的建设和发展。因此，档案管理人员应全方位地积极推动大数据技术在档案领域的应用与实践，加快推动档案管理的创新发展，实现档案的智慧管理。

第二章

非结构化电子文件的形成与来源

近二十年来，信息化浪潮席卷全球，计算机技术、通信技术和人工智能技术等的快速发展，对社会生活的各个方面产生了日益深刻的影响，并且随着国家信息化建设进程的不断推进，办公自动化、电子政务、电子商务等日益普及，计算机辅助设计、网上审批、电子邮件传输等信息化手段普遍应用，都为政府效能提高、企业生产经营发展、人民生活办事便捷提供了新的平台。在档案管理领域，伴随着数字技术、网络技术的发展，各种类型电子文件大量产生，电子文件的数量呈几何级数迅猛增加，已经成为各项社会实践真实记录的重要组成部分，电子文件的管理工作也已经成为国家档案管理工作的重要组成部分。2016 年国家档案局组织的一项调查表明，中央和国家机关、中央企业已有将近 80% 的单位采用了办公自动化或电子政务系统，共产生各种类型电子文件近 2 亿件，成为各项工作真实记录的重要组成部分。非结构化电子文件的形成范围广泛，不仅包括档案相关部门，还包括各个实践工作中的业务部门。在实践工作中，各业务部门往往采用不同硬件平台、操作系统、数据库等，并且各部门之间实行独立管理和维护，形成了许多不同类型和格式的电子文件，如 TXT、XML、JSON、PDF、OFD、CAJ、JPG、MP3 等格式。"这些电子文件未存储在档案数据库中，而是以各种类型的文件或文件夹形式存放，且它们通常在存储结构和语义上都是异构的，被称为非结构化电子文件。"①

---

① 王志宇、赵淑梅：《非结构化电子档案数据管理探析》，《档案学通讯》2014 年第 5 期。

第一节　非结构化电子文件的存储结构与管理原理

非结构化电子文件来源广泛，种类多样，结构复杂，了解认识其存储结构与管理原理对推进非结构化电子文件的科学高效管理与发展具有重要的作用。因此，本节主要围绕非结构化电子文件的存储结构和管理原理两方面展开论述。

一　非结构化电子文件八层存储结构

在日常的管理工作中，非结构化电子文件是档案工作者接触最频繁的一种文件结构，在电子文件利用的整个生命周期中，我们会在各个环节上和它的非结构化特征打交道。如在电子档案和电子文件移交、归档的过程中，在储存、备份的过程中，在检索、利用的过程中，如何能够在实际工作中保证非结构化电子文件的真实性、完整性、可用性和安全性集成了档案工作要面对的问题。非结构化电子文件有其特征，在对它的研究过程中，第一个问题就是它的体系结构。只有彻底清楚了非结构化电子文件的体系和构成特点，才能够以正确的操作方式对其进行应用。非结构化电子文件从计算机文件系统诞生起就已经存储在计算机的磁盘中了，从档案工作的角度出发，我们可以把电子文件的这种非结构化特征划分为八层体系结构。在本书中，将非结构化电子文件的物理介质层作为第 0 层，本书并不将这一层作为研究范畴，而是从逻辑管理的角度，将其结构做 8 层划分并详尽阐述。

（一）电路信号层

非结构化电子文件是随着二进制的电子电路的诞生而出现的。信号层（Signal Layers），即铜箔层，是主要用来放置元器件或布线的铜导电层。一个电路板可设计多个信号层，如用于放置元器件的顶层信号层、用于布置信号线的中间层、用于布线与焊接的底层信号层等，以实现信号的交换，各个信号层以不同颜色标识。

（二）数据驱动层

数据驱动层由硬件抽象层、板级支持包和驱动程序组成，主要为上层程序提供外部设备的操作接口，继而驱动程序运行。该结构层对于海量数据的自动化业务处理和管理决策发挥着重要的作用。

（三）数据结构层

非结构化电子文件在日常的利用过程中都是以文件个体为单位进行操作和计量的，但是在形成单个文件的层面下，非结构化电子文件在数据结构层的存储并不是像表面一样以个数为单位规范规划存储的，而是以数据碎片和簇的形式保存的。

（四）比特序列层

比特序列层是由十六进制计数法表示的一种更加紧密和人性化可读的传输数据流，常用于调试数据或逆向工程软件以及数据恢复等。在非结构化电子文件分析利用时，往往需要对其进行解构，而解构的操作实际上就是将第 7 层形成的文件返回这一层，回归为比特序列数据。对于电子文件的真实性保护，即文件的原始特征应在这一层入手，以及区块链的哈希编码和这一层有关系。图 2-2 为比特序列层的存储实例。图中每一个字符代表 16 个可能的值（0，1，2，3，4，5，6，7，8，9，A，B，C，D，E，F）之一。图 2-1 中每对十六进制表示的字符表示一个字节的数据。

（五）文件系统层

文件系统层主要是实现操作系统在存储设备或分区中对文件组织的不同方法，通过文件逻辑结构、物理结构等实现对文件以物理地址形式在存储空间的合理调度，并支持用户对文件的控制、读写、共享以及保密等功能，为文件的管理与保护提供保障。该层结构对文件的物理地址存储内容主要包括文件名称、文件大小、文件存储位置、文件内容和元数据的最近访问时间等。对于档案管理中最可能应用的文件系统有 FAT、HFS、NTFS 等。其中 FAT（File Allocation Table）即文件配置表，典型的 Windows 98 操作系统中 FAT 32 文件系统能够实现数

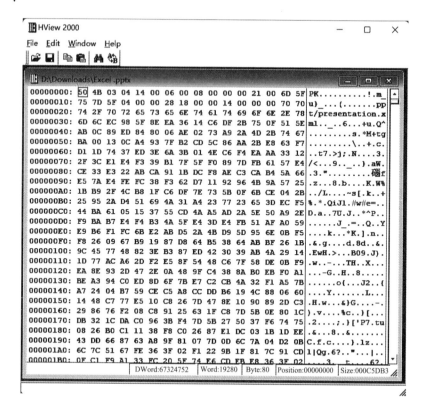

图 2-1　比特序列层存储

据的高效保存，且具有较好的稳定性；早期 Apple 电脑中的 HFS + 文件
系统，通过 B 树实现对元数据的存储功能，因为该文件系统支持硬盘
中更多的文件逻辑块，因此，极大地减少了对存储空间的浪费，实现
对更大文件和更长文件名的存储；Windows Server 2008 操作系统中
NTFS 文件系统能够高效管理、分配磁盘以及资源共享。

（六）应用软件层

该层是主要用于通信的应用程序，即通过底层网络提供的接口支持
对多个系统应用进程的相互通信，以实现相应的业务工作。

（七）数据对象层

这一层是非结构化电子文件形成的最终层，也是通过这一层的数据

打包体系区别了结构化与非结构化电子文件最终形态的。数据在第3层形成的碎片在这一层进行了整个打包，并形成我们见到的"单个"的非结构化文件。图2-2显示了对捕获相关视频的元数据信息，通常由视频页面的访问者提供，该信息可能会随着时间变化而变化。

Color coding for % changes

| < | 0.05 | 0.1 | 0.2 | 0.3 | 0.4 | 0.5 | 0.6 | 0.7 | 0.8 | 0.9 | 1.0 | 5.0 | > |

Crawl#	Crawl date	Rank	Views	Ratings	Avg Rating	Comments	Links	Favorited	Honors	Change
1	2007-07-31	5	27357	301	3.74	288	5	44	0	--
2	2007-08-01	5	27452	303	3.73	290	5	44	0	--
3	2007-08-02	5	27780	307	3.72	291	5	45	0	--
4	2007-08-03	5	28049	309	3.71	291	5	45	0	--
5	2007-08-04	2	20398	310	3.71	291	5	45	0	--
6	2007-08-05	2	28443	314	3.69	294	5	45	0	--
7	2007-08-06	3	28980	314	3.69	296	5	45	0	--
8	2007-08-07	3	29265	318	3.65	298	5	45	0	--
9	2007-08-08	3	29551	319	3.65	299	5	46	0	--
10	2007-08-09	3	30094	320	3.64	300	5	47	0	--
11	2007-08-10	3	30384	323	3.61	302	5	47	0	--
12	2007-08-10	5	30419	324	3.62	303	5	48	0	--
13	2007-08-11	3	30540	324	3.62	305	5	49	0	--
14	2007-08-12	3	30697	326	3.61	306	5	49	0	--
15	2007-08-13	3	30848	326	3.61	306	5	49	0	--
16	2007-08-14	3	31036	326	3.61	306	5	49	0	--
17	2007-08-15	2	31181	326	3.61	306	5	49	0	--
18	2007-08-16	2	31321	326	3.61	307	5	51	0	--
19	2007-08-17	2	31459	327	3.61	307	5	51	0	--
20	2007-08-18	2	31662	331	3.59	308	5	51	0	--
21	2007-08-19	2	31792	332	3.58	308	5	51	0	--

图2-2 捕获视频的相关元数据

（八）信息聚合层

信息聚合层，即根据一定主题将不同来源的信息进行过滤和集中。如根据关键字对系统的跨系统检索和用于站点数据共享的简易信息聚合（Really Simple Syndication，RSS）。图2-3为视频社交网站YouTube上关于美国选举相关视频资料抓取结果的部分截图，显示了所有有关选举资料的标题和结果总数，单击查询将显示在多个网站中收集的所有结果，并显示每个查询结果的总数，点击与查询相关联的设置将打开一个界面，可以在该界面中对查询的相关视频进行重要内容更改。

#	Query	Setup	Total results so far	Max results on last crawl
1	election 2008	Setup	574	6150
2	US election 2008	Setup	349	795
3	United States election 2008	Setup	216	257
4	Presidential election 2008	Setup	206	1820
5	campaign 2008	Setup	273	2530
6	decision 2008	Setup	168	142
7	Joe Biden	Setup	209	1080
8	Hillary Rodham Clinton	Setup	193	353
9	Christopher Dodd	Setup	267	815
10	John Edward	Setup	902	7540
11	Mike Gravel	Setup	301	1210
12	Dennis Kucinich	Setup	229	1600
13	Barack Obama	Setup	861	9140
14	Bill Richardson	Setup	287	1100
15	Wesley Clark	Setup	191	375
16	Al Gore	Setup	613	4910
17	Tom Vilsack	Setup	89	68
18	Sam Brownback	Setup	254	404

图 2 - 3 YouTube 上关于美国选举相关视频资料抓取结果部分截图

非结构化文档通过以上 8 层体系建立了完整的形成结构，基于此可以通过文件系统对非结构化电子文件进行高效智能管理，或者通过聚合层直接获取需要的信息。

二 非结构化电子文件管理原理

非结构化电子文件的管理体系包括数据集成、管理标准、元数据管理、数据安全等。第一，非结构化电子文件产生于不同部门业务系统，数据集成包括电子文件管理业务系统与各个非结构化数据管理平台横向集成和不同非结构化数据平台之间纵向数据交换集成，分别用于非结构化电子文件的捕获和分布式元数据数据库存储。第二，对于非结构化电子文件管理标准，我国于 2012 年 7 月正式成立非结构化数据管理标准工作组，主要负责制定和完善非结构化电子文件管理相关国家/国际标准体系，参与其相关国家标准化工作。对于不同来源非结构化电子文件的存储管理格式、导入方式等标准化设置有助于非结构化电子文件的统一管理和共享，为非结构化电子文件资产化开发利用带来便利。第三，根据《电子文件元数据规范》，电子文件元数据是指用于描述"电子文件内容、背景和结构及整个管理流程，又能够被计算机及网络系统自动辨析、分解、提取和分析归纳的数据"。元数据的质量决定了非结构化电子文件的管理与利用质量，根据电子文件生命周期，非结构化电子文件元数据贯穿于其从产生到销毁的整个过程，非结构化元数据管理包括非结构化电子文件的元数据定义、元数据策略、元数据权限、应用和分析等。第四，非结构化电子文件的管理安全决定了其价值和真实性。非结构化电子文件安全管理包括方方面面，主要通过系统安全体系的在线安全利用和离线安全利用进行管控。

我国《电子文件管理系统通用功能要求》规定，在电子文件生命周期中，电子档案由产生到永久保存或销毁主要涉及业务系统、电子文件管理系统、电子文件长期保存系统。[①] 其中各业务系统主要用于产生各种类型的电子文件，其中以非结构化电子文件为主，因此，本节内容也以该类型档案数据为主要讨论对象。电子文件管理系统主要负责对捕获来的电子文件进行登记、分类、鉴定以及统计等工作，保证电子文件的真实性、完整性、可用性和安全性，实现对电子文件的集中管理，并为档案机构进行日常档案的查询和利用创造条件。电子文件长期保存系统是指各档案馆中负责保管各机关单位归档移交的具有保存价值的电子文件，并支持对其查询利用。三者之间的关系具体如图2-4所示。

根据《基于文档型非关系型数据库的档案数据存储规范》中档案数据采取关系型数据库和非关系型数据库互补存储的要求，可以将非结构化电子文件的元数据、索引等结构化数据存储于关系数据库中，而将非结构化电子文件的内容数据存储于文档型非关系型数据库中，使两者数据库在存储非结构化电子文件上实现优势互补。具体而言，非结构化电子文件产生

①　国家密码管理局：《电子文件管理系统通用功能要求》，标准号GB/T 29194—2012，2012年12月31日发布，2013年6月1日实施。

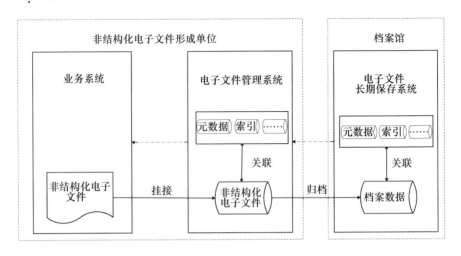

图 2-4 非结构化电子文件管理流程

于各办公业务系统，其中包括电子文件和相关业务数据。由于电子文件管理系统是基于传统关系型数据库进行设计开发，且各个业务部门产生的非结构化电子文件相对有限，加之对数据库构建维护成本的考虑，业务系统中生成的非结构化电子文件仍然采取关系型数据库挂接的方式对其进行集中管理，并在电子文件管理系统中实现对非结构化电子文件元数据进行著录、分类、鉴定等操作。电子文件管理系统与业务系统的深度融合有利于实现对非结构化电子文件的准确高效收集。由于档案馆负责接收保管多方档案，相对于非结构化电子文件形成单位，其需要存储保管的档案更是不可估量，存储需求更大，存储要求也更加严格，选择文档型非关系型数据库是利大于弊的长远之计。因此，对于归档后具有保存价值的非结构化电子文件则收入电子文件长期保存系统及其相应的数据库中保管，其中档案内容数据主要存储于文档型非关系型数据库中，其元数据、索引等结构化数据则存储于关系型数据库中，如由各个文件形成单位移交归档至档案馆的档案，在其数字化工作中，工作人员通过对纸质档案扫描后形成的数字化档案副本，其结构化元数据如档号、来源、密级等元数据及其鉴定结果等业务元数据可以选择存储于关系数据库中，而其内容数据即传统纸质档案数字化副本文件固有信息（包括用于数据查询必要元数据）可存储于文档型非关系型数据库中的文档中，而不是通过路径挂接于数据库中。

第二节 非结构化电子文件的来源

电子文件是指"国家机构、社会组织或个人在履行其法定职责或处理事务过程中，通过计算机等电子设备形成、办理、传输和存储的数字格式的各种信息记录，它由内容、结构、背景组成"[1]。电子档案是"具有凭证、查考和保存价值并归档保存的电子文件"[2]。电子文件既包括电子档案，也包括未加以归档保存的那部分电子文件。按照电子文件的数据存储格式和逻辑结构，可以把电子文件数据分为结构化电子文件、半结构化电子文件和非结构化电子文件。结构化电子文件（Structured Electronic Document）即存储在档案数据库中的电子文件，可以用二维表结构实现，通常用电子文件管理系统来管理。半结构化电子文件（Semi-Structured Electronic Document），就是介于完全结构化电子文件和完全无结构的电子文件之间的电子文件，如 XML 格式、JSON 格式的电子文件属于半结构化电子文件，这种电子文件的格式具有自描述性，电子文件的结构和内容混在一起。非结构化电子文件（Unstructured Electronic Document）则是指未存储在档案数据库中而是以各种类型的文件或文件夹形式存放的电子文件，如各级机关形成的办公文档、电子邮件、档案馆数字化工作中形成的电子文件、企业档案的各种报表、账单以及图片档案、传真档案、扫描影像和大量的多媒体的音频、视频档案数据等。也就是说，日常办公工作中生成和使用的 Word、Excel 等办公文档或 TXT、XML、PDF、OFD、CAJ、JPG、MP3 等文本和多媒体文件全都属于非结构化电

---

① 国家档案局：《电子文件归档与电子文件管理规范》，标准号 GB/T 18894—2016，2016年 8 月 29 日发布，2017 年 3 月 1 日实施。

② 国家档案局：《电子文件归档与电子文件管理规范》，标准号 GB/T 18894—2016，2016年 8 月 29 日发布，2017 年 3 月 1 日实施。

子文件。非结构化电子文件的形成和积累不是短时间内形成的，而是从办公自动化和 PC 机（个人电脑）发展之初的 DOS 和 Windows 等操作系统提供的办公软件开始自然形成的。到目前为止，归纳起来，当前非结构化电子文件的形成途径主要有两个。

一　通用办公软件环境下直接生成

随着计算机和网络技术的不断发展，绝大多数企事业单位在日常办公工作中都配备或引进了各种办公自动化的软件。自从办公自动化应用以来，以计算机为核心的信息化技术使文件的形态发生了巨大变化，产生了一种新的文件形式，即电子文件。最初的电子文件大部分是应用流行的微软公司开发的 Office 以及国内自行开发推广的 WPS 等通用办公软件制作和存储的。随着办公自动化技术的发展和档案信息化工作的开展，虽然专门的文档管理软件陆续开发和推广，但对于非结构化电子文件的形成和积累并没有多大的改观。非结构化电子文件的存在一方面是由于通用办公软件系统技术上的简便易行，如不需要专门开发，操作系统成熟稳定，可视化界面方便，易学易用，存储数据多样化，不仅可以存储普通文本文档，更是多媒体电子文件存储的主要手段，满足了电子文件产生数量不大、信息化水平有限的部门和地区对办公自动化和电子文件管理的基本需求；另一方面是我国电子文件管理理念和方法的惯性使然。我国一直以来对电子文件推行"双套制"的管理方式，在某种程度上阻滞了专门文档系统软件的应用和推广；此外，个人电脑的普及和网络的广泛应用，更是对非结构化电子文件形成和应用模式起到促进的作用，因为这两种途径产生的电子文件都是以非结构化形态存在和利用的。

二　档案数字化转换生成

档案信息化建设是信息时代我国档案工作的重要主题，也是今后档案工作发展的必经之路，而档案数字化建设作为档案信息化、现代化建设中一个重要的内容，同时也是顺应社会潮流、适应信息时代发展的新举措、新要求。数字档案是指"利用数据库技术、数据压缩技术、高速扫描技术等技术手段，将纸质文件、声像文件等传统介质的文件和已归档保存的电子档案，系统组织成具有有序结构的档案数字信息库"①。我国从"十五"规划期间就开始了对传统档案进行数字化转换的工作，经过十几年的努力，特别是"十一五"和"十二五"的加快推进，目前全国的档案数字化工作不仅全覆盖，而且形成的数据量非常巨大。据统计，"'十五'末北京市档案馆档案数字资源总量为2TB，'十一五'末增长到20TB，'十二五'末达到了300TB，数据量每5年都增长10倍以上。随着档案信息化建设的深入推进，可以预期，全市档案数字资源持续快速增长将成为一种趋势，档案部门的大数据时代已经到来"②。截至2019年，"浙江省档案馆有数字化目录数据8854419条，其中案卷级条目1003484条、文件级条目7850935条。纸质档案数字化副本5551098件、6700多万页，数字化率达到70.71%。数字化照片档案96280张、音频档案3632条、视频档案5730条，数字化率均为100%"③。由此不难看出，纸质档案数字化工作使电子文件的数据量剧增。经过数字化的档案基本是以图像文件为主，即使一部分采用OCR技术识别的文本信息，存储方式也基本是以文件夹（一种管理方式）的非结构化的电子文件的形式存在。而文件夹的存储方式具有诸多弊端，如存储模式简单，只适用于小规模非结构化电子文件的存储，而大规模的非结构化电子文件的存储则会给工作人员的管理带来很多不便，同时也会影响用户检索的高效性，因此探索、创新与优化现有档案管理模式势在必行。

---

① 刘艳林：《档案数字化是开发档案信息资源的基础》，《办公室业务》2009年第12期。

② 崔伟：《北京数字档案馆（电子文件中心）建设综述》，《北京档案》2017年第1期。

③ 郑金月：《将数字档案馆纳入政府数字化转型大格局中统筹建设——浙江省档案馆全国示范数字档案馆创建工作综述》，《浙江档案》2019年第10期。

第三节 非结构化电子文件的特点

非结构化电子文件的特点是相对于结构化电子文件而言的。相比于结构化电子文件，非结构化电子文件不仅在语义结构和存储结构上异构，而且格式类型多样，同时非结构化电子文件的数量呈现几何级数的增长态势。具体而言，非结构化电子文件有海量性、异构性、格式多样性、标准多样性、对系统的依赖性更高等特点。

一 海量性

目前，各行各业中产生的数据无不以前所未有的速度增长，大数据时代已经到来。最早提出大数据时代到来的是全球知名咨询公司麦肯锡，麦肯锡称："数据，已经渗透到当今每一个行业和业务职能领域，成为重要的生产因素。"大数据具备种类多、总量大、价值丰富和变化迅速等特点，随着大数据时代的到来，各类信息资源也渐渐具备大数据的特点，这当然包括电子文件信息资源。如前文所述，非结构化电子文件的数量爆发式增长在很大程度上依赖于计算机技术的发展。随着办公自动化在各部门日常办公工作中的普及，所生成的非结构化电子文件越来越多，加之档案数字化转换生成工作以及数字档案馆建设工程的开展，各系统产生的数据变化频繁，如 Web 站点，这使得非结构化电子文件不仅数量增长快，而且数据类型、数据格式以及表现数据的方式也在不断变化。"截止到 2020 年年底，全国各级综合档案馆馆藏档案共 36874.6 万卷，已完成案卷级数字化共计 15306.9 万卷，数字率约 41%。文件级共54915.2 万件，已完成数字化共计 35592.5 万件，数字化率约 60%。"[①]由此可看出，非结构化电子文件的数量急剧增长，种类越发繁杂，数字化、信息化程度不断提升，在这种情况下，使用传统的电子文件管理手

---

① 冯剑波：《高质量推动全国数字档案馆建设》，《中国档案》2022 年第 4 期。

段已经难以处理新形态的非结构化电子文件信息资源，因此必须寻找新的管理技术和手段对非结构化电子文件进行管理。

二 异构性

数据的异构性，指数据结构的差异性。非结构化电子文件的结构明显不同于结构化数据，非结构化数据具有其规范的数据属性，而非结构化电子文件除了格式种类多样，其逻辑结构更为复杂，其异构程度在一定程度上决定了对其数据解析的复杂程度，因此，对于异构程度较大的非结构化电子文件的管理目标主要在于实现不同结构的数据间的资源、硬件等合并与共享。各个档案馆中馆藏档案资源丰富，种类多样，结构复杂，如纸质档案数字化副本、图像、音频、视频等。"据统计2012年半结构和非结构化的数据，诸如文档、表格、网页、音频、图像和视频等已经占全球网络数据量的85%左右"①，根据IDC在2021年的预测，在2020年以前人类产生的数据量每两年翻一番，到2025年前后全球数据量将达到惊人的179.6ZB，而其中大部分为非结构化数据，占据了全部数据量的80%~90%，并且非结构化数据增长的速度要比结构化数据增长的速度高出10~50倍之多。因此，非结构数据在很长一段时间内仍将占据数据总量中的大部分。对于档案相关机构而言，这些资源将成为未来档案馆馆藏的重要来源，馆藏数据非结构化的趋势越来越明显。

三 格式多样性

各企事业单位在对电子文件或者档案进行管理的时候，各机构往往采用不同的硬件平台、操作系统、数据库管理系统等，且对产生的文档多实行独立管理和维护，使得各个单位内形成大量异构分布式的电子文件。这些电子文件由不同的系统产生，各个系统产生的电子文件的格式不同，据统计，各级档案馆在接收电子文件进馆的时候电子文件的存储

---

① 陈如明：《大数据时代的挑战：价值与应对策略》，《移动通信》2012年第17期。

格式有 23 种，这 23 种格式分别是"DOC，PDF，TXT，CEB，HTML，XML，XLS，HTML，DBF，JPEG，BMP，GIF，DWG，AVI，MPEG，WAV，MP3，MBD，WPS，CZ，RTF，PBD，DAT 格式"[①]。不同操作系统或者数据库管理系统形成的电子文件格式各异，且不同格式的电子文件之间并不总是兼容的，文件格式的不同使文件之间失去了互换性。如PDF 文件必须要求电脑里面安装 PDF 阅读器之类的软件才能打开该文件，CAJ 文件必须用 CAJ 阅读器才能打开。这种不兼容性不利于进行档案的标准化工作，对后续的开发利用数字档案资源带来巨大的挑战。非结构化电子文件格式的多样性还表现在它可以由两种或者两种以上的格式形成，特别是多媒体电子文件。具体而言，非结构化电子文件具有类型多样、结构复杂的特点，其具体形式广泛多样，如文本文件、Web 页面、视频等，同样包括由多种媒体信息组合而成的文档，因此，针对非结构化电子文件的存储保管系统自然也相对复杂。

四 标准多样性

标准多样性主要指各地各级档案管理部门根据自身的实际情况，参照自己的行业标准、工作习惯等采用不同的文件管理系统，或者独立设计、实现并自治运行电子文件管理系统，并且在电子文件的管理过程中采用不同的标准规范。目前，国家各级档案行政部门在电子文件管理方面，针对电子文件的管理的各个阶段或者不同类型的电子文件，出台了相关的电子文件管理方面的法律法规。目前，我国已出台的针对纸质档案和缩微胶片档案的数字化标准有《纸质档案数字化技术规范》《缩微胶片档案数字化技术规范》，以及具有一定指导意义的《文献档案资料数字化工作导则》，还发布了《电子文件归档光盘技术要求和应用规范》《基于 XML 的电子文件封装规范》《CAD 电子文件

① 刘越男、祁天娇：《我国省级、副省级档案馆电子文件接收及管理情况的追踪调查》，《档案学通讯》2014 年第 6 期。

光盘存储、归档与档案管理要求》《电子文件归档与管理规范》《公务电子邮件归档与管理规则》《数码照片归档与管理规范》《版式电子文件长期保存格式需求》《文献管理 长期保存的电子文档文件格式 第1部分：PDF1.4（PDF/A－1）的使用》《档案关系型数据库转换为XML文件的技术规范》《数字档案信息输出到缩微胶片上的技术规范》《数字档案COM和COLD技术规范》《档案数字化光盘标识规范》《照片类电子档案元数据方案》《文书类电子文件元数据方案》等大量与电子文件长期保存有关的标准规范。但是这些电子规范绝大多数只是推荐标准，并未强制推行，不同的部门采用不同的标准对本部门的电子文件进行管理，这使得电子文件的标准不一，形成结构或者语义上的异构，使得大部分电子文件为非结构化电子文件。因此，非结构化电子文件具有标准多样性的特点。

五 对系统的依赖性更高

非结构化电子文件的产生决定了其对系统的先天依赖性贯穿其文件生命周期的全部过程。非结构化电子文件从产生到利用的各个环节均需要通过计算机实现，该特点给其管理带来了一定的挑战。非结构化电子文件对系统的依赖特点在一定程度上决定了其内容信息集成性，但由于各种非结构化电子文件相应的专业读取软件不同，因此，给档案的查阅利用带来了很大的障碍。[①] 同时，非结构化电子文件对软件系统更高的依赖性决定了其系统流通性更差，无法采用通用软件或系统对其进行全程管理，因此，对其保管也同样需要进行软件与文件的全套存储。

第四节 非结构化电子文件的种类

随着计算机网络技术、多媒体技术等的快速发展，信息以爆炸式的

---

① 樊英：《浅析非结构化电子文件》，《兰台世界》2016年第16期。

速度飞速增长，电子文件的形式变得更加多样化。除传统的数据库以外，还有许许多多的数据存放在文本文件、文档或者其他字处理文件和表格文件中。非结构化电子文件是指无法用二维表结构表示的一种数据类型，主要包括文本、图片、XML、HTML、各类报表、图片、音频、视频、电子邮件等。"科学的分类方案是对电子文件实施前端控制的前提和关键，亦是电子文件智能管理的核心。"[①] 按照非结构化电子文件存在的信息存在形式分类，主要把非结构化电子文件分为文本文件、数据文件、图形文件、图像文件、影像文件、音频文件等。

一　文本文件

随着办公自动化的应用和普及，各单位在日常办公活动中往往采用办公软件来对各种信息进行处理，进而生成文本文件（Text）。文本文件也称为字（表）处理文件，是指由文字处理软件生成的，记载字、词、数字或符号等字符信息的文件。该类型文件在日常业务活动中也最为普遍，其常见的文本文件的格式有 TXT、DOC、DOCX、RTF、PDF、OFD、HTML、XML 等，适宜归档的文本文件格式有 TXT、RTF、PDF、XML。常用的 Word、PDF 文件属于复合型文件，不仅包括文字，还包括其他信息，在此统一称为文本文件。后续章节介绍的语义网等也属于非结构化文档。文本文件是通过特定的编辑软件生成的，如 Microsoft Office、WPS office 和其他档案部门采购目录收录的其他正版软件，存储内容由 ASCLL 标准代码和 GB 2312—80 标准汉字代码构成。用不同文字编辑处理软件生成的文本文件一般不能交换使用，而纯文本文件不包括格式代码，在使用时不受计算机硬件和软件的限制，因此，相对结构更加复杂的影像等非结构化档案数据的管理与利用，文本文件的管理与利用更具有一定的灵活性和便捷性。

---

① 王大青：《电子文件分类方案需求研究》，《档案与建设》2014 年第 10 期。

二 数据文件

随着信息技术的发展，专门管理电子文件的数据库系统出现，该数据库系统的出现，催生了数据文件（Data），同时也为电子文件的管理带来极大的便利。数据文件也可称为数据库电子文件，是指通过各类数据库系统存储和管理的，以结构化的数据形式记录的文件。因此，数据文件主要用于保存数据库中的存储数据。每个数据库中都包含一个主要数据文件，扩展名为.mdf，该主要数据文件基本可以包含数据库中全部存储数据，同时由多个次要数据文件保存对数据库中不适合存储于主要数据文件的数据。常见的产生数据文件的系统有 ACESS、FOXPRO、SQLSERVER、ORCLE、DB2 等。一个数据文件由若干记录组成，一个记录由若干字段（数据项）组成。根据各部门的需要建立的数据文件，它可以是数据库中的一个记录，也可以是若干相关的记录。机关、企事业单位的各类信息都可以建成数据库，如上级文件数据库、领导批示数据库、政策法规数据库、各类人员情况数据库、各类经济指标数据库、各种观测记录、普查记录数据库等。数据库因管理程序不同而具有不同的格式，一般来说不同的数据库之间需要通过转换程序才能进行信息交换。数据文件的生成一般有两种方式：一是人工输入数据，利用相应的数据库应用程序形成数据文件；二是使用条形码扫描器、A/D 变换器等传感设备自动采集数据，此外，使用已有的数据借助某些软件包亦可自动生成新的数据文件。数据文件应以其产生的数据库环境为依托进行管理和归档，维持数据文件的原始面貌，或者将数据文件转化为可以脱离数据库系统读取的数据文件归档。

三 图形文件

各单位在日常的管理活动中，为了以更加形象的方式对办公生活中产生的信息进行处理，催生了计算机辅助设计软件和绘图软件，进而产生了图形文件（graphic），如科技档案中的工程图纸等，且目前图形文件同样积累了一定的规模。图形文件是指根据一定的算法采用计算机辅助设计或绘图软件制作的图形文件，包括位图文件和矢量图文件两种。计算机辅助设计或绘图中产生的文件，如设计模型、阁纸、图画等即为位图文件。矢量图文件是把物理量如应力、强度等用图标表示的文件。图形文件由代表绘图坐标的矢量和一些参数组成，可以使用特殊的代码格式存储，也可以使用纯文本的代码存储，以便在不同的软件包之间进行信息交换。常见的图形文件的格式有 TIFF、GIFF、PNG、DWG、VSD、EPS 等。适宜归档的图形文件的格式中位图主要以 TIFF、GIFF、GIF 格式归档，矢量图主要以原始生成格式归档。但这些图形文件在管理利用时，必须用相对应的软件才能对其进行管理，并不具备通用性，对计算机硬件和软件的依赖性较强。

四　图像文件

"图像文件（image）是指使用数字成像设备（扫描仪、数码相机等）采集或制作的静态影像记录（画面），如用扫描仪扫描的各种原件画面，用数码相机拍摄的照片等。"[①] 图像文件包括照片档案、家庭档案中用手机拍摄的照片、扫描仪生成的扫描件等都是需要管理的图像格式的档案。常见的图像文件格式主要有 JPEG、TGA、BMP、GIFF、TIFF、RAW 等。适宜归档的图像文件的格式主要有 JPEG、TIFF，并且较为重要的拍摄图像可以采用 RAW 格式进行存储。纸质文件、缩微胶片均可经过扫描转换成数字图像文件，如档案数字化转换生成的文件就是图像文件。国家档案局 2017 年 8 月 2 日发布、2018 年 1 月 1 日开始实施的最新版《纸质档案数字化规范》明确规定："在进行数字化成果验收时，应采用计算机自动检验与人工检验相结合的方式对纸质档案数字化成果进行验收检验。对数字图像文件进行验收，主要包括数字化参数、存储路径、命名的准确性、图像的完整性、排列顺序的准确性、图像质

---

① 王英、蔡盈芳、黄磊主编：《电子文件管理》，清华大学出版社 2016 年版，第 10 页。

量等。"① 而在实际工作中，对于图像文件质量的检测，由于图像文件数量大，如果采用人工检验的方式，则需要耗费大量的人力、物力对其进行逐一检查，因此，对于数字化验收部门而言，需要根据需求开发一套自动化图像质量检测工具。图像分辨率指的是图像中储存的信息量，常用计算方法是以像素数的多少进行判定（单位像素长度为 2.54cm，单位为 dpi），该参数决定了图像文件清晰度，能够详细呈现更全面清晰的细节，印刷质量更好。② 《纸质档案数字化规范》中规定对于纸质档案的扫描分辨率需要大于或等于 200dpi，而对于较小的文字或字迹模糊等特殊情况的纸质档案中的扫描，则建议其扫描分辨率大于或等于 300dpi。图像文件的分辨率与存储空间成正比，分辨率更高的文件更大，需要耗用更多的存储资源，而且不同格式的图像文件不能任意进行交换使用，彩色图像文件的内容一般是用表示图像像素的编码形式存储的，能否正确呈现原色彩还与显示器的性能有关。由于数码相机拍下的图像文件很大，而数据库的储存容量却有限，因此图像文件通常都会经过压缩再储存。"图像压缩是指以较少的比特有损或无损地表示原来的像素矩阵的技术，也称图像编码。"③ JPEG 作为一种图像文件的有损压缩格式，其应用也比较广泛。图像压缩比例超过一定程度，将会影响图像的质量，因此，档案工作人员须根据具体情况选择合适的图像文件保管格式。

五　影像文件

影像文件（video）是指采用视频捕获设备（数码摄像机、视频采集卡等）拍摄或采集生成的二维、三维动画等各种动态画面，可同时记录声音、动态影像等信息的文件。常见的影像文件格式主要有 MP4/MPEG、

---

① 国家档案局：《纸质档案数字化规范》，标准号 DA/T 31—2017，2017 年 8 月 2 日发布，2018 年 8 月 1 日实施。

② 赖雯：《档案数字化图像自动检测技术的研究与应用》，《科技与创新》2018 年第12 期。

③ 赖雯：《档案数字化中图像倾斜检测技术的研究与应用》，《信息与电脑》（理论版）2018 年第 10 期。

AVI、MOV、WMV、WEBM、OGG、RMVB、FLV、MKV 等。适宜归档的影像文件格式主要有 MPEG、AVI。影像文件需要的存储容量更大，占据的存储容量越大，影像文件也越清晰。影像文件对系统同样依赖性较高，需要专业的应用与设备才能实现对其的阅览。由于影像文件通常集声音、视频于一体，因此考虑到数据库的存储容量，通常对影像文件进行压缩后再进行存储。

六　音频文件

音频文件（audio）是指采用数字声音采集设备、编辑设备录入或用编曲软件生成的，记录语音等声音信息的文件。常见的音频文件格式主要有 MIDI、MP3、WAV、WMA、RA、RAM、AIFF 等。适宜归档的音频文件的格式主要有 MP3、WAV。音频文件通常分为两类：声音文件和 MIDI 文件。声音文件是通过声音录入设备录制的原始声音，直接记录了真实声音的二进制采样数据。MIDI 文件是一种音乐演奏指令序列，可利用声音输出设备或与计算机相连的电子乐器进行演奏。音频文件播放时都需要使用相关的设备和程序。

第五节　非结构化电子文件管理的重点与难点

随着计算机和网络技术的不断发展，电子文件的结构及其存储方式也发生了很大变化，非结构化电子文件的产生正是这种变化的结果。大数据时代的到来，非结构化电子文件的数量爆炸式增长，且由于非结构化电子文件在存储结构和语义结构上的异构，加之非结构化电子文件未存储在档案数据库中，在管理上，相对于关系数据库中的结构化电子文件数据的管理有许多难点需要解决。

一　非结构化电子文件数据之间不兼容

以非结构化形式存在的电子文件最大的问题是数据的不兼容性。各部门所采用的硬件平台、软件系统、数据管理系统往往是不一样的，在日常办公活动中形成各种类型的电子文件。这些电子文件由于形成的系统不一样，而不同系统彼此之间往往是不兼容的。例如，一个用 Word 软件生成的扩展名为 DOC 的电子文档，利用者要查看里面的信息就必须用 Word 软件或其他相兼容的办公软件（如 WPS）才可以打开使用，而要打开 PDF 或 CAJ 文档也必须使用相应的 PDF 或者 CAJ 应用软件。也就是说，系统中必须安装能够打开这种类型的应用程序才能利用该文件。即使同一类型的文件在应用程序升级后也经常会出现前后版本不兼容的情况。电子文件的类型多种多样，需要配套的软件也是多种多样，特别是对于多媒体档案的利用，不少人都有过为如何打开一个包含特定压缩编码的视频文件而苦恼的经历。现有的以文件挂接方式开发的电子文件管理系统（ERMS）同样不能解决这个问题，只要文件结构不变，系统中就必须安装对应的软件才能对其进行利用。这种数据的不兼容性给人们利用非结构化电子文件带来极大的不方便，增加了用户利用电子文件的时间、精力等成本。与此同时，因为不同应用程序所产生的电子文件的版本不一样，且各系统软件之间不兼容，以文件为单位的数据共享性非常低，同一份电子文件可能存在不同软件版本的复制本，如对公开的档案文件一般采用 PDF 格式开放利用，但系统中往往会保存原来 Word 或其他办公格式的副本文档，但文件系统不能辨认两个文件中保存的信息是否有重叠，同时由于这些信息采用了非结构化的方式储存，操作系统无法对其进行整合或从一个文件中剔除某些重叠信息。长此以往，系统中会保存大量重复的冗余信息，在存储这些电子文件信息时给存储系统带来额外的负担，增加存储成本，加大存储系统的压力。

二　非结构化电子文件真实性的保障

随着计算机技术、通信技术、网络技术的发展，电子文件在日常办公、生活中所占比例越来越大，在给我们带来极大便利的同时，电子文件的特性及所处环境导致其真实性受到极大威胁。真实性是电子文件发挥凭证价值的核心要素，是电子文件具有法律凭证效力的前提，对机构而言，确保电子文件的真实性是信息化业务顺利开展、有效避免法律风险的前提；对社会发展建设而言，非结构化电子文件的真实性大到事关国家安全，小到影响个人。在电子文件长期保存策略中，电子文件真实性的保障问题始终是人们关注的焦点。国家标准《电子文件归档与管理规范》中指出："真实性指对电子文件的内容、结构和背景信息进行鉴定后，确认其与形成时的原始状况一致。"[①] 由于电子文件本具有易变性、结构间的差异性和计算机系统的依赖性，这些独特的性质使它的内容和载体关系变得不是那么紧密，或者说电子文件内容的真实性与载体没有什么必然的关系，无法再像传统纸质文件那样根据载体的变化判断文件内容是否真实。因为，电子文件一直处于动态的变化过程，与载体相脱离，只有在读取其内容或者在存储时才会相对稳定地固化在当前机读环境或者存储载体上，当不需要读取和保存时，电子文件又会不留痕迹地从存储载体上剥离，恢复其自由状态。所以，电子文件的内容与载体始终处于相对独立的状态，载体是否保持原样已经无法辨别电子文件的真实性。即使存储电子文件的载体没有变化，但是受信息可变性的影响，电子文件信息的易修改性等特点也给档案的真实性带来挑战，只有具备能够充分证实电子文件信息内容是真实的证据，才能够保证电子文件是真实的。非结构化电子文件由于其海量、异构、格式多样的特点，其真实性的保障受到了极大的挑战。目前，各级档案部门通常从管理、技术和立法三个角度来保障电子文件的真实性，而对于非结构化电子文件，它与传统的纸质文件相比有其独特的特点，在文件的流转等过程中保障其真实性变得更加困难，除了受到固有的计算机硬件、文件管理系统、计算机病毒或者黑客等因素的挑战，最重要的是存储结构上和语义结构上的异构，给其真实性的保障带来管理、技术等方面的困难。数字时代的到来，亟须以全新的数字思维以及数字化管理方式来认定并保障

---

① 国家档案局：《电子文件归档与管理规范》，标准号 GB/T 18894—2002，2002 年 12 月 4 日发布，2003 年 5 月 1 日实施。

非结构化电子文件的真实性。非结构化文件的高冗余度特点，造成无数个副本，易被保存修改和非法复制，一旦发生文件修改就无法被直观识别，因此，只能以系统加密的方式禁止对文件进行复制。

三　非结构化电子文件元数据管理研究比较滞后

"元数据是保证电子文件真实性、完整性、有效性和维系文件间有机联系性的重要工具。"[①] 元数据对于档案数据存储管理至关重要，在一定程度上也决定了档案数据的检索利用效果。但对于非结构化电子文件元数据的保管目前却依然困难重重。一方面，在法律法规方面，尽管我国颁布了关于元数据管理要求的相关文件，如《文件管理元数据原则》，但由于非结构化电子文件结构复杂、种类多样，无法直接适用于非结构化档案元数据的管理。另一方面，在相关研究方面，目前更多倾向于对公文类文件的研究，而对非结构化电子文件元数据的研究较少。此外，"元数据虽然提供了文件的语义基础，但却无法解决文件资源描述的异构性和语义性问题"[②]。因此，对于非结构化电子文件元数据的管理需要加大对其的重视和研究，以加快实现对其规范化管理。

四　非结构化电子文件之间联系性弱

大数据时代的到来，非结构化电子文件在档案信息资源中所占的比重越来越大，达到80%之多，加之非结构化电子文件的种类多样，不同类型的非结构化电子文件按其主题、表现形式等不同分别存储在各自对应的数据库中，在这个信息爆炸的时代，随着时间的推移，非结构化电子文件的数量越来越大，存储地方分散，进而形成一个个独立的"信息孤岛"，且非结构化的电子文件信息没有采用结构化关系数据库的 E－R（"实体"—"联系"）模型，导致用户在检索相关电子文件时，系统无

---

① 赵屹：《电子文件管理元数据漫谈》，《北京档案》2015 年第 1 期。
② 刘炜、李大玲、夏翠娟：《元数据与知识本体》，《图书馆杂志》2004 年第 6 期。

法识别任意两份非结构化电子文件间有什么联系和区别，若电子文件的扩展名被篡改，该文件在系统中关联的打开程序则失效，必须用特殊方法找回打开方式，不利于非结构化电子文件的利用与开发。"电子文件的死穴就是在电子政务中其利用功能的缺失——像传统档案那样回到档案柜中沉睡。因此，我们在保证电子文件安全的同时，必须强化电子文件的利用，在关联共享上多做文章。"① 各档案部门使用不同的电子文件管理系统，并且提供不同的电子文件检索方式，使非结构化电子文件之间各自独立，造成非结构化电子文件的内在联系出现割裂问题，这同样造成了"数据孤岛"的大量存在，让诸多有价值的非结构化电子文件湮没于信息的汪洋之中，阻碍用户真正检索到最需要的电子文件，导致用户体验差等问题，极大地影响了用户对非结构化档案数据的利用。"数据孤岛"的产生也为电子文件归档带来不少麻烦，如相同机关产生的非结构化电子文件必须放在同一文件夹中才能找到，否则系统无法判断不同文件夹中的哪些文件是同一机关产生的。而且非结构化电子文件的"数据孤岛"问题严重影响不同的 ERMS 间迁移时的接口问题。无论是何种方式生成的非结构化电子文件，现有的管理系统都只能从非结构化文档的目录结构及元数据角度进行管理，或以记录非结构化文件的路径地址的方式对其进行利用，难以实现真正的全文结构化管理和档案信息聚合服务，因此，必须揭示隐藏在非结构化电子文件背后的非结构化电子文件之间的相关关系，还有非结构化电子文件与 Web 上的其他信息资源的关联关系，解决非结构化电子文件之间分散凌乱异构的问题，推动非结构化电子文件的开放与共享，改进并完善档案服务体系，实现非结构化电子文件共享服务的开放化、社会化与合作化发展。

五　非结构化电子文件安全性的保障

随着信息技术不断发展和成熟，档案文件的种类和形式开始多元

---

① 裴友泉、马仁杰：《电子档案的出路在于关联》，《档案学通讯》2005 年第 5 期。

化，催生了非结构化电子文件。非结构化电子文件的诞生，使档案信息的存贮载体发生了革命性的变化。信息的传播从"有形"走向"无形"，容易使人产生思想上的麻痹。同时也给非结构化电子文件的安全带来了巨大的潜在威胁。电子文件的安全包括两个方面：保密性和完整性。保密性主要是对电子文件的访问控制进行相关的授权和设置；完整性主要指电子文件的内容、结构以及背景等与原始状态的一致，并与相关文件保持有机联系。[①]当前一些机关、单位对纸质文件的保密很重视，而对储存在电脑、磁盘上的非结构化电子文件信息却随意处置，忽略了保密工作，加之网络时代信息具有共享性的特征，使得非结构化电子文件在存储和传输的过程中，非常容易受到网络黑客的攻击和非授权用户的窃取，给非结构化电子文件信息保密性的维护增加了困难。其次，电子文件信息安全性的保障主要由技术保障和管理保障构成。但目前档案管理中仍以技术保障为主，对其管理保障的系统办法仍有诸多缺失。如文件流程的规范定制、文件运行的跟踪监控等。而一味追求技术安全保障而忽略管理定然无法有效保障非结构化电子文件的保管安全，从而对档案安全构成潜在的威胁，影响档案的高效利用和价值实现。因此，在对非结构化电子文件安全管理中，必须"两手抓"，既要对其搞好技术安全保障，同时也要不断加强完善其管理保障。

进入大数据时代，信息技术、多媒体技术、移动互联技术、语义网技术、人工智能技术等的发展，加之传统档案数字化工作蓬勃开展以及计算机环境直接生成的电子文件越来越多，催生了海量非结构化电子文件，这些海量的非结构化电子文件数据是庞大的信息宝藏。由于非结构化电子文件与传统的结构化电子文件在存储结构和语义结构上异构，在其管理上存在诸多难点，且非结构化电子文件在管理方法上不同于传统

---

① 赵淑梅：《试析中国电子文件安全管理指导思想的演变》，《档案学通讯》2015 年第 2期。

的电子文件管理，深刻了解非结构化电子文件的形成与来源能够对其管理实现更科学高效的优化和完善，因此，在此基础上，必须在管理方法上进行创新以更好地挖掘出非结构化电子文件数据的潜能，使其转化为生产力，为社会的生产活动、政治活动、经济活动等提供依据。

第三章

非结构化电子文件的移交与接收

　　非结构化电子文件的移交与接收工作始于 20 世纪 70 年代美国的第一份电子文件进馆，其后澳大利亚、英国等同样陆续对非结构化电子文件的移交与接收工作给予了高度重视，对非结构化电子文件的移交与接收相关制度、标准、程序、工作人员分配等多方面工作做出了具体要求和规定，而我国档案馆也在进入 21 世纪后陆续开始了对非结构化电子文件的移交与接收进馆工作，同时也制定了一系列相关管理标准①，如《电子文件归档与电子档案管理规范》和《电子档案移交与接收办法》等。

　　考虑到大数据环境下，在文档一体化和前端控制理论的实践应用中，非结构化电子文件和电子档案概念界限日渐模糊，因此本章主要对非结构化电子文件的移交与接收工作结合我国档案相关标准进行解读，其中具体结合了沈阳档案馆档案管理工作进行了实践论述，并对我国非结构化电子文件的移交与接收工作中存在的问题进行了具体分析，同时提出了相应的建议和对策。

第一节　非结构化电子文件移交与接收概述

　　非结构化电子文件的移交与接收工作是对有保存价值的文件转换为档

---

　　①　冯惠玲、刘越男：《电子文件管理教程》（第 2 版），中国人民大学出版社 2017 年版，第 147 页。

案的关键环节，也是档案管理工作流程中的重要环节之一。根据《电子档案管理基本术语》，电子档案移交是指"按照国家规定将电子档案的保管权交给档案馆的过程"，电子档案接收是指"档案馆、档案室按照国家规定收存电子档案的过程"，非结构化电子档案则是指"未存储在档案数据库中，而是以各种类型的文件或文件夹形式存放的档案数据"。如各级机关形成的办公文件等，其产生和保存的途径有"电脑通用办公软件环境下直接形成"和"档案数字化转换生成"两种方式。① 以下内容分别对非结构化电子文件和电子档案的移交与接收的相关规范和工作流程进行论述。

非结构化电子文件移交各机关、团体、企业事业单位内部形成档案的业务部门向本单位综合档案室的移交（归档移交）和各机关、团体、企业事业单位定期向国家综合档案馆移交档案（进馆移交）两个业务环节。

我国相关规定分别对移交机构、电子档案移交范围、移交时间、移交流程以及移交电子档案的质量要求等方面做出明确说明。对于我国各机关、团体、企事业单位形成的有保存价值的档案移交工作来说，主要针对其产生的属于国家综合档案馆接收范围的电子档案要求自形成之日起 5 年内进行移交，其他特殊档案可视具体情况另行规定，如涉密档案。我国电子档案移交主要工作流程包括组织和迁移转换、检验、移交等。② 因此，移交单位在向国家综合档案馆移交电子档案之前，应当对电子档案数据的准确性、完整性、可用性和安全性进行检验，合格后方可移交。电子档案的移交可采用离线或在线方式进行。

非结构化电子文件的接收工作与档案的移交工作相对应。档案的接收应包括各机关、团体、企业事业单位综合档案室接收本单位各业务部门所形成的电子档案（归档接收）和国家综合档案馆定期接收各机关、团体、企业事业单位所形成的电子档案（进馆接收）两个业务环节。本

---

① 王志宇、赵淑梅：《非结构化电子档案数据管理探析》，《档案学通讯》2014 年第 5 期。
② 国家档案局：《电子档案移交与接收办法》，2012 年 8 月 29 日印发。

书中电子档案接收一概指后者。

我国的电子档案接收工作流程包括检验、办理交接手续、接收、著录保存、迁移和转换、存储等。因此，国家综合档案馆为接收电子档案，应当建立电子档案接收平台，以方便进行电子档案数据的接收、检验（准确性、完整性、可用性和安全性）、迁移、转换、存储等工作，同时将电子档案交接、迁移、转换、存储等信息补充到电子档案元数据中，并对电子档案数据迁移和转换前后的一致性进行校验。

第二节　和非结构化电子文件移交与接收相关的法规标准

本节主要从中央和地方两个层级对我国档案移交与接收工作相关标准进行阐述与比较，其中地方档案相关法规标准以沈阳市档案馆为例进行论述，多方面论述我国电子档案移交与接收相关法规标准内容。

为了规范电子档案的移交与接收工作，我国先后发布了一系列相关档案法规和政策，本节主要对《中华人民共和国档案法》《中华人民共和国档案法实施办法》《党政机关电子公文归档规范》《电子文件归档与电子档案管理规范》《电子档案移交与接收办法》等对电子档案的移交与接收工作进行多方面全方位的论述，如其中涉及企业电子文件和公务电子邮件等。本章所阐述的相关法律法规均是以非结构化电子文件和电子档案为主体出具的规定和规范，因此，本节主要以这些法律法规为依托对非结构化电子文件的移交与接收方案进行阐述。

《中华人民共和国档案法》（以下简称《档案法》）于 1987 年通过，并分别于 1996 年、2016 年和 2020 年对其进行了三次修正，最新修订法规自 2021 年 1 月 1 日正式实施。《档案法》对电子档案的移交与归档方式进行了详细规定。首先，依据《中华人民共和国档案法实施办法》第十四条在移交方式上对需要归档的材料中强调，应按国家规定定期向本单位档案机构或者档案工作人员移交，并由专业人员进行集中管理。不得归档的材料，同样禁止擅自归档。同时，在《中华人民共和国档案法实施办法》第十五条中对电子档案管理权限问题进行具体说明，指出各机关团体和企事业单位需要定期向档案馆移交电子档案，并要求对归档后的电子档案进行统一的集中管理。以上条款对档案归档管理的权限进行了明确的规定，对电子档案的移交与接收工作建立完善的档案管理机制，规范档案管理工作的流程，能够有效地提高电子档案移交与接收工作的质量，有利于实现电子档案移交与接收工作的制度化与程序化，为电子档案的数据准确性和信息安全性提供更好的保护。

目前执行的经过多次修正的《中华人民共和国档案法实施办法》（以下简称《档案法实施办法》）中对档案移交与接收的要求做出以下规定，在《档案法实施办法》第十二条与第十三条中指出，对于立卷归档的材料需要对其进行整理立卷后定期向档案工作人员进行移交，以便于对其进行集中管理。该办法增加了对电子档案的移交与接收工作的具体落实说明，实现档案移交与接收工作的落实到岗、责任到人，促进了我国电子档案的移交与接收工作的落实。

在档案的移交与接收过程中，机关档案（政务档案）占据了很大的比重，因此，相关部门也多次对党政机关电子公文的归档进行了相应的规范制定。《党政机关电子公文归档规范》（GB/T 39362—2020）（以下简称《规范》）于 2020 年 11 月 19 日发布，并于 2020 年 6 月 1 日正式实施。《规范》是为了贯彻落实《国务院关于在线政务服务的若干规定》《党政机关电子公文处理工作办法》，发挥标准化在电子公文和电子档案管理中的引领作用，由国家档案局根据档案法的有关规定制定，联合国家电子文件管理部际联席会议办公室开展了《规范》标准研制工作。针对党政机关电子公文归档流程、数据组织、归档格式、元数据和接口要求不明确的问题，国家档案局组织国内党政机关电子公文归档及电子档案管理领域的研究机构、软件企业和相关专家进行了研讨，汇聚集体智慧，经过需求调研、标准编制、标准验证、试点应用、意见征集、标准送审等过程，最终形成了该国家标准。《规范》根据保留形成原貌、保持有机联系、保证长期可用的原则，对党政机关电子公文的归档流程、元数据要求、归档数据组织和归档格式等提出了要求，对电子公文的收集、整理、移交、接收以及电子公文归档系统功能、归档接口等要求进行具体说明。《规范》为党政机关规范开展电子公文归档提供了依据，为其他机关和企事业单位电子文件的归档和移交提供了参考。

《电子文件归档与电子档案管理规范》（GB/T 18894—2016）于 2016 年 8 月 29 日发布，2017 年 3 月 1 日正式实施。该规范指出对电子文件和电子档案移交前需要进行检验，检验合格率达到 100% 后方可移交，然后进行集中管理，此外档案保管部门同样支持检验合格后电子文件和电子档案的网络移交与接收。档案保管部门需要对归档电子文件进行逐一验收，不合格者退回重制，验收合格者则进行登记签字和盖章。

此标准规定了在公务活动中产生的具有保存价值的电子文件的收集、整理、归档与电子档案的编目、管理与处置的一般方法，细化了对电子档案移交与接收的检验项目和验收规则，强调电子档案检验的重要性。适用于机关、团体、企事业单位和其他组织在处理公务过程中产生的电子文件归档与电子档案管理，其他活动中产生的电子文件归档与电子档案管理可参照执行，同时也为各机关单位电子文件的归档和移交提供了参考。

在电子档案的移交与接收过程中，存在档案存储介质相关问题，为了实现我国电子档案存储介质的规范使用，国家相关部门发布了系列相关规定。《档案数据硬磁盘离线存储管理规范》（DA/T 75—2019）于 2019 年 3 月 4 日发布，2019 年 9 月 1 日正式实施，该规范对档案移交与接收做出了明确规定，明确了用硬磁盘进行档案数据离线存储的管理要求，适用于档案数据利用硬磁盘以离线方式进行存储的操作和管理。[①]档案接收部门应参照《电子档案移交与接收办法》（档发〔2012〕7 号）对硬磁盘进行检查，检查内容包括硬磁盘外观、档案数据、工作记录，检查合格者则进行接收登记。

---

① 黄静涛：《〈档案数据硬磁盘离线存储管理规范〉解读》，《中国档案》2019 年第 12 期。

该规范以档案数据硬磁盘离线存储的工作流程为主线，对存储的每个工作环节都提出了具体的要求，并对电子档案移交的硬磁盘检查提出了要求。档案存储载体有光盘、硬盘等，过去档案管理工作中主要选择光盘对档案数据进行存储，但随着信息技术的快速发展，光盘现已逐渐被淘汰，而逐渐改用硬磁盘作为档案数据存储的主要存储介质，基于此，国家对硬磁盘做出了相关规定，包括对硬磁盘的存储、定期维护、温湿度和工作记录登记等环节的要求都进行了明确规定，为档案数据在硬磁盘中的规范存储提供了参考。

《归档文件整理规则》（GB/T 22—2015）于 2015 年 10 月 25 日由国家档案局发布，2016 年 6 月 1 日正式实施，该规则指出，对归档电子文件的整理需要进行组件、分类、排列、编号和编目，此外还对归档电子文件的格式、元数据和存储等方面指明了执行标准。该《规则》的制定更加细化了电子文件整理的要求，包括细化了"件"的构成，明确了件内文件的排序要求，对归档文件分类的方法以及归档文件的质量要求和装订要求、方式、方法和材料等进行规定，使电子文件整理的各项工作更加具体化，加强档案管理工作的规范性，使其更具操作性，提高管理工作的效率与质量。

由于在 2000 年以后电子文件以电子邮件的方式进行归档逐渐成为主流（具体内容请参看本书第四章），因此国家相关部门对公务电子邮件归档与管理工作进行了规范。《公务电子邮件归档与管理规则》（DA/T 32—2005）于 2005 年 4 月 30 日由国家档案局发布，2005 年 9 月 1 日正式实施，该规则将公务电子邮件定义为："国家机关、团体、企事业单位和其他社会组织在公务活动中产生的经由电子邮件系统传输的电子邮件。"公务电子邮件是各种公务活动得以顺利开展的重要办事工具，也是业务工作思想、数据和信息得以有效沟通的手段之一。[①] 其作为一种电

---

① 王梦瑶、王英玮：《〈公务电子邮件归档与管理规则〉的内容及存在问题分析》，《北京档案》2018 年第 7 期。

子文件的具体存在形式，若要保证电子文件移交与接收工作的质量，则要对公务电子文件的各项业务活动提供规范化的程序和管理规则。该规则中关于档案移交与接收的规定主要集中在第八条，指出各单位公务电子邮件移交方式可采用逻辑方式或物理方式，其中特别指出，对需要永久或长期保存的公务电子邮件应以纸质或缩微形式保存移交。移交后档案保管部门需要对定期移交合格的公务电子文件的载体和技术环境进行检验并登记。该规则对公务电子邮件移交的方式和流程等都做出了明确的规定，对公务电子邮件的归档与移交工作具有重要的现实意义。

为了保障电子文件移交与接收工作的质量，我国颁布了一系列相关规定，如《文书类电子档案检测一般要求》（DA/T 70—2018）于2018年4月8日由国家档案局发布，2018年10月1日正式实施。该要求中第4章和第5章的规定分别对电子档案移交与接收的检测内容和检测方案进行了详细说明，其中第4章从真实性（来源、元数据、内容、元数据与内容的关联、移交信息包）、完整性（数量、元数据、内容、移交信息包）、可用性（元数据、内容、硬件环境、移交信息包）和安全性（移交信息包病毒、移交载体、移交过程）四个方面陈述了电子档案四性检测的内容，第5章为电子档案检测内容提供了具体的四性检测方案。该要求的制定从检测内容和检测方案两个方面对四性检测工作做出了具体的规定。[①] 为各级各类档案馆、机关、企业事业单位和其他社会组织对文书类电子档案进行检测提供了重要的参考价值，对实际工作也具有一定的指导价值，保证了电子文件的长期使用。

随着社会的发展，企业产生的具有保存价值的电子文件正以前所未有的速度增长，为了加强我国企业电子文件的归档和电子档案管理工作，国家档案局于2015年12月2日印发了《企业电子文件归档和电子档案管理指南》（档办发〔2015〕4号）的通知，该指南对企业电子文件管理权的移交进行了详细规定，指出采用档案部门立卷制的电子文件管理

---

①　王大众：《〈文书类电子档案检测一般要求〉解读》，《中国档案》2019年第4期。

权应由档案部门或档案人员通过业务系统、电子档案管理系统或手工填写表格形式进行移交。移交后档案人员应进行相应检测。该指南系统梳理出电子文件归档与管理的原则、机制和策划，对于企业开展电子文件的归档与管理工作具有重要的参考价值，保证企业电子文件归档与管理工作的质量，为企业的发展提供有力的档案资源保障。

为了规范电子档案的移交与接收工作，确保电子档案的真实性、完整性和可靠性，国家档案局于 2012 年 9 月 5 日印发了《电子档案移交与接收办法》（档发〔2012〕7 号）（以下简称《办法》），该办法涉及了电子档案的移交工作的接收范围、移交时间、移交基本要求、移交流程和移交方式（《办法》第二章）以及电子档案的接收平台、接收流程、四性检测、交接手续等（《办法》第三章）。《办法》的制定与发布，为开展电子档案移交与接收工作提供了政策依据和业务指南，各级档案部门按照《办法》中的要求，能够稳步推进电子档案移交与接收工作。[①]

针对非结构化电子文件移交与接收工作，每个省份也制定了相应的规范，如笔者所在的辽宁省颁布的《辽宁省档案条例》于 1997 年 7 月 26 日通过，并经过 2004 年、2006 年、2017 年 7 月和 2017 年 9 月四次修正。对于电子档案的移交与接收工作，《辽宁省档案条例》在积极落实国家相关标准的基础上，分别指明了各级各类档案馆（综合档案馆、专门档案馆和部门档案馆档案）档案收集范围的相应负责单位，推动了辽宁省档案移交与接收工作的顺利进行。

第三节　非结构化电子文件的移交

非结构化电子文件的移交工作是一项由档案部门、办公部门、文件

---

① 蔡学美：《及时移交规范接收——〈电子档案移交与接收办法〉发布》，《中国档案》2013 年第 1 期。

管理部门和信息技术部门共同参与的活动。① 完成电子文件的移交工作也是文档一体化、馆室一体化的重要体现，有利于丰富和优化档案馆馆藏，保证档案馆工作的可持续发展。本节主要根据相关法律规定对其从基本要求、主要流程、移交格式和移交方式四个方面进行论述。

一 非结构化电子文件移交的基本要求

关于非结构化电子文件移交的基本要求可以参照《电子档案移交与接收办法》（档发〔2012〕7 号），该办法主要对移交的电子档案元数据、封装方式等进行了详细的规定，指出电子档案须与其元数据采用XML 封装方式进行共同移交，移交后档案移交单位至少保存 5 年。并规定对于采用技术手段加密的电子档案应当解密后移交，压缩的电子档案应当解压后移交，特殊格式的电子档案应当与其读取平台一起移交。

二 非结构化电子文件移交的主要流程

非结构化电子档案移交的流程主要涉及对电子档案数据、载体和系统等的处理，移交时需要遵守严格的工作流程，办理相关的移交手续，从源头上保证电子档案的安全性和可靠性。其具体流程包括三个步骤。

（一）组织和迁移转换电子档案数据

主要包括电子档案载体转换、档案数据格式转换以及存储系统的转移三方面。在对电子档案进行组织转换和迁移的过程中须时刻保障数据的真实、完整和可用。

（二）检验电子档案载体及数据

对上述第一个步骤中进行载体转换、格式转换或系统转移后的电子档案数据进行检验，以保证其真实、完整和有效，具体包括对其载体、相关资料、卫生等方面的检验，另外对特殊格式的非结构化电子文件，应核实其相关的软件、版本和操作手册等是否完整。

---

① 戴旸、李文媛：《电子文件规范化移交研究》，《档案学通讯》2013 年第 1 期。

（三）移交电子档案数据

移交单位、接收单位双方核实检验结果，并办理移交手续。

三　非结构化电子文件移交格式

电子文件归档格式直接影响电子档案移交格式。为了方便后续档案工作人员更好地开展档案整理工作，要求非结构化电子归档格式应在格式转换、数据显示与利用等方面具有开放性。一般来说，文书类电子文件应在归档前按照 DA/T 47—2009 转换为通用格式，可采用PDF、PDF/A 格式。

由于电子文件种类繁多，各种类型的电子文件存储格式可参照《电子文件归档与电子档案管理规范》（GB/T 18894—2016）建议格式生成，以便于转换为通用格式加以归档并移交。该规范分别对文书类、科技类、专业类电子文件归档格式进行了具体规定，不同的电子文件类型有不同的归档格式。

此外，对于非结构化电子文件元数据的归档格式须根据各个归档的具体情况进行分析，如归档接口、元数据形成情况等，不同的元数据类型也有不同的归档格式，元数据的数据类型包括业务系统电子文件元数据和声像类、应用软件电子文件元数据。

四　非结构化电子文件移交方式

对于非结构化电子文件移交一般可采用离线移交和在线移交两种方式进行，不论采用何种方式，均须在移交前对预移交电子档案的真实性、完整性、可用性和安全性进行检查，遵循《办法》中规定的流程进行移交，并办理相应的移交手续。其移交方式如下。

（一）离线移交

离线移交是指将电子档案数据刻录到光盘上，经检测后将其移交至国家综合档案馆的过程。《电子文件归档与电子档案管理规范》分别对电子档案离线移交的方式和过程进行了具体说明，要求离线移交时将电子档案按照要求刻录于符合要求的光盘中，同时需要标签标明内容，以盒装形式将电子档案一套移交给同级国家综合档案馆。

（二）在线移交

《电子文件归档与电子档案管理规范》对在线移交的传输途径、传输内容等进行了具体说明，要求电子档案在通过在线移交时，将电子档案内容数据及其相关元数据通过与之相应的网络进行传输，数据传输的结构一般为一张或多张光盘载体内电子档案的存储结构组合。

第四节　非结构化电子文件的接收

非结构化电子文件的接收，是数字档案馆建设的一项重要内容，它可以减少通过扫描形成电子档案的劳动力的浪费，电子档案具有记录范围广、传递信息快、保存方便的优势。本节内容主要根据相关法律规定分别从基本要求、接收流程、接收方式三个方面对其进行论述。

一　非结构化电子文件接收的基本要求

关于非结构化电子文件接收的基本要求，国家档案局《电子档案移交与接收办法》（档发〔2012〕7号）第三章中，对电子档案接收的基本要求做出了明确规定，指出国家综合档案馆需要通过电子档案接收平台对电子档案进行接收、检验和元数据补充以及转换等工作，同时注意在接收电子档案前应对电子档案数据的准确性、完整性、可用性和安全性进行检验，合格后方可接收。通过该平台完成电子档案的移交与接收等工作，既能提高电子档案移交和接收工作的效率与质量，又能保证电子档案的安全性和可靠性。

除此以外，国家综合档案馆应当对接收的电子档案载体保存5年以上，电子档案载体的管理办法具体可参照DA/T 38《电子文件归档光盘技术要求和应用规范》和DA/T 15《磁性载体档案管理与保护规范》。

二 非结构化电子文件接收的流程

电子文件在接收流程上主要应从三个方面进行考虑：档案接收的总体方面、在线接收和离线接收。电子档案接收的主要流程是：检验电子档案数据、办理交接手续、接收电子档案数据、著录保存交接信息、迁移并转换电子档案数据和存储电子档案数据等步骤。接收单位首先应对电子档案的准确性、完整性、可用性和安全性进行检查，合格后方可接收，接收后要对接收的档案数据进行著录，通过建立目录或全文数据库，方便快速查找与利用电子档案。为了实现电子档案数据的长期存储，要对电子档案向其他系统进行迁移或在其他存储设备上备份，从而能够对电子文件进行长期的保存与利用。

档案馆离线接收电子档案的主要流程是：确定档案进馆计划、印发档案进馆通知、电子档案数据刻录光盘、检验电子档案数据（电子档案数据准确性、完整性、可用性和安全性）、检测光盘、办理交接手续、接收电子档案数据（含元数据）、著录保存交接信息、迁移和转换电子档案数据、存储电子档案数据、办理档案交接文据。

档案馆在线接收电子档案的主要流程为：确定档案进馆计划、印发档案进馆通知、启用电子档案接收平台、检验电子档案数据（电子档案数据准确性、完整性、可用性和安全性）、办理交接手续、接收电子档案数据、著录保存交接信息、迁移和转换电子档案数据、存储电子档案数据、办理档案交接文据。

三 非结构化电子文件接收的方式

电子档案接收的方式依据电子文件移交的具体方式，也分为在线接收、离线接收两种方式。

（一）在线接收

在线接收是指档案馆通过与管理要求相适应的网络接收电子档案及其元数据的过程。电子档案可通过与管理要求相适应的网络传输的方式进行接收，接收的数据应当包含符合要求的电子档案及其元数据，数据结构一般为一张或多张光盘载体内电子档案的存储结构组合，单张光盘的数据量小于光盘的实际容量。特殊格式的电子档案应当与其读取平台一起移交。档案馆在线接收的档案应符合《电子档案移交与接收办法》《DA/T 74—2019 电子档案存储用可录类蓝光光盘（BD‐R）技术要求和应用规范》（DA/T 74—2019）等相关标准要求。档案在线接收的方式可以使需要的电子档案通过网络传输的方式快速接收，并迅速完成后续的交接手续，有利于提高电子档案接收工作的效率。

（二）离线接收

离线接收是指档案馆通过获得符合要求的数据光盘接收电子档案的过程。电子档案可通过刻录光盘的方式进行接收，光盘内容应保证电子档案及其元数据的完整性，同时电子档案有相应纸质、缩微制品等载体的，应当在元数据中著录相关信息。特殊格式的电子档案应当与其读取平台一起移交。档案馆离线接收的档案应符合《电子档案移交与接收办法》《档案数据硬磁盘离线存储管理规范》（DA/T 75—2019）等相关标准要求。离线接收的方式有利于对移交的电子文件进行直接管理，能够避免机构管理流程中出现问题而导致档案内容流失的问题，但是不能实现对电子档案的实时接收，并且受到存储载体的限制，很难实现长期保存。

第五节 非结构化电子文件移交与接收案例——以沈阳市档案馆为例

针对非结构化电子文件移交与接收工作，各省份都在积极落实国家的相关标准。辽宁省于1997年7月26日通过《辽宁省档案条例》（以下简称《条例》），并于2004年、2006年、2017年7月和2017年9月进行了四次修正，辽宁省档案局的姜义指出：《条例》的实施，对全省各级档案行政管理部门转变思想观念、创新管理机制、推进依法行政，提高档案事业管理水平具有广泛而深远的影响。①《条例》中明确规定了电子档案移交与接收工作中各级各类档案馆档案收集范围的相应负责单位，第十条规定，"综合档案馆收集档案的范围，由省人民政府档案行政管理部门确定。专门档案馆和部门档案馆收集档案的范围，由其主管部门提出意见，经本级人民政府档案行政管理部门核准"。第十三条规定，"国家所有并属于归档范围的文件材料，由文书部门或者业务部门收集齐全并立卷，按时交本单位档案机构集中统一管理；任何部门或者个人不得拒绝归档或者据为己有。对档案所有权的界定及归档和进馆档案范围有异议的，由各级人民政府档案行政管理部门作出认定"。《条例》对档案收集负责单位的清晰界定推动了辽宁省档案馆移交与接收工作的顺利进行，《条例》的实施，对全省各级档案行政管理部门转变思想观念、创新管理机制、推进依法行政、提高档案事业管理水平均具有广泛而深远的影响，标志着全省档案法治建设进入了崭新阶段。

沈阳市作为辽宁省的省会城市，在吸收和借鉴现有规范的基础上，也出台了针对本市电子文件移交和归档的相关规范，在移交档案、已公开现行文件时，应当同时移交符合规范要求的电子文件。《沈阳市综合档案馆管理办法》中规定了电子档案移交和接收的范围，其中分别明确了市综合档案馆，区、县（市）综合档案馆等接受范围内的档案移交期限，第八条第一款规定"属于市综合档案馆接收范围的档案，自形成之日起满20年向市综合档案馆移交"，第二款规定"属于区、县（市）综合档案馆接收范围的档案，自形成之日起满10年向有关区、县（市）综合档案馆移交"；第八条同时详细规定了撤销机构、重大事件或档案目录以及公开的现行文件移交日期，其中第三款规定"撤销机构的档案和重大活动、重大事件的档案或者档案目录，应当自机构撤销前或者活动结束之日起3个月内向同级综合档案馆移交"，第五款规定"政府部门已公

---

① 姜义：《职权法定依法履职——〈辽宁省档案条例〉四次修正解读》，《兰台世界》2020年第7期。

开的现行文件，自文件发布之日起 30 日内向同级综合档案馆移交"。对于专业性强或者需要保密的档案可以延长向有关综合档案馆移交的期限，保管条件恶劣或者其他原因可能导致档案严重损毁和不安全的，也可以提前向有关综合档案馆移交。《办法》中的规定既吸收了档案馆的新理念，又提炼了档案馆事业新实践的经验，为全方位打造新型档案馆提供了法制依据和保障。① 此外，关于印发《沈阳市档案馆文书档案电子版数据接收规范（试行）》（沈档发〔2015〕5 号）的通知中明确指出《沈阳市档案馆文书档案电子版数据接收规范（试行)》是沈阳市档案馆为适应档案现代化管理要求，有效整合各有关单位向沈阳市档案馆移交的文书档案电子版数据，根据国家、省档案局的有关要求，结合沈阳市实际情况制定，该规范的试行能够极大地提升沈阳市电子档案移交与接收工作的水平。

从严格意义上讲，目前国内大多数综合性档案馆所接收的不是真正意义的电子档案，即所接收的电子档案并非在各单位业务过程中所形成的具有凭证、查考和保存价值并归档保存的电子文件。准确地说，应称其为纸质数字化副本，即根据国家档案局关于进馆档案"增量电子化"工作的相关要求，在纸质实体档案接收的同时，一并接收其数字化副本，同时接收其文件级目录数据和原文图像数据。现以沈阳市档案馆现阶段档案接收工作为例，纸质档案数字化副本的接收工作主要涉及以下几个方面的内容。

一 移交与接收对象

各移交单位所移交、档案馆所接收的为其纸质档案数字化副本，且数字化过程符合《纸质档案数字化技术规范》（DA/T 31—2017）、《纸质档案数字复制件光学字符识别 OCR 工作规范》（DA/T 77—2019）等相

---

① 马凤云、王梓熠：《为档案馆事业的创新发展提供法制保障——〈沈阳市综合档案馆管理办法〉出台》，《中国档案》2008 年第 2 期。

关标准要求。

二 纸质档案数字化副本接收流程

档案数字化副本应与纸质实体档案同步接收进馆，并与实体档案同步履行进馆流程，但要针对电子数据的特殊性质，在办理档案移交手续之前，对其数据内容（含元数据）及载体存储状况进行验收，档案数字化副本接收主要流程为：确定档案制订档案进馆计划、印发档案进馆通知、拟进馆档案质量检查、提出问题、档案数据（含元数据）及存储载体验收、办理档案移交手续、档案清点、档案交接、办理档案交接文据等。

三 纸质档案数字化副本接收基本要求

属于市档案馆接收范围的档案，档案馆应接收其纸质档案数字化副本，《沈阳市档案馆文书档案电子版数据接收规范（试行）》中第三条明确规定："属于市馆接收范围的档案，均应以全宗为单位进行数字化，数字化后形成的电子版数据，应与纸质档案同步移交进馆。"其电子版数据是指与纸质档案同步进馆的、通过纸质档案数字化后形成的电子数据，分为文件级目录数据和原文图像数据两种。《沈阳市档案馆文书档案电子版数据接收规范（试行）》第七条规定："文件级目录数据与原文图像数据由文件级目录数据库中的原文标识字段项进行链接，原文标识字段应由文件级目录相关字段项自动组合生成。"原文图像数据是指纸质档案数字化后形成的、按照一定规则命名的、能与文件级目录数据链接并可以用于检索的图像数据。

《沈阳市档案馆文书档案电子版数据接收规范（试行）》第八条规定：电子版数据移交时，移交单位应确保电子版数据的真实可靠，保证其文件级目录数据及原文图像数据，与其对应的纸质档案保持一致。移交的电子版数据，应能够被市档案馆档案业务服务平台系统接收。移交的文件级目录数据结构参见《沈阳市档案馆文书档案文件级目录数据库结构标准（试行）》，移交格式采用 XML。原文图像数据应采用彩色，300dpi，JPEG 文件格式。原文图像数据加工请参见《纸质档案数字化技术规范》（DA/T 31—2005）。以"卷"为保管单位，原文标识采用：全宗号—目录号—案卷号—页号—流水号。以"件"为保管单位，原文标识采用：全宗号—年度—保管期限—机构（问题）—件号—流水号。电子版数据脱机载体存储结构应符合市档案馆《电子版数据载体存储结构》（详见图 3 - 1 和图 3 - 2）的要求进行操作。电子版数据脱机载体应选用单片盒装档案级光盘，每张光盘须作标识，盘盒及盘面标识参见《档案数字化光盘标识规范》（DA/T 52—2014）。

电子版数据与纸质档案同步接收，接收前，由各移交单位进行自检。应对其数据的准确性、完整性、可用性和安全性等方面进行质量检查，检查电子档案的格式和存储结构是否符合归档要求、检查采用光盘是否符合标准、监测光盘数据是否完整可读、检查载体装具及其标注是否规范等。

电子版数据接收，采用离线方式，由移交单位将电子版数据脱机载体移交至档案馆，由档案馆接收部门负责对各单位移交的电子版数据进行验收。验收采取抽检方式，应保证每次接收数据抽检比例不低于10%～30%。验收内容包括文件级目录数据、原文图像数据及文件级目录数据与原文图像数据挂接等。《沈阳市档案馆文书档案电子版数据接收规范（试行）》第八条规定了文件级目录数据及原文图像数据要与其对应的纸质档案保持一致。当差错率大于抽检数据的 1% 时，应返还移交单位进行修改。验收合格后，双方共同填写档案馆《电子版数据接收登记表》（见附录 2 表 1）保存备查。

接收完成后，档案馆履行内部交接手续，由接收部门填写市档案馆《馆藏档案基础数据库入库申请表》，由科技部门将电子数据导入市馆馆藏档案基础数据库。电子版数据脱机载体应保存 5 年以上，并保留两套，一套由移交单位留存，另一套移交档案馆管理利用处，入库按照市档案馆《档案资料进出库管理暂行办法》执行。

第六节　非结构化电子文件移交与接收的问题与建议

尽管目前我国对非结构化电子文件移交与接收方面的相关法律规范日益完善，但在实际工作中仍然存在很多问题和不足，需要对其进行及时改进和优化，因此，本节主要对目前非结构化电子文件在移交与接收工作中存在的问题和不足进行详细论述，并给出相应的建议。

一　非结构化电子文件移交与接收的问题分析

（一）理念与实践不匹配

为了推进档案信息资源的整合，档案工作者提出了"大档案"的理念。"大档案"理念由来已久，但是档案部门只是把"大档案"理念落实到档案馆的建设中，并没有较好地应用在档案信息资源的建设中。因此，我们不仅要提出与时代发展相匹配的管理理念，而且要使理念落实到档案信息资源整合的实践中去。在大数据时代，档案信息资源整合需要各个环节的配合和各个部门协调一致的工作才能完成，各部门、各环节的协调都需要强大的信息系统来组织、协调和实现信息资源共享，使其得到最优化的利用。简言之，档案部门要充分发挥意识的能动作用，让大数据时代的"大档案"理念更好地指导档案信息资源整合的实践工作。

此外，目前受非结构化电子档案的管理成本和技术限制等因素影响，我国仍然存在部分非结构化电子档案得不到完整全面移交保管的情况。各级档案馆以 PDF 格式的文本文件为主进行归档，而如 XML、OFD 等归档文件格式虽然在《电子文件归档与管理规范》（GB/T 18894—2002）等诸多标准中早已于 2002 年进行了明确规定，但在实际工作中各个规范格式的电子档案并未真正得到全方位多元化形式的移交与接收，而 PDF 格式的电子档案对后续系统批量数据格式转换也造成了一定的困难。

（二）档案信息资源的质量难把关

一方面，纸质档案信息资源质量鉴定困难。档案馆为了丰富馆藏，改变原本单一的馆藏结构，会不断地在整合工作中更加广泛地收集档案，由于档案种类繁多，类目繁杂，短时间内仅仅依靠档案馆工作人员很难选取大量优质的档案信息资源。此外，档案部门不仅要关注档案信息资源内容的优质性，还要关注其档案载体质量的好坏，二者兼顾才能更好地为档案信息资源质量进行把关。另一方面，数字档案信息资源质量的控制与鉴定也比较复杂。既要控制好数字档案信息资源采集环节的质量，又要控制好录入、组织与开发环节的质量。因此，在进行档案信息资源整合时，如何收集质量优、价值高的档案资源也将是我们面临的问题之一。此外，移交与接收的电子档案由于格式等问题常常存在无法正常打开的情况，这在一定程度上严重影响了档案馆对接收档案的后续处理工作，同时也将对后续的档案整理工作造成困难，进而影响全宗档案的价值实现与利用，同时这也说明了电子档案在移交与接收前的"四性"检测工作尚存在问题。目前对于电子档案移交与接收过程中元数据的管理仍然存在问题。电子档案工作中元数据的完整性和关联性基本可以得到保障，但电子档案在进行离线或在线移交时由于系统等问题依然会存在元数据丢失等情况，造成元数据的不完整及其与内容数据的关联失效等情况，从而影响档案的检索利用。

（三）缺乏统一的技术整合规范标准

当前在电子档案移交与接收工作中，档案部门缺乏一套统一的技术整合标准体系，制约了档案信息移交与接收工作更好地发展，因此应该高度重视。"标准化是对档案信息资源各方面建设具有总揽性的前提与基础，也是最亟待解决的实际问题，否则档案信息资源共建共享就无法实现。"[①] 可见，只有建立一套电子档案移交与接收的标准体系，各地区档案馆在开展档案信息资源整合时才能有据可依。

---

① 刘玉波：《档案信息资源共建共享机制建设问题刍议》，《黑龙江档案》2015 年第 1 期。

（四）信息实时精准管控难

大数据时代，动态性与交互性并存，使得数据实时精准管控难。互联网信息是档案信息资源的重要组成部分，而互联网信息的动态性是显而易见的，具有较大的自由度和随意性。除此以外，在大数据时代，网络构筑起了档案馆和用户之间的互动桥梁，档案馆可以通过档案网站向用户输送信息，公众可以参与互动，实现信息的双向流动。从这个角度而言，档案部门对纷繁复杂、动态性强、互动性紧密的数字档案信息资源实时精准控制的难度越来越大。

二 非结构化电子文件移交与接收的建议

上述问题的存在，对我国电子档案的移交与接收工作的顺利进行造成了一定程度的障碍，而电子档案的移交与接收工作关乎档案管理数字化存亡，需要从多方面着手对其进行规范化管理。因此，针对目前我国电子档案在移交与接收方面的诸多问题，笔者建议分别从制定完善的专门标准、业务系统中增设电子档案"四性"检测模块、加强档案管理系统建设与优化和完善电子档案管理机制四个方面展开论述。

（一）完善专门标准

规范标准的完善有利于实现电子档案移交与接收工作的规范化管理，同时也有利于提高工作效率和降低工作成本。因此，"国家档案局还有责任联合地方档案部门，进一步制定电子文件移交流程、元数据移交、移交检验等方面的标准，形成电子文件移交方面的系列标准，确保在实现宏观、全面指导的同时，也能对具体环节进行细致、专业的规范，切实提高电子文件移交的标准化水平"[1]。

（二）业务系统中增设电子档案"四性"检测模块

细化规范电子档案的移交与接收流程，通过科学技术的引入，规范强化电子档案在移交前的检测工作，从源头保障所移交的电子档案的真

---

[1] 戴旸、李文媛：《电子文件规范化移交研究》，《档案学通讯》2013年第1期。

实、完整、可用和安全，为电子档案的高质量保管奠定基础。因此，相关部门可以设计开发"电子档案移交与接收"模块。在现有的文档一体化系统中增加"电子档案移交与接收"模块，实现电子档案的在线移交。"电子档案移交与接收"模块要具有"四性"检测功能、CA 认证功能，并提供统一的封装软件，该功能软件不仅有利于电子档案的永久有效保存，更有利于档案馆的档案利用。

（三）加强档案管理系统建设与优化

我国开展的信息化建设为档案信息资源的整合提供了有利的平台。"十二五"规划期间，我国的档案信息化建设已经取得了一些成果，如档案信息化建设初具规模。初步建成以局域网、政务网、因特网为平台，以档案信息管理系统为支撑，以档案目录中心、基础数据库、档案利用平台、档案网站信息发布为基础的档案信息化体系。"十三五"规划期间，《全国档案事业发展"十三五"规划纲要》中也提到了要加快档案管理信息化进程的目标。它要求各档案部门、档案网站等主体加快提升电子档案管理水平。① 对电子档案管理的系统技术缺陷，须在合理控制成本的前提下，积极引进新技术，改善系统中长久以来存在的弊端，从而为电子档案的高质量、高效率工作提供技术支持。积极学习和借鉴国外经验和技术，再结合我国目前电子档案管理具体情况，实现电子文件移交流程的规范化管理。如目前电子档案移交工作最为成功和富有特色的澳大利亚和英国。② 同时加强档案工作人员的培训，使得档案移交与接收工作发展与时俱进，强化档案工作人员对电子档案的认识，加强对电子档案移交与接收工作的重视，规范电子档案移交与接收操作。

（四）完善电子档案管理机制

管理机制的优化和完善有助于实现对各类电子档案移交工作的程序化管理。加强对各类电子档案的组织管理和责任管理机制，细化电子档

---

① 国家档案局：《全国档案事业发展"十三五"规划纲要》，《中国档案》2016 年第 5 期。
② 戴旸、李文媛：《电子文件规范化移交研究》，《档案学通讯》2013 年第 1 期。

案在移交与接收工作中的具体流程和操作，建立相应的联动机制，充分调动相关部门实现联合协作，同时需要加强相关档案部门对电子档案移交与接收工作的实时指导和监督，以确保电子档案的移交与接收工作的高质量开展。

第四章

基于 OS 文件系统的非结构化
电子文件存储与检索

OS 文件系统一方面在系统操作、系统安全等方面的发展已经成熟，能为电子文件管理的不同环节提供支持。另一方面，非结构化电子文件的产生与保存离不开文件系统的支撑，在 OS 文件系统中管理更加方便快捷。本章将着重讨论在档案机构所拥有的 OS 文件系统环境中，非结构化电子文件的存储与检索的问题。

第一节　OS 文件系统概述

文件系统在计算机操作系统中的角色极为重要，虽然在大数据时代人们接触的数据量大幅增加，但利用 OS 本地文件系统管理非结构化电子文件是目前档案机构管理非结构化电子文件的一种主要方式，所以应用空间较大。

一　OS 文件系统的含义

OS 文件系统中的 OS 是指计算机操作系统，操作系统（Operating System，OS）"是计算机系统中的一个系统软件，它能有效地控制和管理计算机系统中的硬件及软件资源；合理地组织计算机系统的工作流程；提供用户与计算机硬件之间的软件接口，使用户能够方便、有效、安全、可靠地使用计算机；使整个计算机系统高效地运行"①。操作系统是管理计算机硬件与软件资源的计算机程序，同时也是计算机系统的核心与基石。操作系统需要处理如管理与配置内存、决定系统资源供需的优先次序、控制输入与输出装置、操作网络与管理文件系统等基本事务。在计算机发展的初期受到硬件设备的限制，计算机内的数据等软件资源的存放依托于卡片或纸带，不仅给用户增添了麻烦，也降低了计算机的使用效率。在应对如何快速且有效地对计算机中的软件资源和数据进行读取这一问题上，研究人员进行了大量研究。随着磁盘、磁带等多种类型存储器的出现，数据文件和软件等资源的透明存储条件得到了极大的改善，对于非结构化电子文件数据管理也迈入了新的阶段。文件系统也正是在这样的新环境下，逐渐成为管理计算机内各类数据和文件等资源的新途径。

"操作系统中与管理文件有关的软件和数据称为文件系统。它负责为档案管理人员建立、撤销、读写、修改和复制文件，还负责完成对文件按名存取和进行存取控制。"② 文件系统的基本特点如下：文件系统中的文件按名存取，对用户透明；文件系统拥有良好的用户操作界面，用户的操作只针对文件而不是文件的其他属性；文件系统搜索存储的信息量较大；文件系统中存储的文件可以进行共享。

二　OS 文件系统的功能

文件系统作为计算机中管理数据的手段之一，其主要工作是为保证计算机中所存储的文件得到妥善的保管，避免文件遭受到攻击甚至是破坏，充分发挥所存储文件的效用，从而保证用户和计算机的顺利沟通。文件系统同样需要解决信息的共享与保护等工作。具体而言，文件系统的主要功能如下。

---

① 韩其睿：《操作系统原理》，清华大学出版社 2013 年版，第 7 页。
② 张尧学、史美林、张高：《计算机操作系统教程》，清华大学出版社 2006 年版，第 186 页。

（1）对存储空间进行有效的管理，以保障文件存放的合理性，实现对计算机中磁盘等辅助存储器空间的统一管理。在用户进行文件的新建、修改、删除等操作时对存储空间做出合理的调整。

（2）对文件目录、文件组织等逻辑结构进行合理的管理，用户方便依照文件和目录的逻辑结构所给定的方式对信息进行存取等操作，这种逻辑结构是独立于存储设备的。

（3）实现文件的按顺序存放，有利于文件的存放预加工。

（4）实现对于已经保存的文件的查找。

（5）保证文件的安全和完整，实现文件的共享。

三　OS 文件系统的类型

操作系统根据不同的分类依据有不同的种类，本章主要根据操作系统的应用领域对其进行划分，主要包括桌面操作系统、服务器操作系统、嵌入式操作系统，三种操作服务分别适用于不同场景。首先，桌面操作系统（Desktop Operating System，DOS）主要是指个人计算机中应用的操作系统。其中，个人计算机根据其硬件架构分为 PC 机和 MAC 机两种。此外，桌面操作系统还可以从软件类型角度进行划分，包括 Unix 和 Windows 两种，其中 Unix 操作系统应用最为广泛的有 MAC OS 和 Linux 等；Windows 操作系统应用最为广泛的为 Windows 相关系列，目前该系列已更新换代至 Windows 10 版本。其次，服务器操作系统（Server System）是指"安装在大型计算机中的操作系统"，如数据库服务器。目前，该类操作系统主要分为 Unix 系列、Linux 系列、Windows 和 NetWare 四种类型。[①] 相较于个人计算机中的操作系统而言，服务器操作系统在网络数据交互等工作中处于核心地位。因此其在数据管理等方面功能更加丰富和强大，可以实现更大规模文件的高效保管和利用，但其在管理、

---

① 李文印、周治国、周斌、邓春燕：《专用浏览器/服务器系统模型的设计与实现》，《计算机应用》2004 年第 2 期。

配置和维护等方面的要求更严格复杂，成本也更高。因此一般多应用于大型企业各类文件的存储与管理中，如 BSD Unix、Red Hat Linux 和 Windows Server 2012 等。最后，嵌入式操作系统（Embedded Operating System，EOS），即"用于嵌入式系统的操作系统"。该类操作系统具有系统内核小、专用性强、高实时性、多任务等特点。目前该类型操作系统被广泛应用于日常生产与生活的各个领域，如各类智能电子产品中的 Android、iOS 等系统。各操作系统所拥有的文件系统类型不尽相同，同一操作系统在不同技术的支持下，所拥有的文件系统也存在区别。因此，下文将主要针对三种不同类型操作系统中的 Windows 操作系统、Linux 操作系统、Mac OS 系统、移动客户端支持的文件系统以及其他类型的典型操作系统进行详细介绍，具体如下。

（一）Windows 操作系统支持的文件系统

基于 Windows 操作系统的文件系统是"构建在对于磁盘管理之上的，同一个操作系统下，能够支持多种不同的文件系统格式。Windows 的主要文件系统格式包括 CDFS、UDF、FAT（FAT12、FAT16、FAT32 和 exFAT）、NTFS 四种"[①]。OS 文件系统所采用的树形结构，从 1985 年成功研制的第一个版本 Windows 1.0 系统发展延续至今的 Windows 10 等，不断对系统进行开发和升级，成了应用最广泛的操作系统之一。在 Windows 文件系统中，包含不止一个树形结构，且相互之间是并列的。计算机磁盘有几个分区，文件系统内就存在着几个树形结构。Windows 通过文件系统驱动管理文件系统，借助文件系统驱动程序等多种工具交互以提高文件的操作效率和吞吐量。

（二）Linux 操作系统支持的文件系统

Linux 支持的文件系统中管理对象除包含着各类数据和文件系统的结

---

① ［美］马克·鲁西诺维奇、［美］大卫·A. 所罗门、［加］亚历克斯·约内斯库：《深入解析 Windows 操作系统　第 6 版》（下册），潘爱民、范德成译，电子工业出版社 2018 年版，第 373 页。

构外，档案管理人员在使用 Linux 系统过程中产生的文件、目录等内容也都存储在其中。"Linux 是使用树状文件系统的，使用文件目录的方式管理里系统中的数据和文件，整个文件系统有一个'根'，然后再'根'上分'权'，权上也可以长出'叶子'。'根'和'权'Linux 中被称为'目录'或'文件夹'，而叶子则是一个个的文件。"① Linux 系统内核可以支持几十种格式的文件系统，如 JFS、Reiser FS、HPFS、Minx、XFS 等。Linux 支撑多种类型文件系统是通过虚拟文件系统（Virtual File System，VFS）实现的，用户只有通过进程才能对文件进行执行和访问操作，需要调用多种不同的函数实现。

（三）Mac OS 系统支持的文件系统

Mac OS 中文件系统并不是独立存在的，而是存在于磁盘分区上。每一个磁盘至少一个分区，而每一个分区都可以单独格式化为文件系统。在某些情况下，可以允许一个文件系统横跨多个分区。Mac OS 就可以支持多种类型的文件系统，除层次文件系统（HFS、HFS＋）等苹果自己的文件系统外，Mac OS 还能够支持 Windows 文件系统、CD/DVD 文件系统等。

（四）移动客户端支持的文件系统

随着智能手机等移动平台的不断推广和普及，移动客户端所能够支撑的文件系统发展也逐步成熟。这些移动平台大都采用文件系统来管理数据，一些移动平台的操作系统配备了自身独有的文件系统，也有一些能够支持在计算机中经常使用的文件系统。

（五）其他

游戏机、数码相机、电子词典等电子设备在运行的过程中同样离不开文件系统的支持。在文件系统的支撑下，用户才能够实现游戏数据、照片等必要数据文件的有序存储和读取。

---

① 王红：《操作系统原理及应用（Linux）》，清华大学出版社 2013 年版，第 160 页。

第二节 OS 文件系统环境中非结构化
电子文件的存储

不同环境下的非结构化电子文件的存储方式是存在巨大差异的，只有针对不同环境下的非结构化电子文件进行有针对性的研究分析，才能够找到适合不同环境下非结构化电子文件最适宜的存储方法，从而达到对于非结构化电子文件高质量高效率的存储。本节主要介绍的是 OS 文件系统环境中非结构化电子文件的管理方法。

一 OS 文件系统环境中非结构化电子文件的存储方法

随着信息技术的发展和广泛应用，档案管理工作的侧重点发生了改变，非结构化档案电子文件的管理工作逐步成为重要的一部分内容，并对其提出了更高的要求。随着档案信息化进程的加快，国家颁布了《数字档案室建设指南》等一系列规章规范，我国的电子文件管理工作逐渐变得更加规范化、科学化，各档案机构对于电子文件的管理工作逐步成为档案管理工作中十分重要的一部分。从非结构化电子文件的日常管理实践中可知，非结构化电子文件与纸质档案存在的最大差别在于非结构化电子文件的逻辑管理流程更加复杂。因此，对于非结构化电子文件的存储与检索工作，可以借鉴纸质档案管理的原则和方法，借助"来源原则"和前端控制理论等重要理论，通过计算机对非结构化电子文件实施统一管理。

目前我国数字档案室的建设工作和电子文件的管理工作取得了一定的成绩，但部分档案机构由于存在短缺资金、设备不足或较落后的现状，而电子文件的种类日渐复杂多样等问题导致机构内对非结构化电子文件的存储方式较单一，缺乏使用电子文件管理系统或其他较为先进的方式对于非结构化电子文件进行存储和检索的必要性，所以对于此类档案管理部门的非结构化电子文件存储，主要是采取简单存放的方法。这种存储方式即为此部分提到的基于 OS 文件系统环境下非结构化电子文件的存储和检索。对于大部分没有安装电子文件管理系统或其他类型管理电子文件的应用程序的计算机而言，非结构化电子文件的形成方式较为多样，这些文件通常存储于由计算机用户所指定的目录中。存储工作进行时，非结构化电子文件的存放位置需由档案管理人员在 OS 文件系统中指定，通常为计算机的非系统盘。指定好存储位置后，首先在相关磁盘下建立类似"全宗"的总文件夹，用以存储来自某一特定档案机构全部的非结构化电子文件，并在该文件夹下对同一档案机构的全部电子文件进行管理。纸质的档案整理工作包含"区分全宗、全宗内档案分类、立卷、卷内文件系统化、案卷封装、案卷目录编制几大步骤"①。利用 OS 文件系统存储非结构化电子文件时，档案管理人员可在总文件夹中依照上述步骤对非结构化电子文件进行管理。对该文件夹下的电子文件进行合理分类，同一类型或同种性质的文件存放于同一个子文件夹中。对每一个子文件夹中，再依据电子文件之间的联系和规律，将文件存储于该子文件夹下不同级别的文件夹中，该子文件夹类似传统档案工作中的"案卷"，在文件夹内部系统化地对非结构化电子文件进行整理和有序存放。此外，总文件夹下还应当建立一个子文件夹用来保存各类基本信息，以方便档案管理人员对于非结构化电子文件的查找和利用。传统档案的排列只能以一种恰当的方式分类排列，但在 OS 文件系统中，档案管理人员可以依据需要借助计算机资源管理器，实现多种方式的排列、查看文件属性等操作。不同的操作系统中通常都带有管理文件和文件夹的辅助工具，其功能大多类似，均用于文件的打开、删除、重命名等操作。例如，对于使用 Windows 系统的计算机用户而言，Windows 系统提供了一种名为"文件资源管理器"的管理工具，用来管理计算机中的文件等资源，使用者可以借助文件资源管理器查看计算机中存储的各种文件，文件资源管理器提供了树形结构，方便使用者直观地了解计算机中存储的文件和文件夹。使用者可以通过"资源管理器"对文件和文件夹进行各种操

---

① 丁海斌、方鸣、陈永生：《档案学概论》，辽宁大学出版社 2012 年版，第 130 页。

作，如打开、复制、移动等。对于 OS 文件系统环境中的非结构化电子文件存储，需要借助指定人工目录存放和整理，同时使用资源管理器等类似工具进行辅助操作更为合理，不仅有利于非结构化电子文件的有效存储，同时能保证此环境中非结构化电子文件存储成本的控制，减轻基层或小型档案室的工作成本。

二 OS 文件系统环境中非结构化电子文件存储优缺点分析

非结构化电子文件的管理过程中，存在着与纸质档案工作相比较大的差异，并且这些差异还会随着非结构化电子文件存在的环境不同而产生一定的变化，本节所讨论的主要内容是 OS 文件系统环境下非结构化电子文件存储的优缺点。

利用 OS 文件系统存储的非结构化电子文件，能够有效地将档案管理学的思想巧妙地抽象到计算机应用之中，符合档案管理的理念，并且二者结合，共同实现了对非结构化电子文件的有效管理，这种方式是符合档案工作要求的。对于非结构化电子文件的存储，OS 文件系统基于磁盘等存储设备增加了非结构化电子文件的存储容量，同时该方法也实现了对非结构化电子文件的透明存取，方便了后续对非结构化电子文件利用过程中的各项操作。利用 OS 文件系统，存储非结构化电子文件不需要过多的应用程序的支撑，也不会对计算机造成过重的负担，对保障非结构化电子文件的安全性有一定的辅助作用。将非结构化电子文件存储于 OS 文件系统中，存储步骤简单，节约了档案机构在存储电子文件这一管理环节上所花费的成本，在非结构化电子文件的读写方面也具有一定的优势。借助文件资源管理器，档案管理人员可更加直观清晰地了解电子文件和文件夹的结构。

OS 文件系统中的文件以及文件夹是以树状的存储结构共同存在的，方便档案管理人员掌握非结构化电子文件和文件夹之间的逻辑关系，也在一定程度上避免了文件之间的重名问题。OS 文件系统提供文件传输、文件共享、文件加密等支持，且容错机制完善，为非结构化电子文件的安全提供了极高的保障。

　　OS 文件系统存储非结构化电子文件具有诸多优点的同时，也受到了一定的限制。这种存储方式只能实现一种逻辑层级结构，所以其过于简单，在面对种类繁多、逻辑关系较为复杂的电子文件存储时，难以完全展示出文件之间的逻辑关系。不同版本的 OS 文件系统存储数据时，存储的文件数量和文件大小均会受到存储空间的限制，文件系统的读写速度会随着文件总量的上升而逐渐下降。利用 OS 文件系统存储非结构化电子文件的同时，若不注意对存储空间进行合理安排与记录，建立合理的文件存放顺序，极易造成非结构化电子文件存储的混乱，给用户造成不必要的麻烦。若档案管理人员在文件存储过程中出现操作不当或存储规范制定得不严谨等现象，极易造成 OS 文件系统中数据冗余，不仅影响存储质量，也会给后续非结构化电子文件的管理环节带来不便。因而在存储非结构化电子文件时，需要档案人员注意操作的规范，进行合理安排与记录，以实现非结构化电子文件的高质量存储。OS 文件系统在存储非结构化电子文件时功能和方式虽然相似，但不同版本的文件系统之间优点与劣势也存在一定的区别。

第三节　OS 文件系统环境中的非结构化电子文件的检索

　　电子文件的存储方式，很大程度上决定了文件后续相关管理环节的操作方式，非结构化电子文件的管理同样如此，其存储方式的不同也导致了其检索方式的差异。针对 OS 文件系统环境下以文件和文件夹形式存储非结构化电子文件这一方式，不同的操作系统提供了不同的方法以应对用户有关于非结构化电子文件检索的需求。

一　OS 文件系统环境中非结构化电子文件检索方法

　　OS 文件系统中非结构化电子文件存储，检索非结构化电子文件的主要方式分别包括文件资源管理器的利用、虚拟文件夹技术和桌面搜索技术。

（一）文件资源管理器的利用

操作系统中所提供的文件管理功能是十分强大的，即便档案机构没有过多的技术和设备辅助进行非结构化电子文件的管理工作。不同的操作系统中提供的搜索功能名称存在一定的出入，但基本类似。

Windows的"文件资源管理器"（旧版称"资源管理器"）是用以管理计算机内各类资源的工具之一（见图4-1）。文件资源管理器以树形目录结构形式对文件进行存储和管理，支持对文件和文件夹的复制、重命名、移动等功能。为了便捷用户对文件的使用，文件资源管理器通过添加"摘要"的注释内容辅助用户对文件进行更加方便快捷的识别，注释方式包括简单项和高级项两种，其中简单项注释内容可以为标题、作者、关键词等，高级项中支持更加丰富的注释内容。借助文件资源管理

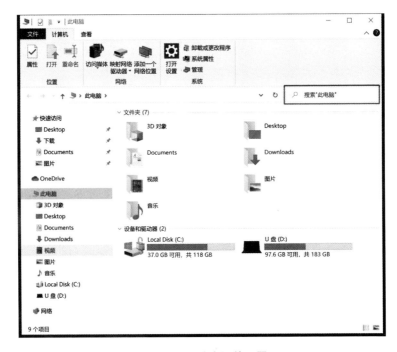

图4-1 文件资源管理器

器，档案管理人员可以对存储在文件系统中的非结构化电子文件进行检索，检索操作也十分简单，只需要在文件资源管理器所提供的搜索框内输入相应的文字，即可得到检索结果。

MAC OS 系统的 Finder（见图 4 – 2）功能与 Windows 的文件资源管理器作用类似。但 MAC OS 系统支持的资源管理系统 Finder 功能在诸多方面颇具优势。首先，Finder 支持层级显示功能更为清晰，不同于传统 Windows 系统资源管理器中的树状结构，而是以一种更加直观且易懂的形式为用户呈现出层级分明的文件分布，支持对众多文件的多级、分栏显示和管理。使用户在读取文件时，直接在父文件夹中就可以实现对子文件的管理，避免了各个子文件的逐层访问。同时操作简单便捷，整体上为用户提供了更加美观舒适的用户体验，该方面也是 MAC OS 系统中 Finder 远远优于 Windows 系统中文件资源管理器最突出的。其次，为了支持文件分类，Finder 支持对文件添加颜色标签（TAG），用户通过对相关文件或文件夹添加不同颜色标签进行自定义分类，为用户呈现更加直观和便捷的档案分类。最后，在文件检索方面 Finder 同样更加出彩，支持丰富的检索方法和过滤条件，能够轻易实现对文件数据的全局搜索，能够快速实现文件精准定位，这一点相比于文件资源管理器简单的首字母文件夹检索定位更加精准高效。当档案管理人员需要从 Finder 窗口进行搜索时，可使用窗口一角提供的搜索栏。档案管理人员可

图 4 – 2 Finder

以借助这一功能组织和管理系统中所有的文件、文件夹和程序，通过搜索栏，档案管理人员可以方便快捷地找到最常用的项目。该功能的操作步骤与文件资源管理器极其相似，只需输入关键字即可完成即时搜索。但 Finder 也存在自身的缺点，如不支持对图片的自动排序。

总体而言，相对 Windows 系统资源管理器设计，Mac OS 系统中 Finder 设计则更多的是以用户视角为出发点，以用户为主的理念也能够给予用户更加良好的体验。

（二）虚拟文件夹技术

虚拟文件夹（Virtual folder），通常指管理一批文件的一个虚拟的文件夹，它不依赖于目录树层级中的位置，而是由软件将数据存储中的结果合并显示。学术界对虚拟文件夹的定义为"在 Windows 的文件系统之外提供一个独立的文件系统，用来保存和管理用户的资料"[①]。Windows 系统提供虚拟文件夹的技术对系统中文件进行管理，其文件存储结构同样为树形结构，可以对同一文件建立不同的索引，为电子文件查找工作提供了更加丰富便捷的检索途径。"Windows 中的全部资源是以多级文件夹的形式显示的，用于存放各种系统项的文件夹（'控制面板'、'拨号网络'等）则称为虚拟文件夹。"[②] 在虚拟文件夹下显示的文件是分散地保存在硬盘上任何位置的，使用者不必关心这个文档具体是存储在硬盘哪个文件夹中的，这样可以实现非结构化文档信息的多重分类显示，以构建不同的分类树，同时满足文件的不同分类需求。同时，虚拟文件夹通过关键词的匹配支持对文件的自动归类[③]，可以极大程度上减轻人工归档工作负担。对于非结构化电子文件，虚拟文件夹能够对其建立不同类型的索引，将结果合并后反馈给档案管理人员。这种文件夹视图中的文件夹并不是真实存在的，而是

① 陈玉茹、孙毅：《面向版本管理的虚拟文件夹技术研究及在图文档管理中的应用》，《电脑知识与技术》2008 年第 28 期。

② 韩歌民：《巧用 Windows 默认文件夹和虚拟文件夹》，《电脑知识与技术》2000 年第 2 期。

③ 毋涛、姜寿：《基于虚拟文件夹的文档管理研究》，《计算机工程与应用》2007 年第 30 期。

将档案管理人员的检索等动态操作模拟成一个文件夹合并后呈现，实际上检索结果中数据可能存在于 OS 文件系统中的任意一个位置上。借助虚拟文件夹的文件分类树结构和文档分类中的关键字，档案管理人员能够实现对如图像、文档等不同种类的非结构化电子文件进行多种需求的检索，如关键词搜索和目录搜索，以得到档案管理人员满意的检索结果。在 Windows 7 及以上版本中，虚拟文件夹技术是通过"库"来体现的，借助"库"可以快速查找和搜索需要的文件（见图 4-3）。而对于数据安全，虚拟文件夹技术通过将角色划分为由高级到一般等多个不同分类并最终构成角色权限树，使用者根据不同的角色权限对文件进行访问读取。同时虚拟文件夹与 Windows 资源管理器系统相互独立且互不干扰，两者不能进行相互数据交互与操作，以此保证文件的安全保密性。

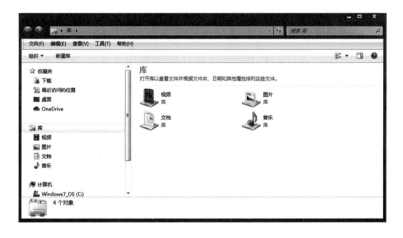

图 4-3 资源库管理

苹果公司的 Mac 系统中所提供的颜色标签功能，也属于虚拟文件夹技术的一种。该功能属于 Mac 系统自带的一种功能，档案管理人员可以根据自己的需要，对特殊文件采用不同颜色标记，以此来对文件进行标记和区分。档案管理人员在对相关的文件进行标记后，可利用 Finder 功能对非结构化电子文件进行快速检索和筛选。

（三）桌面搜索技术

除了利用计算机系统自带的功能对非结构化电子文件进行检索，OS文件系统还支持其他方式的非结构化电子文件检索，桌面搜索技术就是其中一种，并且桌面搜索所实现的检索成果比虚拟文件夹技术更加多样和全面。随着需要处理的文件数量日益增多，计算机自身所提供的搜索功能难以满足计算机用户多样的搜索需求，为了提升检索的质量与效率，桌面搜索技术随之产生。

桌面搜索主要是基于对文档的内容进行查询[1]，其检索构成主要以索引处理（Indexing Process）和查询处理（Query Process）两个构件对桌面文档进行数据索引建立和查找[2]，由于桌面搜索不同于数据库等搜索，其存储文件变动性频繁。因此，需要通过周期性全盘扫描方式实时对桌面文档更新索引[3]，在索引处理条件下，采用查询处理对用户检索需求进行文档查找和检索。桌面搜索在应用上，Lycos/Hot bot 于 2004 年 3 月推出了 Hot Bot Desktop，同年 10 月，谷歌也推出了桌面搜索工具 Google Desktop，如图 4 - 4 所示。

图 4 - 4　Google Desktop

---

① 李玉坤、孟小峰、张相於：《数据空间技术研究》，《软件学报》2008 年第 8 期。

② 张剑明、周荣辉：《可扩展性桌面搜索引擎的设计与实现》，《成都信息工程学院学报》2012 年第 1 期。

③ 杨凯飞、李文波、柯川：《面向桌面环境的索引实时更新方法》，《计算机系统应用》2017 年第 10 期。

MSN、雅虎等公司同样陆续推出各自的桌面搜索工具。在 Windows 10 所提供的搜索功能中，已将桌面搜索技术整合在其中，档案管理人员不再需要单独安装桌面搜索工具，只需在搜索框（通常位于系统界面左下角）中输入相应关键字即可实现对整个计算机内全部信息的检索。档案管理人员还可以唤醒"Cortana"，通过语音形式进行检索并得到结果。该搜索功能同时与网络搜索集成，在网络连接成功的前提下，还能实现互联网信息的检索。桌面搜索技术能够搜索的内容范围较广，涵盖了计算机内全部的可用信息，包括电子邮件、浏览的网页历史、使用办公软件所产生的各类型文件等。有些桌面搜索工具不仅能够检索到非结构化电子文件基本信息，还能够检索到非结构化电子文件的内容。利用桌面搜索技术进行非结构化电子文件的检索能够得到相较于前两种检索方式更加全面精确的检索结果。

二　不同检索方法的比较分析

文件资源管理器、虚拟文件夹技术、桌面搜索技术这三种方式均适用于 OS 文件系统环境下非结构化电子文件的检索工作，但这三种方式存在各自的优缺点，在进行非结构化电子文件检索的过程中，应当注意每种技术的适合程度，根据实际需要，选择合适的检索方法。

（一）使用文件资源管理器的优缺点

在使用文件资源管理器进行非结构化电子文件的检索时，操作简便、反应速度较快、检索结果的呈现较为直接。资源管理器可以根据输入的关键字的不同，得到不同的检索结果，方便进行后续操作。资源管理器管理的对象是计算机内的文件、应用程序等内容，因而得到的检索结果较为全面和准确。利用文件资源管理器在进行检索时，不需要在计算机上安装额外的应用程序，也不会对检索的速度造成额外的负担。使用文件资源管理器进行非结构化电子文件的检索虽然具有操作简便、响应迅速等优点，但其缺点也较为明显。检索结果受档案管理人员操作和文件数量的限制。档案管理人员对文件及文件夹命名的恰当与否、检索时关键字的准确与否对于检索结果的影响较大。因此，对用户专业性要求较高。文件数量的多少、计算机性能的良好与否等因素都会对检索速度造成一定的影响。此外，该方法难以实现对文件内容的检索。

（二）虚拟文件夹技术的优缺点

利用虚拟文件夹技术进行非结构化电子文件的检索，一方面简化了非结构化电子文件检索的过程。根据需要进行检索，方便非结构化电子文件实现多种途径的利用；另一方面，虚拟文件夹的使用也使得检索结果的呈现更加直观和方便。值得注意的是，虚拟文件夹技术的使用依托于 OS 文件系统提供的利用文件夹的形式管理非结构化电子文件，不同的操作系统中这一功能可能存在一定的出入。

虚拟文件夹技术同样存在一定的缺陷，在应对少量非结构化电子文件的检索时，其检索速度和效率能够维持在一定的水平之上。但随着文件数量的逐渐增加，文件夹的扩大，对于非结构化电子文件的列表访问速度将逐渐降低。虚拟文件夹技术的检索速度会逐步下降，难以满足档案管理人员的需求。因此，其更多被应用于小规模电子文件的管理利用。

（三）桌面搜索技术的优缺点

桌面搜索技术的实现，只需在计算机内安装一个桌面搜索工具即可，其操作简单，且功能强大。桌面搜索技术定位于计算机内的所有的文件，相较于虚拟文件夹技术而言，检索范围更加全面，检索结果质量较高。桌面搜索技术支持建立特定关键词的索引，有效地提升了非结构化电子文件的检索效率，在应对文件数量较多的检索需求时，更加快捷。桌面搜索工具占用 CPU 资源率极低，对计算机运行的影响微乎其微，能够在最大程度上保证非结构化电子文件的检索效率。桌面搜索技术的实现需要通过在计算机中安装后运行，在安装时对于安装目录的剩余空间有一定的要求。索引文件的大小和数量达到一定规模则会对系统的运行速度产生影响，增加系统负担。计算机若接入互联网，使用该技术会对文件的安全性造成威胁。文件更新后，桌面搜索工具难以及时发现，会导致检索结果的不完全。

无论是文件资源管理器，还是虚拟文件夹技术和桌面搜索技术，均适用于小规模电子文件的管理和利用，对于超大规模的电子文件的存储管理则会严重影响管理效率。此外，在检索非结构化电子文件方面，其检索效果均会受到档案管理人员对于文件和文件夹操作的影响，若档案管理人员在存储环节操作不当，会对后续检索工作产生不利的影响。

第四节　OS文件系统存储非结构化电子文件案例

当前的档案管理工作中已存在利用OS文件系统对非结构化电子文件管理的案例，但我国尚未就非结构化电子文件的管理颁布统一的规范和标准。例如，《数码照片归档与管理规范》对数码照片档案存储结构的规定为，"数码照片档案可采用建立层级文件夹的形式进行存储。一般应在计算机硬盘非系统分区建立'数码照片档案'总文件夹，在总文件夹下依次按不同保管期限、年度和照片组建立层级文件夹，并以保管期限代码、年度和照片组号命名层级文件夹"①，并在规范中进行了相应举例。结合该规定中的其他内容及上文提到的示例可知，数码照片档案的存储充分地利用了OS文件系统为其服务，并将档案的原则和管理思想巧妙地结合，实现了对数码照片档案的存储结构的妥善构建。数码照片的存储方式决定了后续档案管理人员对于数码照片的检索工作借助计算机及OS文件系统完成，其检索方法可以是前文所提到检索方法之一。

另一份有关电子档案的管理规范，《电子档案移交与接收办法》中对保存在载体中电子档案的存储结构做出了详尽的规定，具体存储结构如图4-5所示。

从该存储结构图中可见，存储结构的组织方式与传统档案管理工作中档案保存的组织方式极为相像。该规定还指出："根据档案整理和分类方

---

① 国家档案局：《数码照片归档与管理规范》，标准号DAT 50—2014，2014年12月31日发布，2015年8月1日实施。

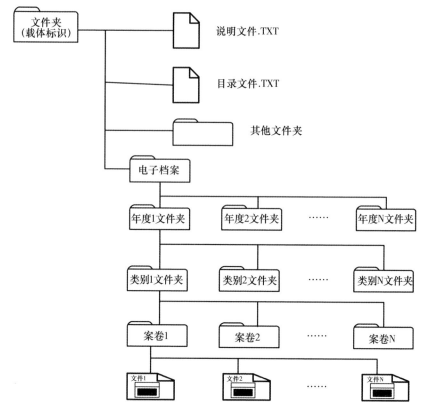

图4-5 电子档案存储结构

法以及实际情况可对存储结构中的类别、案卷、文件等层级进行取舍。"①

在其他的各种规范和标准中，对于电子档案的存储规定也大多类似。虽然目前各规定中未明确指出利用 OS 文件系统管理非结构化电子文件的各个步骤，在管理过程中对 OS 文件系统的利用已十分明确，这也为利用 OS 文件系统管理非结构化电子文件提供了有力支持。存储在不同载体中的文件管理脱离不了文件系统的支持，若需对存储载体内的非结构化电子文件进行更新或检索等管理操作，档案管理人员须借助计算机完成，其检索工作的实现需要 OS 文件系统的支持。因此，其检索工作也是基于

① 国家档案局：《电子档案移交与接收办法》，2012 年 8 月 29 日印发。

OS 文件系统完成的。

英国国家档案馆曾发布名为 *Managing Digital Records without an Electronic Record Management System* 的指南，指导未安装电子文件管理系统的机构如何规范地管理数字文件记录。该指南明确指出，重点是管理存储在文件系统中的记录现有的基础设施和资源，并使用 Microsoft Windows 和 Microsoft Office（包含 Outlook）对各部分规定进行举例。结合整篇指南的内容以及示例可知，该指南中所提及的各种方法均在文件系统中完成，且该指南不针对某一特定的操作系统平台和软件程序用户，是一套相当通用的在 OS 文件系统环境中管理数字化文件的指导性文件。该文件从记录管理政策、归档结构、管理规则、访问控制等多方面对文件系统中数字文件的管理进行了规定。对电子邮件的管理也有单独的规定。该规定的出台，不仅证明利用 OS 文件系统存储和检索数字化文件是可行的，也为我国的档案机构制定利用 OS 文件系统进行非结构化电子文件的存储及检索等工作的规定提供了借鉴。

河南中医学院在对其计算机实验室的电子文件进行保存时，就充分利用了 OS 文件系统。针对该实验室电子文件管理的基本内容，分析了实验室电子文件管理的现状，指出管理中存在文件多且无序、安全性难以保障、管理意识薄弱等问题。[①] 针对实验室的管理现状和实际的工作需要，实验室提出了对电子文件的有序分类、规范命名、建立电子文件目录等方式规范电子文件的管理。电子文件的分类是基于实验室工作的实际需要进行的，并建立了与之对应的文件夹存放中所产生的电子文件。同时对于需要保存的电子文件的命名也进行了严格的规定，以避免文件被覆盖等问题的发生。该实验室管理电子文件的一系列操作均是通过计算机实现的，在整个过程中充分利用了 OS 文件系统的支持。首先，电子文件存放于计算机内，并建立不同层级的文件夹进行妥善的分类和存放。其次，电子文件在计算机

---

① 闫培玲、常薇：《对高校计算机实验室电子文件管理方案的探讨》，《办公自动化》2014 年第 18 期。

内可进行不同逻辑的排列，满足了多种不同的工作需要。再次，对于电子文件的管理充分结合了纸质档案管理的思想，并利用 Excel 进行文件信息目录的建立以方便电子文件的后续利用工作。由该案例可见，利用 OS 文件系统管理电子文件不但可行，而且值得广泛应用。整体的操作简单明了，利用计算机提供的操作工具即可轻松完成，成本极低。值得注意的是，文件的命名和存放需要严谨对待，否则容易造成电子文件利用环节的差错。

该实验室采用了建立电子文件目录并与文件进行挂接的方式进行文件的检索与利用工作，使得管理工作既规范又严谨。在特定情形下，利用前文所提到的三种检索方式进行检索也能为实验室电子文件的检索提供一定的便利。河南中医学院利用 OS 文件系统对计算机实验室内的数据文件，执行这项工作的主体虽然不是学校的档案馆，但这项工作的基本流程、实现方法、基本思想等多方面内容均与非结构化电子文件的管理高度重合，是一个利用 OS 文件存储和检索非结构化电子文件工作值得借鉴的案例。

第五节 利用电子邮件方式归档与管理非结构化电子文件

电子邮件在非结构化电子文件的存储管理中发挥着重要的作用，被广泛应用于各种中小型机构的电子文件管理中，本节分别从电子邮件概述、电子邮件系统管理非结构化电子文件的方法与案例三方面展开论述。

一 电子邮件概述

电子邮件是人类在使用互联网的过程中，应用范围较广的一种服务。电子邮件能够传输文字、图片、音频等各种类型的非结构化电子文件，并且电子邮件在传播速度、成本、安全性等方面均有着较好的表现。利用电子邮件归档和管理非结构化电子文件，也是 OS 文件系统环境中一种十分重要的管理方式之一。对于许多通过互联网进行业务往来的企业或部门而言，电子邮件是其日常工作中十分重要的业务往来工具之一，电子邮件所具有的价值越发重要，档案学领域对于电子邮件的归档、长期保存等问题研究的逐步深入，电子邮件的归档和管理问题就是此类企业或单位面临的一项重要工作内容，电子邮件服务依托于专门的邮件服务器。

（一）电子邮件的介绍

电子邮件（Electronic Mail，E-mail）是指一种由一寄件人将数字信息发送给一个人或多个人的信息交换方式，一般会通过互联网或其他电脑网络进行书写、发送和接收信件，目的是达成发信人和收信人之间的信息交互。支持对文档、图片、录音和视频等非结构化电子文件的存储与传递管理，甚至多种格式文件兼具的符合文件存储管理。

（二）电子邮件的系统分类

根据电子邮件开发操作系统平台不同可以将电子邮件系统主要划分为基于 Unix 平台的邮件系统、基于 Linux 平台的邮件系统和基于 Windows 系统的邮件系统。如基于 Windows 平台的 Microsoft Outlook 和 Foxmail，以及基于 Linux 系统的 Liamail 和 Balsa 等。

（三）电子邮件的特点

不同类型的邮箱系统具有不同的特点，首先基于 Linux 操作系统开发的电子邮件，由于 Linux 系统应用程序要求相应速度快、存储容量小、实时性好、系统运行占用空间小等特点，因此，基于 Linux 平台的电子邮件系统同样具备响应快、存储空间小等特点。[1] 其次，基于 Unix 系统与上述 Linux 系统相似，均具有较好的稳定性、安全性以及低成本等特点。

综上所述，电子邮件作为电子文件存储管理系统总体具有传递迅速、可靠性高、成本低、信息来源广泛且支持各种非结构化电子文件的存储与管理等特点。但该方法主要适用于规模较小的电子文件存储与管理，对于海量的非结构化电子文件的存储与管理则更适合选择数据库等存储系统。因此，不同类型的邮箱系统具有不同的特点，因此用户在选择使

---

① 刘文俊、杜旭、杨宗凯：《基于嵌入式 Linux 和 MiniGUI 的 E-mail 客户端软件的实现》，《计算机工程》2004 年第 11 期。

用邮箱存储数据时根据自身的不同需求进行选择。如对于需要存储量大且结构复杂的非结构化电子文件的用户，则可以优先考虑 Yahoo mail、网易等邮箱进行存储管理。

（四）电子文件的功能

利用电子邮件系统，可以实现对非结构化电子文件的归档、存储、检索等环节的管理工作。电子邮件系统实际上是一个计算机系统，其是由用户代理、邮件传输代理、邮件投递代理组成的，计算机为非结构化电子文件的归档和管理提供软件和硬件支持。计算机系统中会开辟出一定的空间作为电子邮件用户的存储空间，对电子邮件传输过程中收发到的非结构化电子文件进行存储和管理。在电子邮件系统中，包含着存放、编辑、查找电子邮件等功能，借助这些功能能够实现对非结构化电子文件的收发、编辑、存储等操作，方便了非结构化电子文件的管理。电子邮件系统还提供了邮件夹管理、查找邮件、邮件搜索排序等功能，能够满足用户对于非结构化电子文件的检索和其他操作需求。在电子文件存储与管理安全方面，电子邮件支持对电子文件的加密传输和接收等。在邮件的接收方面，用户可以通过对邮件选择不同形式和方法的加密处理，如发送前文件加密、阅读后系统自动删除等设置。同时，用户可以通过设置电子邮件过滤器对接收到的邮件相关信息进行自动识别和分类，归入相应邮箱分类中，如邮件系统对垃圾邮件的过滤。该功能在优化文件存储管理的同时，也可以有效预防计算机病毒入侵、减轻损失。此外，每一个用户在使用电子邮件系统时，都拥有自己的"信箱"和唯一的用户，用于各自不同的操作权限，用户在各自的权限内对非结构化电子文件进行操作，起到了保证非结构化电子文件安全的作用。

二 电子邮件系统管理非结构化电子文件的方法

电子邮件能够传输文字、图片、音频等多种类型的非结构化电子文件，档案学领域对于电子邮件的归档、长期保存等问题的研究也逐步深入。电子邮件系统可以实现对于非结构化电子文件的归档、存储、检索等环节的管理工作。在电子邮件系统中，档案管理人员可进行非结构化电子文件的收发、编辑、存储等操作，电子邮件系统还提供了邮件夹管理、查找邮件、邮件搜索排序等功能，满足档案各工作环节的需求。当前，电子邮件常常被各企事业单位和经营机构等当作公文保存系统使用，原因在于电子邮件可以满足其档案管理的需求。各单位或机构可以不受时空的限制通过电子邮件实现对业务文件的流转，并按时间、主题、部门等元素进行文件归档和检索利用，满足了对档案方便快捷的利用需求。另外，业务往来的电子文件可以作为附件保留在电子邮件的服务器上，不易丢失和损毁，更具有档案的原始记录性。例如，华晨宝马对于零散档案文件的整理，即以年为周期，在年底通过电子邮件系统对所有业务往来文件实现备份，这种方式更加方便易操作，也能提高管理效率。利用电子邮件系统，是许多企业归档和管理非结构化电子文件的方式之一。利用电子邮件系统存储非结构化电子文件，以电子邮件账户为基本单位进行。电子邮箱地址的格式通常是"用户名@服务器域名"，在进行非结构化电子文件的管理时，设立不同的电子邮箱账户，用户名用档案机构日常工作中设计的文件种类进行命名，不同账户下保存专门的非结构化电子文件，这些账户与传统档案管理中"案卷"的作用相似。还需设立一个类似"全宗"电子邮箱账户，对于所有的数据进行集中统一的管理，保存各分类账户的基本信息等内容。不同的邮箱账户需要不同的人员进行管理，设立严格的管理权限，以保证数据的安全和完整性。非结构化电子文件的重要性不尽相同，档案管理人员可以根据文件的重要性或密级情况予以区分，以保证文件的合理存储和检索，同时可以在电子邮箱内进行白名单设置，以防止电子邮件被邮箱过滤至垃圾箱，确保数据的全部接收。除以上方法外，利用专门的电子邮件归档或管理系统，也可以对非结构化电子文件进行管理。

利用电子邮件存储非结构化电子文件，受硬件设备的限制较小，只需要计算机和互联网即可完成各项操作，成本方面的花费适中。档案管理人员可以在任意的计算机上进行非结构电子文件的存储和检索操作，保障了管理的灵活性和高效率。对于已存在于电子邮箱中的非结构化电子文件，档案管理人员也难以在服务器端对数据进行修改，避免了电子文件被恶意篡改的可能。在电子邮件对档案管理人员可见的界面中通常会提供许多电子邮件的基本信息，为电子文件的检索工作提供了诸多的便利。电子邮件系统提供了检索功能，档案管理人员可通过系统内部的搜索框检索需要查询的内容，档案管理人员还能够通过著录信息的不同进行检索，保障检索质量。电子邮件系统自带检索功能，操作方便易学。

三　电子邮件系统管理非结构化电子文件的案例

电子邮件作为互联网普及以来应用最广的一种服务，无论是在企业还是在政府工作中都起到了极大的作用，档案学领域对电子邮件的重视也与日俱增。在《公务电子邮件归档与管理原则》一文中，对电子邮件的保存做出了一系列规定："归档公务电子邮件以件为单位整理。同一全宗可按类别、保管期限、机构（问题）等进行分类整理，公务电子邮件编号规则电子文件编号规则保持一致，有对应其他版本的，应通过档号建立两者之间的联系。"① 该规定不仅为公务电子邮件的保存提供了规范，也为其他类型电子邮件的保存提供了借鉴。

美国曾颁布了许多电子邮件的管理办法和规定，2013 年发布了《邮件文件管理的新方法指南》，提出了管理电子邮件的新方法 Capstone。Capstone 与以往所颁布的电子邮件管理方法截然不同，不再采用对于电子邮件鉴定及打印输出的方式进行归档。"Capstone 方法是一种基于账户层面（account level）的管理策略，而不是以单份邮件的信息内容为基础，它主要依据机构电子邮件用户的工作或职位来对邮件进行分类和设置，进而从机构或分支机构的顶层或接近顶层的官员的账户中捕获应该

---

① 国家档案局：《公务电子邮件归档与管理原则》，标准号 DA/T 32—2005，2021 年 5 月26 日发布，2021 年 10 月 1 日实施。

永久保存的文件。"① 本章第四节所提到的电子邮件的管理方法与
Capstone 方法相似，都是管理人员通过对账户的一系列操作来实现电子
邮件的归档存储以及后续的工作环节，但同样在内容和实际操作等过程
中也存在些许出入。美国政府为确保 Capstone 方法的顺利实施，同时发
布了一系列相关配套的规范，使得 Capstone 方法逐步成为美国联邦各机
构管理政务电子邮件的主要方法之一。Capstone 方法在电子邮件的捕获、
保存等阶段能实现自动化，减轻了管理人员处理电子邮件的工作压力，
同时也降低了联邦各机构对于电子邮件的管理成本。Capstone 方法对于
电子邮件账户的有效识别，提升了电子邮件归档和保存的质量与效率，
简化了电子邮件管理工作的步骤。Capstone 方法也存在着账户安全保障、
电子邮件账户中有价值文件的筛选等问题，但 Capstone 方法的提出是十
分具有创新意义的。Capstone 方法在美国的应用，为我国电子邮件的存
储及检索工作提供了借鉴，我国应当根据政务电子邮件工作以及其他环
境下的电子邮件工作管理的实际需求，提出适合我国的电子邮件存储及
检索的方法。Message Solution 公司所推出的企业邮件归档系统（EEA）
在归档、存储、检索电子邮件等环节有着强有力的优势。在制造业、金
融业等多个行业中均有突出表现，深受广大用户和合作伙伴的好评。
EEA 存储仓库广泛支持各种文件和附件格式，让各机构可以针对归档的
内容有效地实现多层级管理策略，用户可以轻松地创建内部策略，明确
设置邮件的保存时间等一系列规则，优化电子邮件的管理。三一重工是
中国领先的工程机械制造商，业务众多、工作网点分布全球、海量邮件
超大数据，这些基本情况均为电子邮件的管理造成了极大的困扰，也促
使其产生了全面的归档需求。在严格遵守《企业内部控制基本规范》等
规定的前提下，结合企业电子邮件管理的实际需要，该公司部署了 EEA
系统，并外挂 NAS 存储器，对企业邮件实行全面管理。该系统安装实施

---

① 加小双、祁天娇、周文泓：《美国政府电子邮件信息管理的分析与启示》，《档案学研
究》2016 年第 6 期。

维护简单，不需要安装任何插件或第三方数据库，用户接口及界面设计美观大方，操作简便实用。数据存储结构设计规范合理，可维护性高，数据压缩为二进制形式保存，系统采用操作权限控制、设备钥匙、密码控制等多种手段防止系统数据失窃失真。EEA 搜索引擎功能强大能够深入邮件附件内容的搜索，满足用户的检索需求。EEA 的使用实现了企业邮件信息系统高度自动化、集中化管理，减轻了企业现有邮件存储系统的压力，提升了企业整体的竞争优势。EEA 的优势明显，为各行业多家企业提供邮件服务并取得不错的成就，信泰人寿保险、新东方教育、国信证券、华夏基金、工商银行纽约分行、奇瑞汽车等多家企业均为其用户。微软的 Outlook 是微软公司办公软件中的一种，是对微软自带的电子邮件客户端 Outlook Express 功能的扩充。Outlook 支持收发电子邮件、管理联系人信息、安排日程等多种功能，十分方便用户管理非结构化电子文件。Outlook 可以直接打开并编辑 Office 等非结构化电子文件，实现了 Office 的相互协作。Outlook 与 OneDrive（微软公司的一项云存储服务）相互连接，用户也可以将非结构化电子文件存储其中。Outlook 实现了电子邮件以及其他多种功能的集成，在归档和管理电子文件方面具有极大的优势。此外，Outlook 能够支持 Windows、Android、iOS、Mac 多种平台的运行。IBM 公司的 Lotus Notes/Domino 是一项基于 client/server（客户机/服务器）结构的电子邮件服务，在数据库技术、安全性保障等多方面均具有独特的优势。Lotus Notes/Domino 的特性之一是包含了文档数据库，十分便捷地实现了非结构化电子文件的存储，文件夹、表单等基本元素在用户对于非结构化电子文件实现管理的过程中提供了极大的便利。Lotus Notes/Domino 的非结构化电子文件的管理和共享功能十分强大，同时包含强大的电子邮件功能、日历、联系人管理等功能，并集成了许多额外的协作能力，如讨论组、文件共享等。

总体而言，OS 文件系统环境下非结构化电子文件存储与检索的方法，实施起来难度都不大，并未对档案管理人员提出过多苛刻的要求，也能够保障非结构化电子文件存储及检索过程中的安全。在成本方面的花费也不多，有效地节约了档案机构的管理成本。但这几种方法在使用的过程中应当注意文件的命名、文件的分类、文件之间的逻辑关系等问题，以避免数据冗余、检索质量下降等问题的出现。

第六节　OS 文件系统非结构化电子文件存储的总结与展望

非结构化电子文件的存储及检索方法有着其各自的不同特点，在选择和使用的过程中应当根据实际情况，谨慎选择。不同环境中的非结构化电子文件适用不同的存储及检索方法，因地制宜。根据客观需要进行选择，才能最大限度地做好非结构化电子文件的管理工作，确保其存储和检索工作的质量，以便非结构化电子文件后续工作的进行。本节将对基于本地 OS 系统下非结构化电子文件存储及检索的方法进行总结评价，并对未来非结构化电子文件存储及检索方法的发展趋势进行预测。

一　总结

基于本地 OS 文件系统的非结构化电子文件存储管理方法是在档案机构现有条件下进行的，工具相对齐全，档案管理人员熟悉程度极高。在实施和操作的步骤上相对容易实现，同时其工作也更加侧重于规范存储检索工作流程、电子文件安全保障机制等内容。

（一）不同方法的适用范围

对于某些基层、产生档案相对数量较少、设备单一并且需要控制档案管理成本的档案机构，或大部分没有安装电子文件管理系统，且对于需要处理的非结构化电子文件量较小的基层档案机构而言，利用 OS 文件系统对于非结构化电子文件进行存储及检索是十分合适的一种方式。这种方式不仅在操作上简单可行，还能够充分利用档案机构现有的条件，节约档案工作的成本。

电子邮件是当下各行业业务往来的最重要途径之一，经过相关资料的查阅及分析，证券、银行、IT、保险、制造业等各大行业中已有用电子邮件系统管理各种不同类型文件和数据的案例。利用电子邮件系统管理非结构化电子文件在成本花费、电子文件的安全性保障等方面优势独到，是值得企业推广使用的非结构化电子文件的管理方法之一。此外，在条件和规定允许的情况下，高校以及部分单位和部门也使用这种方法存储及检索非结构化电子文件。

综合国家有关标准和规范以及实际案例应用，电子文件管理系统与文件系统相结合的方式存储和检索非结构化电子文件是当前我国管理非结构化电子文件的最主要方式之一，也是档案机构充分利用现有条件的结果之一。使用这种存储及检索方法不仅能够有效保证数据存储过程中的各种需求，还能提供多种类型的检索途径和结果呈现方式。在成本方面，也不会产生过多不必要的花费，是一种十分有效和适用的管理方法。适合已有电子文件管理系统的档案馆、企业等档案机构等。

（二）相关法律法规的完善

本书所提及的不同环境中非结构化电子文件存储及检索方法，在不同的法律法规或是标准文件中有所提及，但尚未形成完整的规章制度，以指导不同环境下各类方法的实现以及相关工作的进行。例如，在《电子文件归档与电子档案管理规范》中规定："电子档案管理系统应依据档号等标识符构成要素在计算机存储器中逐级建立文件夹，分门别类、集中有序地存储电子档案及其组件，并在元数据中自动电子档案在线存储路径。"[1] 该规定同时也对电子档案元数据存储进行了规定。以上规定的内容在原理上与电子文件管理系统和文件系统相结合的存储方法极为相似。在前文中所提及的《数码照片归档与管理规范》《公务电子邮件归档与管理原则》等诸多标准与规范中，都或多或少地使用到了 OS 文件系统和电子文件管理系统环境中存储及检索的方法，但并未如英国颁布的 *Managing Digital*

---

[1] 国家档案局：《电子文件归档与电子档案管理规范》，标准号 GB/T 18894—2016，2016年 8 月 29 日发布，2017 年 3 月 1 日实施。

Records without an Electronic Record Management System 一般形成完整的规范体系。

（三）多种工具的集成

非结构化电子文件存储及检索两个环节联系紧密，但在实际的操作过程中，两个环节的实现可能是借助不同的工具实现的，使得在非结构化电子文件存储及检索过程中，存在着工具的集成与否的问题。以 OS 文件系统中存储和检索工作为例，若存储工作借助文件资源管理器进行，而检索工作使用桌面搜索工具完成，两个环节所使用的工具割裂开来，可能会造成两个环节工作出现异常。

二 发展趋势

在国家不断推进档案数字化工作的进程、非结构化档案数据量飞速增长等多种因素的影响下，其存储及检索工作的重要性不言而喻。对象存储、分布式文件系统等技术在各行各业被广泛应用，为档案机构基于 OS 文件系统非结构化档案数据的管理工作提供了无限可能。档案机构可结合实际工作需求，开发适合档案工作的管理系统，以提高非结构化档案数据存储与检索的质量，保证数据安全和利用。而人工智能、物联网等新兴技术的发展，为非结构化档案存储及检索工作展现了新的思路，将人工智能等技术融入存储及检索工作中，建立新型的档案工作流程，完善档案管理机制，构建更加智能的非结构化档案数据管理方案。今后非结构化档案数据的存储及检索工作中，在遵循国家有关规定和工作实际需求的前提下，应当不断进行新的探索，引进新的管理技术，尝试新的管理工具，寻找适合我国国情和档案机构客观条件的存储及检索方案，以促进非结构化档案数据的存储及检索工作朝更便捷、更智能、更个性的方向发展。

（一）便捷化

纵观档案工作的发展和变迁可知，档案管理工作各环节的流程和管理方法是逐渐简化和进步的。非结构化电子文件存储与检索方法的发展趋势也是如此。未来在非结构化电子文件存储及检索实践的深入、实践经验的不断积累、存储及检索工具的进一步发展、档案机构客观环境的改变等多种因素的共同作用下，非结构化电子文件的存储及检索方法必然会变得更加简洁流畅，效率也得以大幅提升。非结构化电子文件的存储及检索工作整体朝着更加便捷化的方向发展。

（二）智能化

江苏省太仓市在建设数字档案馆的过程中，已经逐渐将部分人工智能技术应用于数字档案馆的系统之中，"我们馆藏系统有一项'全文检索'功能，就是运用了智能 Agent 技术"①。该技术的使用明显缩短了检索的时间。在未来建设新馆的过程中，还将引入智能防火墙等一系列人工智能技术保障档案工作的全面展开。由此可见，人工智能等技术正逐步被应用于我国的档案工作之中。

科技革命总是能为人类的工作带来方方面面的影响，促使人们的工作朝着更好的方向发展。近年来，大数据、人工智能等技术的飞速发展，为各行业的工作提供了新的方向，档案工作也不例外。各类新技术同档案存储及检索相结合，寻找更新、更恰当的方法，促进档案存储及检索工作朝着更加智能化的方向发展，也是未来非结构化电子文件存储及检索工作的发展趋势之一。

（三）个性化

非结构化电子文件存储及检索方法是不断进步的，人们对于其存储和检索的需求也是不断提升的。人们对档案重要性的认知逐步深入，对档案的利用需求亦日渐增多。加之我国档案机构众多，档案机构的客观环境复杂多变，使非结构化电子文件存储及检索工作内容变得多样。为满足不同种类的非结构化电子文件存储及检索的需求，相关存储及检索方法会朝着更加个性化的方向发展，以便为档案机构提供有针对性的解

---

① 陈亮：《人工智能技术在智慧档案馆建设中的应用初探——以太仓市档案馆为例》，《档案与建设》2016 年第 7 期。

决办法，保障工作的顺利进行。

在各类信息技术的发展和档案工作要求不断提升的共同影响下，未来非结构化电子文件的存储及检索工作的发展趋势是能够预测的。档案机构在存储及检索非结构化电子文件的工作中，不仅要保证现有方法的高质量实施，还应当关注各类新的技术和方法，并尝试将其引入工作中，促进存储及检索工作的长远发展。

第五章

电子文件管理系统环境中非结构化
电子文件的存储与检索

　　非结构化电子文件产生的最主要来源之一即电子文件管理系统，因此，本章内容主要以电子文件管理系统环境中产生的非结构化电子文件的存储展开论述，分别对电子文件管理系统对电子文件的存储与检索两个模块进行阐述，并结合相关案例进行论证，以为未来档案领域非结构化电子文件管理的改进和优化提供支持和参考。综合国家有关标准和规范以及实际案例应用，电子文件管理系统与文件系统相结合的方式存储和检索非结构化档案数据是当前我国管理非结构化档案数据的最主要方式之一，也是档案机构充分利用现有条件的结果之一。使用这种存储及检索方法不仅能够有效保证数据存储过程中的各种需求，还能提供多种类型的检索途径和结果呈现方式。在成本方面，也不会产生过多不必要的花费，是一种十分有效和适用的管理方法，适合已有电子文件管理系统的档案馆、企业等档案机构等。自20世纪80年代以来，以档案管理工作为核心的电子文件管理系统经历了从单机管理到网络工作流程的自动化管理以及融信息处理、知识管理和辅助决策于一体的智能管理系统等几个不同的阶段。无论是哪个阶段的发展，都离不开电子文件数据库的开发与进步。数据库作为电子文件管理系统的重要组成部分，电子文件管理系统会随着数据库技术的进步而日新月异，说到底电子文件和电子档案的数据库开发是基于IT技术的一种应用。在大数据环境下，电子文件的信息种类各异，可以采用不同的数据库引擎来实现非结构化和结构化电子档案数据的内容管理，使档案内容"混合持久化"。具体做法是通过 REST API（表征状态转移）技术将全部的数据库操作封装为服务，让应用程序只和一系列服务通信，这样就无须修改依赖其数据的应用程序。

第一节　电子文件管理系统概述

信息技术和互联网的发展，为人类的工作带来了诸多便利，基于现代化信息技术的普遍应用，各种类型的信息系统的设计与开发便是其中应用较广的一种。为了方便管理电子文件，许多档案机构通过购买或自主研发的方式设计了专有电子文件管理系统，为电子文件的管理提供了极大的便利，随着电子文件管理系统应用的普及，已逐渐成为管理非结构化电子文件的一种重要方式。在应对非结构化电子文件管理问题的过程中，电子文件管理系统通过采用数字化管理手段对各类电子文件进行归档、整理、鉴定、保管、检索等操作，推进了分布式电子文件的标准化、规范化和现代化管理进程，满足诸如文件集中存储管理、在线归档、权限控制、在线预览、全文搜索、版本管理、操作日志记录、文件报表、移动终端访问、访问安全限制、数据备份、文件夹策略、自定义属性、文件附件、导出 PDF、用户集成、邮件集成和消息短信通知等需求，极大提高了档案的管理与利用效率，从根本上改变了电子文件分散性传统管理的方式和弊端，促进了电子文件管理的规范管理、资源共享和档案价值的高效实现，为文档一体化管理提供了条件和支持。

一　电子文件管理系统的定义

电子文件管理系统（Electronic Records Management System，ERMS），在系统功能、系统特征等方面存在着许多与其他信息系统不同的特殊之处。在深入地研究如何利用电子文件管理系统存储和检索非结构化电子文件之前，应了解其定义。国家档案局颁布的《电子档案管理基本术语》中对于电子文件管理系统的规定为："用于形成、处理和维护电子文件的计算机信息系统。"[1] 英国国家档案馆发布的 *Managing Digital Records without an Electronic Record Management System* 一文中将电子文件管理系统定义为：用于管理存储在相关数据库中的电子记录的计算机程序（或程序集）。并要求能够支持访问控制、审计以及元数据处理等功能。

综合以上定义和本章所要描述的主要对象，本章所涉及的电子文件管理系统是指档案机构用于管理电子文件的信息系统。

二　电子文件管理系统的特征

电子文件管理系统属于信息系统中较为特殊的一类，具有与其他系统不同的特征。电子文件管理系统具体特点如下。

（一）程序更为严谨且与文件的属性相关

不同机构中的电子文件管理系统在业务活动中产生的电子文件数量急速增长，电子文件的管理问题日益凸显，因此，需要格外重视电子文件管理系统程序的严谨性，通常在设计和开发时就能够对其管理流程和相关功能进行优化和完善。

（二）保障文件的完整性

电子文件管理系统中管理的文件不仅仅是文件本身，还包括文件内容信息、背景信息、结构信息和相关元数据，共同构成了电子文件的整体。电子文件管理系统可以在保证电子文件真实性和可读性基础上，有效实现其在传输、存储、管理、迁移和备份等过程中的完整性。电子文件管理系统利用元数据等技术，保障了文件的完整性，并能够提供文件的记录、编辑、利用等功能。

（三）辅助其他信息系统的工作

任何一个机构的工作流程都不是封闭的，文件的流向等问题与机构

---

[1] 国家档案局：《电子档案管理基本术语》，标准号 DA/T 58—2014，2014 年 12 月 31 日发布，2015 年 8 月 1 日实施。

的业务流程密不可分，电子文件管理系统在一定程度上是能够作为办公自动化系统等系统的辅助系统存在的，不同系统之间相互协作，共同完成文件的管理工作。

（四）既普遍又特殊

电子文件管理系统既具有一般电子文件管理的普遍性，同时也具有专门文件管理的特殊性。如人事电子文件管理系统、CAD 电子文件管理系统等。电子文件管理系统的存在是普遍的，但根据用户的不同需求，电子文件管理系统的功能又具有其自身的特殊性。

（五）全程管理

由于电子文件具有不同于纸质文件的独特性质，其文件生命周期的阶段性没有纸质文件明显，对电子文件的管理需要在其生成之前或生成时就对其进行全程规划和设计，即在电子文件管理系统开发设计时就需要对其进行专业规划和设置[1]，并对其过程进行监督和维护，即档案前端控制理论在电子文件管理中的充分运用。

（六）安全管理

为了能够有效保障电子文件的真实性和安全性，电子文件管理系统提供了用户管理、访问控制、日志管理、身份识别和数字签名以及电子签章等技术支持。目前电子文件管理系统可以通过大屏监控技术实现对各个单位电子文件管理情况以及各个业务系统的具体情况，通过可视化方式从多维度、多角度对各个机构单位的具体情况进行实时监控和跟踪，[2] 既有利于我国前期电子文件的集中统一管理，又为电子文件的安全存储与管理提供了有效保障。

三　电子文件管理系统的种类

不同行业需要处理的电子文件内容存在差异，同一行业不同档案机

---

① 丁海斌、卞昭玲主编：《电子文件管理基础教程》，辽宁大学出版社 2011 年版。
② 张华峰、李志茹、刘佳琪：《电子文件管理系统深化应用与推广》，《电力信息与通信技术》2016 年第 1 期。

构需要处理的工作内容同样存在区别，因而在电子文件管理系统的选择
上是存在不同的。我国在 2012 年颁布的《电子文件管理系统通用功能要
求》中指出，"电子文件生命周期中，一般存在三种类型的系统，即业
务系统、电子文件管理系统和电子文件长期保存系统"①。三者之间的关
系如图 5 - 1 所示。

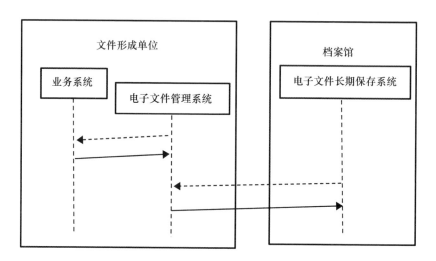

图 5 - 1　电子文件生命周期中三种系统之间的关系

从技术架构角度出发，电子文件管理系统可以划分为基于 C/S 结构
电子文件管理系统和基于 B/S 结构电子文件管理系统，具体如下。

（一）基于 C/S 结构电子文件管理系统

C/S 结构，即 Client/Server，客户和服务器结构，是一种较早的软件
系统体系结构。客户端负责发送用户请求和接收服务器端结果等，服务
器端则负责接收客户端请求并进行相应处理后返回给客户端结果。由于
第三代数据库系统支持网络协同操作的特性，正好顺应了以收发公文流
程为核心等一系列办公自动化系统的需求，因此，基于第三代数据库开

---

① 国家密码管理局：《电子文件管理系统通用功能要求》，标准号 GB/T 29194—2012，2012 年 12 月 31 日发布，2013 年 6 月 1 日实施。

发的网络档案管理（公文管理）软件很多，随着局域网络在单位的普及，C/S 结构的档案系统也普及开来。

早期的 C/S 结构档案系统大多是由单机系统加入联机功能拓展而来，因为没有成熟的网络数据库系统，其功能只能停留在数据共享、用户互访等级别。如世纪科怡档案管理系统就是先推出了单机版，又随着数据库技术的发展而研发出了 C/S 结构的网络版，在这个时期的档案管理系统是单机向网络过渡的一个阶段，因此，许多系统不约而同地出现了同一种做法，就是兼有单机和网络功能，将软件安装之后，可以直接运行单机版本，也可以根据单位的需要通过数据库的配置而运行网络版本并使用网络版本的功能。基于该结构模式下的电子文件管理系统将客户端与服务器进行点对点的直接连接，因此，该模式的优点是对于数据传输交互更加安全。缺点是适用范围较小，只能用于局域网，需要较高的网速与之匹配。随着用户数量增加，可能会在一定程度上影响数据正常交互传输，出现通信拥堵和服务器响应迟缓等现象，极大影响用户使用体验。此外，该结构模式维护任务量大，相对困难，且成本高。C/S 结构的系统目前并不是很多，只有深圳世纪科怡档案管理系统因为用户惯性还拥有一定的知名度。

（二）基于 B/S 结构电子文件管理系统

B/S 结构，即 Browser/Server，浏览器和服务器结构，其中服务器端负责核心业务的处理，客户端无须再安装相应的软件，只需用户通过浏览器即可实现对服务器端数据库的快速访问与读取，减轻了客户端工作，相对也加重了服务器端工作负担，因此，该模式的潜在隐患即如果服务器出现故障，则相应损失较严重。该模式应用于广域网，适用范围大，对网速要求较低。

20 世纪 90 年代以后，伴随着互联网的迅速发展，数据库技术和 Web 技术迅速结合在一起，形成了网络数据库。网络数据库的出现，使人们发现了它的许多优势：使用便捷，界面友好，无时空限制，可同时多人取用，不受地理位置和档案馆开放时间限制；网络数据库不需要占用档案馆存贮的空间，不需要专门的数据库更新和维护人员；网络数据库制作数据标准、规范、多元，采用先进的信息处理技术，使用用户常见的浏览器，采取多途径多功能检索模块，检索功能强，检索显示与输出结果灵活多样。数据库技术和网络技术结合，为信息服务业带来了新的发展方向，也为档案事业的发展带来了契机。2000 年以后，我国基于网络数据库开发的档案系统从 C/S 结构全面转向 B/S 结构。基于 Web 数据库开发的 B/S 结构的档案管理系统有自己独特的优越性，只要客户端电脑能够正常上网、浏览网页即可正常进行档案管理工作。B/S 结构管理软件只安装在服务器端上，网络管理人员只需要管理服务器就行了，用户界面主要事务逻辑在服务器端完全通过浏览器实现，极少部分事务逻辑在前端实现，所有的客户端只有浏览器，网络管理人员只需要做硬件维护，在服务器端则只需要将制作好的服务器端数据库和网页源文件在 IIS 等软件环境下进行配置即可。C/S 结构的档案管理软件只适用于局域网，而随着互联网的飞速发展，移动办公和分布式办公越来越普及，这需要电子档案系统具有扩展性。远程访问需要专门的技术，同时要对系统进行专门的设计来处理分布式的数据。应用 B/S 结构系统作为电子文件数据模型可以超越空间和时间的障碍，只要服务器设备运转正常，使用者就可以在任何地点进行办公等事务管理。

由于网络数据库的这些特点，各单位办公自动化系统先后从单机系统向网络系统转化，但所有的网络化档案系统几乎都是加入联网功能的 C/S 结构系统，如各机关单位广泛使用的深圳市世纪科怡档案管理系统就是 C/S 结构档案管理系统的典型。而近年来 B/S 结构的系统正逐渐取代 C/S 系统，如"南大之星"档案网络管理系统，并推出了最新的 6.0 版本，稳定性、安全性都有了大幅度提升，此外还有光典电子文件归档及管理系统、中百网络办公系统、复旦大学档案管理系统和北京市城建档案馆综合业务管理系统等。该模式相对 C/S 模式，节省了大量客户端软件成本，所以发展网络数据库已经成为图书馆、情报、档案等信息服务业共同追求的目标，万方、维普的成功也充分说明了这一点。

两者相比较而言，基于 B/S 模式的电子文件管理系统更具优势。本章主要以高校实验教学为例进行具体论述，目前为了培养适应现代化建设的档案专业人才，在教学中应尽量选择与社会上主流档案系统近似的系统做教学模型。因此，本章具体以高校实验教学为例对两者的优缺点进行综合论述。第一，在软件安装与数据访问方式上，在使用 C/S 结构系统为实验教学模型的时候，需要在实验室终端电脑上安装客户端管理软件，再在服务器端安装服务器管理软件才能使用，这样不仅浪费了人力、物力，而且一旦实验室电脑出现故障需要重新安装系统，那就必须把 C/S 结构的客户端软件也重新安装才能继续用于教学。如果改用 B/S 结构的电子文件系统就不存在这种问题，只要客户端电脑能够正常上网、浏览网页，即可正常进行教学工作。第二，在数据模型维护方面，B/S 结构的教学模型维护起来也简单便捷，当从事实验教学的系统模型需要进行升级或更换的时候，只需要对服务器端软件和数据库进行升级或更替即可，不存在任何软件的安装卸载问题。第三，在成本方面，B/S 结构实验教学模型使实验软件设备成本降低，选择更多。B/S 结构的电子文件系统可以跨越操作系统进行配置，如果实验室电脑为了节约成本不选择 Windows 操作系统而安装了 Linux 等免费的操作系统和小型的数据库系统，那么 B/S 结构的软件系统可以不进行任何更改应用在不同的操作系统之上。B/S 结构的实验教学模型可以使实验室硬件设备成本降低，由于不需要安装终端机器客户端软件，因此在建设实验室的时候配置性能一般的电脑即可。虽然 B/S 结构管理软件不需要安装客户端软件，但是其应用服务器运行数据负荷较重，需要服务器端拥有较高的配置，通常可以选用专门的网络服务器硬件作为实验室教学设备，这样实验室的整体硬件成本还是比较低的。第四，在电子文件实验室硬件设备更新升级方面，在对已有硬件投资的保护方面，两种结构也是完全不同的。当应用范围扩大和系统负载上升时，C/S 结构软件的一般解决方案是购买更高级的中央服务器，原服务器放弃不用，这是 C/S 软件的两层结构造成的，这类软件的服务器程序必须部署在一台计算机上；而 B/S 结构则不同，随着服务器负载的增加，可以平滑地增加服务器的个数并建立集群服务器系统，然后在各个服务器之间做负载均衡。这有效地保护了原有实验室硬件设备投资。第五，在操作方面，对于学生来说，B/S系统学习与操作便捷，目前因为网络的普及，学生经常会利用网络获取所需的知识，他们对网络和浏览器的使用比较熟悉，B/S结构的电子文件系统不需要重新学习软件的使用，因为操作界面完全在浏览器中进行，只要会用浏览器浏览网页就可以很快掌握新电子文件系统的使用。第六，在扩展方面，C/S结构系统只适用于局域网络，其教学局限性很大。C/S结构的实验教学模型只适用于局域网，而随着互联网的飞速发展，移动办公和分布式办公越来越普及，这需要电子档案系统具有扩展性。这种方式远程访问需要专门的技术，同时要对系统进行专门的设计来处理分布式的数据。应用B/S结构系统作为教学模型可以超越实验室的空间和时间的障碍，只要实验室服务器设备运行，学生就可以在课余时间利用寝室的电脑和校园网络访问实验课上所学的档案系统继续学习。第七，就安全性和未来发展来看，B/S结构的电子文件系统可以减少实验室设备感染电脑病毒的概率。近年来对电脑安全威胁最大的就是电脑病毒的传播，对于同处于实验室中的电脑，一旦一台电脑感染了病毒，很快就会使整个实验室的电脑全部瘫痪，这样会影响实验教学的正常进行。目前各种电脑病毒的变种、木马、恶意插件等危害性软件无孔不入，虽然实验室中的电脑一般采取了保护措施，安装了防病毒软件等，但绝对安全的计算机和电脑网络都是不存在的，一旦C/S结构的系统含有隐藏的病毒，即会在安装过程中感染客户端电脑甚至服务器，即使安装的时候并不带病毒，但一旦实验室中的电脑感染病毒，就会影响C/S结构系统的正常运行，从而影响人们正常工作。而B/S结构的档案系统则不存在这样的问题，因为B/S结构的档案系统本身就是由文本格式制成的网页文件和数据库系统构成的，并不包含任何可执行文件及漏洞程序，由于无须在客户端电脑上进行安装，即减少了客户端电脑感染病毒的概率，而一旦在同一环境下电脑感染了病毒，也不会影响到操作系统下浏览器的正常使用，实验教学工作仍然可以顺利进行。

此外，从电子文件管理系统开发针对性的角度出发，电子文件管理系统可以分为以下两种类型。（1）通用电子文件管理系统：此类型的电子文件管理系统功能较为普遍，软件公司依据普遍的电子文件管理需求进行开发，购买成本较低，系统功能较为普遍；（2）专用电子文件管理系统：由档案机构委托专门软件公司进行开发只适合该档案机构使用的电子文件管理系统，通常花费较高，但功能全面，适用性良好。

四　电子文件管理系统的功能

电子文件管理系统的功能需求是逐渐增多的，各国也随之纷纷推出了各种标准来规范电子文件管理系统的基本功能和规则。欧盟提出《电子文件管理通用需求（第二版）——MoReq2》对电子文件管理系统的各部分功能进行了具体描述，主要功能模块包括分类方案和文件组织、权限、保留和处置、捕获和发布记录、搜索及检索等。美国国防部颁布了《电子文件管理软件应用系统设计标准》（DoD5015.2-STD）[1]，该标准最新版中电子文件管理系统的强制性功能包括管理文件分类、设置保管期限、对文档进行声明及归档三个主要部分以及一定量的选择性功能需求。为了促进电子文件管理系统的规范化管理，我国近年来也颁布了一系列相关规定。如《电子文件管理系统通用功能要求》是我国2012年颁布的国家标准之一，其中"电子文件管理系统的基本功能包括文件管理配置、文件管理业务、安全管理和系统管理"[2]。2021年3月9日，国家市场监督管理总局、国家标准化管理委员会联合发布了《电子档案管理系统通用功能要求》（GB/T 39784—2021），并于2021年10月1日起实施。该要求规定了电子档案管理系统功能的总体要求，以及电子档案的

---

[1]　于丽娟：《〈电子文件管理软件应用系统设计评价标准〉——DoD5015.2-STD》，《档案学通讯》2003年第3期。

[2]　国家密码管理局：《电子文件管理系统通用功能要求》，标准号GB/T 29194—2012，2012年12月31日发布，2013年6月1日实施。

接收、整理、保存、利用、鉴定、统计、审计跟踪和系统管理等关键业务环节和系统管理的通用性功能要求，包括电子档案管理系统应具备的必选功能和可选功能，但不对实现系统功能的平台和具体技术应用做出规定。该要求适用于国家各级各类档案馆进行电子档案管理系统的设计、开发、实施、使用和检测。国家机关、企事业单位及其他社会组织的电子档案管理系统建设可参照执行。

电子文件管理系统分别针对不同类型的文件提供了不同的管理方法和标准，对于电子文件的管理，电子文件管理系统可以有效实现对电子文件的收集、录入、上传、处理等。对于档案的管理，则分别为其提供了文书、会计、科技和声像等标准门类的管理。具体而言，目前通用的电子文件管理系统具备录入权限自动过滤功能、自动生成发文字号和档号、自动进行档案鉴定、存储与管理以及检索等功能。

（一）录入权限自动过滤

电子文件管理系统分别提供了电子文件权限录入和实体分类号录入两种方法。首先，对于电子文件的权限过滤通过对其所属用户管理全宗权限进行自动过滤；其次，对于实体文件如纸质文件的分类号录入，在实体分类列表进行选择，系统会自动按用户全宗、用户部门、当前档案类进行过滤，以获取当前用户权限范围内数据的实体分类号。

（二）自动生成发文字号和档号

首先，发文字号由发文机构代字、年度和顺序号构成。电子文件管理系统中主要通过辅助字典自动生成录入电子文件的相应文号。其次，档号包括全宗号、案卷目录号、案卷号、件号、页号。电子文件管理系统同样根据档案号的各个组成项对其进行自动生成。同时系统支持对发文字号和档号的便捷等操作，极大简化了档案存储管理过程。

（三）支持对文件相关著录等数据的批量操作

如支持 PDF、DOC、JPG 和 PPT 等格式文件的批量上传、删除以及对所存储电子文件保存期限等信息的修改等操作。

（四）自动保管

对于电子文件的存储与管理，电子文件管理系统的功能主要用于存储和管理档案上架存放位置、库房温湿度、库房结构等信息。

（五）丰富的检索功能

电子文件管理系统提供快速检索、二次检索和智能检索等，用户可以通过简单文档名字、文件来源、作者名、文档关键字、上传人和上传时间等多维度设置的关键词对所需内容进行检索查找，并支持开放电子文件的在线浏览和下载等功能。

除了上述功能，电子文件管理系统还支持对电子文件的鉴定、统计和借阅等功能，以支持电子文件自产生直至永久保存或销毁的全过程管理。各国针对电子文件管理系统基本功能所指定的标准或规范虽然存在一定的区别，但是对基础功能的规定还是相当一致的，大体包括捕获登记、分类管理、鉴定保存、检索利用等几大功能。其他部分功能可以根据档案机构的实际需要酌情添加。

第二节　电子文件管理系统环境中
非结构化电子文件的存储

随着信息技术的不断发展，电子文件的数量飞速增长，电子文件管理逐步成为国家机关、企事业单位以及其他机构和团体的基础工作，也是信息化建设中不容忽视的一个环节。为了更好地管理电子文件，许多机关采用了先进的技术和设备，设计开发了电子文件管理系统对电子文件进行管理，取得了不错的成效。电子文件管理系统的应用，为档案机构的工作提供了较大的帮助，但对于占据电子文件绝大部分的非结构化电子文件而言，电子文件管理系统在对其进行管理的操作时相较于结构化的电子文件要复杂许多。这主要是多数电子文件管理系统所采用的数据库为关系型数据库，而非结构化电子文件的数据结构缺乏实现定义好的数据模型，难以用关系数据库中的二维逻辑表表示造成的。在安装了电子文件管理系统的环境中，非结构化电子文件的存储方法如下。

一　利用数据库字段存储非结构化电子文件

数据库（Data Base，DB）是电子文件管理系统的必要组成之一，由计算机硬件和软件组成，主要用于对数据实现有组织的存储以及高效查询、更新、共享、删除和修改等操作，但文档、图片、音频等非结构化电子文件在数据结构上具有特殊性，导致这一类型的文件难以如结构化的电子文件或数据一般直接通过电子文件管理系统存储到数据库之中，如何利用电子文件管理系统来管理非结构化电子文件，是档案工作人员和相关管理系统的开发人员需要妥善解决的一大问题。

目前绝大多数已经开发并投入使用的电子文件管理系统中所使用的数据库均为关系型数据库，在此种技术条件下，关系型数据库所提供的存储非结构化电子文件的方式是利用一种特殊类型的字段——BLOB 字段进行非结构化电子文件的存储。

BLOB 字段（Binary Large Object，二进制大对象）是数据库中的二进制大对象，用来存储二进制文件的字段类型，计算机中的图像、文本等文件均为二进制文件，不同于数值型、字符型和日期型等类型的数据存储，二进制数据存储格式相对于字符型存储空间较小，节省空间。此外，二进制数据格式存储的文件在计算机运算中无须像字符型数据一样进行数据格式转换，因此，在海量数据的运算与操作过程中，其速度也更加迅速且精准，对于以二进制数据格式存储的文件查找，计算机则使用直接读取文件的方式，检索速度快。因此，BLOB 字段中存储的二进制数据一般为图像、文档、音频等含有特殊格式和计算机代码的文件，二进制文件特点为编码较长，利用率高，可以实现较长字符串数据在数据库中的直接存储，比较典型的 BLOB 可能是一张图片或一个声音文件等，为了满足各种不同长度的数据存储，BLOB 共提供了 4 种类型，即TINYBLOB、BLOB、MEDIUMBLOB 和 LONGBLOB，其中最大的类型可以存储4GB 的数据量，因此，可以满足大部分的文档、多媒体文件的存储需求。利用 BLOB 字段存储非结构化电子文件实际上是"通过开辟独立的对用户不可见的存储页，而在对用户可见的字段中存储了数据页的指针方式有效解决了数据库对文件数据的支持"[①]。由于非结构化电子文件已经嵌入数据库字段中，管理员可以使用关系数据库的可管理性和安全性功能来集成 BLOB 数据，而不需要单独管理非结构化电子文件系统数据，在这种存储方式下，用户往往难以获悉文件的内容，给文件后续的管理操作造成了一定的困难。对待这一问题，需要通过 BLOB 字段存储非结构化电子文件的主要内容，并注意按照档案学管理的基本思想对文件进行分类存储，使得非结构化档案数据的存储不仅符合数据库的操作规范，也符合档案管理的基本思路。档案管理人员建立另外的表来记录文件的基本信息以方便对于非结构化档案数据的其他操作。

二　ERMS 数据库与文件系统结合的非结构化电子文件存储

对多数安装了电子文件管理系统的档案机构而言，利用数据库与文件系统结合存储非结构化档案数据，是现有条件下，为保证非结构化档案数据的结构不被破坏所采用的最普遍的方法，也是最"妥协"的一种方法。在此种方法下，利用电子文件管理系统的数据库中二维逻辑表保存的是非结构化档案数据的基本信息，非结构化档案数据的实体仍保存在文件系统之中，后者相当于前者的"外挂"，而电子文件管理系统实际上扮演的角色相当于文件系统中文件目录级索引的功能。非结构化档案数据在文件系统中的存储方式可以参照第二章的方式，建立不同级别的文件夹来管理各类文件。数据库中非结构化档案数据基本信息表的建立同样与非结构化档案数据的存储方式息息相关，设计表的结构时应当注意二者之间的联系，保障二者之间的紧密性，避免对后续的操作产生不利影响。此种存储方式能够保障文件结构的完好，步骤简单。数据挂

---

① 宋国兵、陈奇：《文件数据的数据库 Blob 存储及效率分析》，《计算机工程与设计》2010 年第 21 期。

接，即利用相关软件将纸质数字化档案挂接于目录数据库中对应的目录，使目录和数字档案相互关联。① 挂接方式包括单独挂接和批量挂接两种。其具体挂接方法，即依据目录数据库中的文件级目录数据的档号规范命名正式文件进行，由于正式文件名与档号相同且唯一，因此可以实现两者之间一一对应的关联。② 例如，一个保存图片档案数据的数据库，只是在相应字段中存储了图片的大小、路径和位置等元数据，图片的实际内容仍然是保存在非结构化文件系统中的。这种挂接方式不会增大数据库体积，处理速度也不慢，但仍存在局限性。对于挂接档案数据的检索，系统可以初步实现对所需档案的全文检索。但目前从检索技术角度来看，全文检索功能的研究和发展任重而道远。真正意义上的全文检索不仅包括功能完备的档案全文数据库，还包括档案数据的跨库检索、全文检索技术、图像内容检索技术以及数字化音频和视频信息的检索技术等，实现在大范围和数据类型多元化等多功能档案数据的检索，而目前的数字转换、识别等技术仍然无法完全满足上述要求。③ 目前，中国矿业大学档案馆的档案目录数据库主要采用相关软件将纸质数字化档案批量挂接于与数据库对应的目录结构中，即实现了数字档案数据存储地址与数据库目录一一对应。档案管理人员通过其官方定制开发的网络版档案管理系统中的挂接模块即可轻松实现对非结构化电子文件的追加挂接、覆盖挂接等不同方式的批量挂接。④

三 利用介质服务器存储

介质服务器，用于数据中转、数据接收或发送服务端的实体服务

---

① 国家档案局：《纸质档案数字化规范》，标准号 DA/T 31—2017，2017 年 8 月 2 日发布，2018 年 1 月 1 日实施。

② 袁庆华、王向东、邵荣平、马运虎、韦斌：《档案缩微品扫描图像文件自动分类和自动挂接方法研究》，《数字与缩微影像》2010 年第 2 期。

③ 翟霭远：《对馆藏档案数字化风险及目录数据库与图像数据库挂接等问题的认识》，《档案管理》2007 年第 3 期。

④ 李月娥、周晓林：《高校纸质档案数字图像存储与数据挂接模式探索——以中国矿业大学档案馆为例》，《档案与建设》2019 年第 5 期。

器。非结构化档案数据的数量往往是庞大的，对于具有一定数量规模的档案数据而言，普通的文件系统往往难以满足实际档案海量数据的存储需求，档案机构可以将非结构化档案数据存储于介质服务器中以解决这一问题。利用介质服务器存储能够有效地提升存储空间，并且介质服务器的大小往往取决于非结构化档案数据数量的多少及大小，可以视档案机构实际的存储需求来进行部署，有效控制档案存储与管理成本。介质服务器通常应用于局域网中，往往采用 HTTP（超文本传输协议）或 FTP（文件传输协议）等网络服务器管理方式对其进行管理，同时需要将网络的 IP 地址和端口号以变量方式存储起来以方便非结构化档案数据的后续操作。利用介质服务器存储非结构化档案数据的方法与上一小节所讨论的方法最大的区别在于存储文件的设备，但存储基本原理是相似的。

四　数据库 DAT 格式文件存储非结构化电子文件

DAT 文件有多种含义，在本节所指的是数据库中的一种文件格式，即文件扩展名为 .data 的文件，是一种数据文件。DAT 数据文件，用于储存一些信息，有许多软件的资料信息都使用这种扩展名，因此它没有一个固定的文件结构。此外，DAT 文件在计算机操作系统中也是广泛存在的。DAT 格式的文件可以存储多种类型的信息，其内容可以是任意的，无论是文字、图形、数据还是其他二进制类型的数据均可以。DAT 文件并没有较为固定且具体的结构。

利用数据库中 DAT 文件存储档案数据的方法是，首先需要档案管理人员在数据库中建立一个单独的表，用来存储各类非结构化档案数据的基本信息，而对于档案数据的内容可以按照年月或其他合理的方式进行划分，并将其存放于制定的目录之中，存放文件内容的文件名称可被命名为"uuid. dat"。值得注意的是，其中的 id 值可能是随机生成的一串数字，并非所有存放文件内容的文件名均为"uuid. dat"。

五 不同存储方式的比较分析

本小节所讨论的存储办法都是在档案机构已经具有电子文件管理系统的条件下进行的，在成本花费方面不会给档案机构造成额外的负担。

利用数据库字段存储非结构化电子文件，对于利用电子文件管理系统的部门或机构而言，简化了存储和管理非结构化电子文件的步骤，同时能够避免在电子文件管理系统数据库与文件系统结合存储文件中由于非结构化电子文件信息更改而产生的信息失效问题，如 Access 数据库系统的"附件"字段格式、SQL Server 2000 中 image 类型、Oracle 中 BLOB类型等。在对于非结构化电子文件的安全保障方面具有一定的优势，对于文件的维护也更为便捷。但利用数据库字段存储非结构化电子文件同样存在一些弊端，BLOB 字段是二进制的大文件，若将过多的二进制文件存储到数据库中，势必会增大数据库数据存量，过大的数据存储容量会对数据库的运行造成一定的压力，极大地影响数据库的性能，甚至影响整个电子文件管理系统的性能，也将会给档案数据的利用带来极大的不便，对档案价值的实现造成了极大的障碍，因此，目前规模较小的数据库档案数据存储与管理对于该方法的使用较少。由于电子文件管理系统的封闭性，使得非结构电子文件的共享受到了极大的限制。利用数据库字段存储非结构化电子文件在进行文件检索时，由于用户难以了解到文件的具体内容，只能够检索到纯文本信息，若需要满足其他的检索需求，则需要引入新的算法或技术的支持。

以电子文件管理系统数据库与文件系统相结合的方式进行非结构化电子文件存储，文件的存储位置仍位于文件系统中，避免了文件存储过多对数据库造成的压力，非结构化电子文件的读写不会受到数据库系统的限制，但对文件系统的存储能力提出了一定的要求，且对要挂接的关系数据库设计要求较高，否则极易造成非结构化电子文件存储混乱、查找无果或查找失效等现象。另外，由于此存储方式下，非结构化电子文件的存储格式仍然是其原始的格式，想要对非结构化电子文件进行各种操作，就需要计算机内具有相应的软件应用，对计算机的应用程序配置提出了一定的要求。用户对于非结构化电子文件的操作是多样的，其中就包括对非结构化电子文件位置和名称的更改，若数据库中存储非结构化电子文件信息的表信息不能够得到及时的更新和修改，极易造成非结构化电子文件存储信息的丢失，引起诸多不便。此外，若要实现全文检索，电子文件管理系统需要挂接文档筛选器，对 Word 或 PDF 等格式的非结构化档案全文进行筛选。

利用介质服务器存储非结构化档案数据的方式和原理与利用文件系统存放的方式极其相似，只有在非结构化档案数据的存储介质中存在一定的区别。因而，二者在存储的优缺点方面也具有高度的相似性。但介质服务器的部署可以视机构的客观需求进行，较为灵活。同时能够适应一定规模的数据存储要求，成本适中。

利用 DAT 文件存储非结构化档案数据，这种方式相对而言更加简单且高效，许多计算机语言如 Java、C 等均能够支持对 DAT 文件的读取等操作，能够进行非结构化档案数据的跨数据库操作。DAT 文件相比于二进制的数据更易管理，避免了数据库数据占据磁盘空间较多而造成的数据库性能下降等问题。利用 DAT 文件存储非结构化档案数据，即便文件过大也可以轻松应对，节省备份时间，程序的编写也很简单。但 DAT 文件需要专门的解析软件才能够读取，在读取和利用阶段的步骤较为烦琐。

第三节　电子文件管理系统环境中
非结构化电子文件的检索

将非结构化电子文件存储在电子文件管理系统中后，便可以利用电子文件管理系统对非结构化电子文件进行检索和其他的管理与利用。在信息系统的环境中对于非结构化电子文件的检索根据检索的方法和途径可以分为外模式检索、内模式检索以及概念模式检索。外模式检索又称子模式，对应于用户级，它是某个或某几个用户所看到的数据库的数据视图，是与某一应用有关的数据的逻辑表示。内模式检索又称存储模式，对应于物理级，它描述了数据在存储介质上的存储方式及物理结构，对应着实际存储在外存储介质上的数据库。概念模式又称逻辑模式，对应于概念级，它是由数据库设计者综合所有用户的数据，按照统一的观点构造全局的逻辑结构，是对数据库中全部数据的逻辑结构和特征的总体描述，是所有用户的公共数据视图（全局视图）。本节主要从用户使用的电子文件管理环境中非结构化电子文件的外模式检索方式进行阐述。

一 利用目录检索模块检索非结构化电子文件

在任何一个电子文件管理系统中，都会包含电子文件检索这一功能模块。用户可以利用电子文件管理系统中这一已有的功能模块实现对非结构化电子文件的检索。通常情况下，电子文件管理系统提供专门的检索界面，支持分类检索、简单检索和全文检索，基于对电子文件存储数据库的外模式检索功能，提供了基于所存储电子文件类目、案卷、文件和元数据等多种类型的检索方式，以满足不同用户的检索需求，许多电子文件管理系统还能够提供检索结果的输出和打印。但由于非结构化电子文件在电子文件管理系统中的独特存储方式，目前借助电子文件管理系统的检索模块主要能够实现非结构化电子文件元数据信息的检索，难以实现对非结构化电子文件内容的检索。

二 利用数据库系统检索非结构化电子文件

电子文件管理系统环境中除了用其检索模块进行非结构化电子文件的检索，还可以利用数据库管理系统进行检索，电子文件管理系统环境中无论是哪一种存储非结构化电子文件的方式，都利用到了数据库管理系统，在数据库内均存储了与非结构化电子文件相关的信息，如非结构化电子文件的标题、作者等元数据。因此，利用数据库管理系统进行非结构化电子文件的检索是可行的。目前绝大多数的电子文件管理系统所采用的数据库都是关系型数据库，用户可以通过外模式描述语言来描述、定义对应于用户的数据记录，也可以利用数据操纵语言（Date Manipulation Language，DML）对这些数据进行记录。数据操纵语言种类多样，这里我们主要探讨最常用的 SQL 数据操纵语言对其进行处理。利用 SQL 查询语言即可完成数据库中对于非结构化电子文件的检索工作，SQL 语言为用户提供了类型多样的查询语句，传统关系数据库支持的基本查询方法有简单查询、子查询、聚合函数查询、分组查询、模糊查询等，能够满足用户不同的检索需求。具体而言，简单查询，主要用于日常较普遍的数据简单检索；子查询，也称为嵌套查询，当需要两个表及多个表连接查询时使用，允许多级嵌套，可以满足多个条件的数据查询，该查询方法在日常工作中使用较为普遍；聚合函数查询，即通过输入一个组数的集合，再由系统进行聚合函数运算后返回给用户一个值的数据查询，主要有 AVG（平均数）、SUM（求和）、MAX（最大值）、MIN（最小值）、COUNT（计数）、字符串聚合函数、时间聚合函数查询等，满足用户常用的运算操作；分组查询，可以实现对多个查询字段列表的查询，并根据具体需求对分组数据进行限制；模糊查询，该查询方法主要通过关键字和通配符实现。此外，传统关系数据库还为用户提供了高级查询，主要包括去重复查询、组合查询、连接查询等。其中去重复查询，主要用于用户对数据库中某一字段的唯一值查询；组合查询，可以实现对数据的并集（UNION）、交集（INTERSECT）和差集（EXCEPT）查询，类似于电子文件管理系统检索模块中的逻辑或、逻辑与、逻辑非运算，因此，可以满足用户多个条件及其限制检索需求。

三 不同检索方式的比较分析

以上两种检索方式的实现方式各不相同，各自的优缺点差异也较大。利用电子文件管理系统的检索模块检索非结构化电子文件，操作方便，检索流程简便，只需在检索条件框内输入想要检索的关键字即可，并且检索途径多样，一般支持的检索方法有主题检索、关键词检索、高级检索等，检索结果的准确率能够得到保障，检索速度也比较快，因此该检索方法主要适用于普通用户对档案数据的查找检索，即用户通过电子文件管理系统实现对数据库中档案数据的查找检索。但是由于受到数据库内存储的非结构化电子文件信息量多少、信息更新及时与否、数据库内表结构等原因的限制，利用此功能模块进行非结构化电子文件的检索的质量可能受到一定的限制，难以查找到用户所需的全部信息。电子文件管理系统的质量参差不齐，对于非结构化电子文件的检索也会产生不同的影响。

利用数据库管理系统进行非结构化档案数据的检索，同样能够满足档案管理人员多元化的检索需求，该检索方法由于需要一定的专业技术背景知识，一般适用于档案系统技术员或管理员的档案信息查找，而不适用于普通用户查找。SQL 语言能够适应各种关系型数据库中对于非结构化档案数据的检索，可同时访问多条记录，效率较高。SQL 语句中用于查询的操作指令易于学习，方便实现。但借助 SQL 语句进行非结构化档案数据的检索操作步骤烦琐，档案管理人员需要额外花费时间学习和掌握，需要具备一定的专业背景知识和培训。此外，受计算机系统性能、数据库内数据量等原因的限制，检索速度难以确定。

总体而言，利用电子文件管理系统的检索模块侧重于对档案数据的检索，而数据库系统则更侧重于对档案数据的存储，两者侧重点不同，适用对象不同。此外，受到电子文件管理系统中两种非结构化电子文件的存储方式限制，以上两种非结构化电子文件的检索均难以实现。对于非结构化文件内容的检索，仅能实现对于非结构化电子文件基本信息的检索。

第四节　电子文件管理系统环境中的相关案例

我国在推进档案信息化建设的过程中，颁布了一系列的规章以及工作标准用以规范档案工作流程，保证档案工作的质量。《电子文件归档与电子档案管理规范》还指出：“电子档案管理系统应依据档号等标识符构成要素在计算机存储器中逐级建立文件夹，分门别类、集中有序地存储电子档案及其组件。"①

《纸质档案数字化规范》中对纸质档案的数字化工作的一系列流程进行了详尽的规定，具体操作流程如图5－2所示。

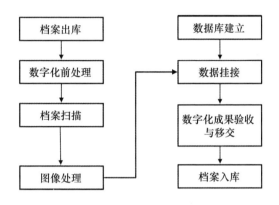

图5－2　纸质档案数字化流程

从目录数据库的建立、档案扫描、数据挂接等步骤中可知该标准中曾指出，"应借助相关软件对数据库中的目录数据与其相对应的纸质档案数字图像进行挂接，以实现目录数据与数据图像的关联"②。对于纸质档案数字化成果的存储方式，即为相关电子文件管理系统数据库或其他软件数据库与文件系统相结合的方式。数据库中存储数字化成果的目录信息，成果存放于专门的存储设备或文件系统中，通过数据挂接的方式增加二者之间的关联，《录音录像档案数字化规范》中也有类似的规定。

经过调研及相关资料的收集后发现，利用 BLOB 字段存储和 DAT 文件存储非结构化档案数据的方式在实际档案工作中的应用极少。因为数据库中若是数据量过多，会造成数据库出现卡顿、查询缓慢等诸多问题。

---

① 国家档案局：《电子文件归档与电子档案管理规范》，标准号 GB/T 18894—2016，2016年8月29日发布，2017年3月1日实施。

② 国家档案局：《纸质档案数字化规范》，标准号 DA/T 31—2017，2017年8月2日发布，2018年1月1日实施。

而利用介质服务器存储数据的方式在原理与逻辑上同第二种存储方式相同，唯一的差别是存储数据的设备不同。如十堰市市县级档案部门的档案全文信息的建设模式，就是通过对档案的数字化工作实现的。档案馆的实体资料都可以利用数字化技术转化成计算机可以识别和处理的信息，经过一定的分门别类后，再将其存储在存储设备中。可以看出，数字化后的档案数据的实际存储仍是基于文件系统实现的，并且依据数字化工作的有关规范，需要在数据库中存储这些档案数据各项重要的基本信息。杭州城建档案馆在数字化进程中也取得了一定的成果，其数字化设备主要有五十多台计算机、五台高速扫描仪、五台服务器以及其他相关网络硬件设备。内部已建成协同办公系统，数据库软件使用的是 MS SQL Server 数据库。可见，该档案馆数字化后档案数据的存储方式依旧是数据库与文件系统相结合的形式实现的。此外，在与辽宁省地质资料馆、沈阳市档案馆以及沈阳城市建设档案馆的工作人员的沟通及查阅官方网站得知，目前档案馆存在多种类型的电子文件，对其管理通常所采用的方法为电子文件（档案）管理系统数据库与文件系统相结合的方式进行。在进行档案数据的存储时，通常是将档案数据存放在专用的服务器或文件系统中，并将档案数据的存储路径等基本信息存放在数据库中，并借助专有的客户端或电子文件管理系统对档案数据进行一系列操作。在检索档案数据时，档案管理人员的操作也是借助电子文件管理或相关搜索引擎进行的。基于电子文件管理系统数据库与文件系统相结合存储档案数据的特点，检索时能够得到的检索结果均为档案数据存储在数据库中的基本信息，难以实现对档案数据内容的检索。

电子文件管理系统环境中的存储及检索方法，较之前一种在原理上稍微复杂一些，但在操作上却提供了更多的可能性。该环境中的各种方法为档案管理人员提供了更多的存储及检索途径，满足工作中的各类需求，数据的完整性和真实性也得以充分保全，所需的管理成本适中，但须注意数据库内信息的及时更新，以保证存储及检索工作的开展。但从长远角度来看，这种方法的弊端也是较为明显的，难以适应飞速增长的非结构化档案数据。使用此种方法的档案机构，寻找新的存储及检索方法是势在必行的。

综上所述，在电子文件数据库技术发生飞跃性进步和革新的同时，档案数据库开发和电子文件管理系统的建设也会进入新的阶段，伴随新技术、新功能和新应用的出现，档案数据库的建设会随着 IT 技术和数据库技术的发展而不断进步。

第六章

语义网环境下非结构化电子文件的
关联与元数据管理

"随着知识服务的兴起,一维的信息检索已经不能满足人们对信息服务的需求。"[1] 利用信息技术将档案有序地存储起来,为用户提供层次更深、范围更广的知识服务,是当前乃至今后档案工作发展的主要方向。《全国档案事业发展"十三五"规划纲要》提出了要在 2020 年前实现档案资源多样化、档案利用便捷化、档案管理信息化的目标。如前文所述,在非结构化电子文件的管理中,其中一大难点就是非结构化电子文件之间的联系性弱,给后续的非结构化电子文件开发利用带来巨大的困难,且不利于实现档案事业"十三五"规划纲要的目标,因此必须建立不同格式、不同类型的非结构化电子文件之间的关联,形成关联化的数据网络,解决非结构化电子文件的"数据孤岛"问题。"语义网是实现 Web上资源语义互联的关键技术,在资源整合与共享方面表现突出。"[2]

本章在总结借鉴了大量学者的研究理论和实践成果的基础上,分别讨论了元数据置标在档案学中的应用,档案领域本体构建,基于关联数据技术的档案信息检索,档案知识图谱的构建及应用,分析探讨了其在档案信息检索中的优势以及可弥补传统检索中存在的不足。

---

[1] 马寅源:《关联数据应用于档案知识服务的 SWOT 分析及策略》,《档案与建设》2017年第 2 期。

[2] 高劲松、程娅、梁艳琪:《基于关联数据的图书馆数字资源语义互联研究》,《情报科学》2017 年第 1 期。

第一节　语义网环境下非结构化电子文件关联概述

一　语义网概述

语义网是 W3C 首创者 Tim Beners Lee 在 1998 年提出的，其重心是为 Web 的内容信息添加具有机器可以理解的元数据，用户可以对已被标记过的信息资源进行语义检索。基于语义网技术的信息检索与传统的档案检索不同，不再是单单基于字符串在数据库中的匹配及出现的频次，它将通过联系上下文和消除歧义来提高查准率，通过同义词和相关术语提高查全率，高效精准返回给用户所需要的信息。语义网技术在图书情报领域应用十分广泛，现也成为档案界学者们研究的热点，这说明其在档案信息服务上有着重要的价值和研究意义。

语义网由 XML、RDF 和本体三个核心技术构成。XML 和 RDF 是基础性技术，具有元数据之间实现关联的功能。XML 解决了语法问题，克服了 HTML 的缺陷，能够清楚地区分元数据与信息。RDF 利用三元组表达方式描述档案信息资源和元数据，语义网通过实现网页信息的元数据描述达到智能检索的目的。

语义本体是近几年来越来越被研究者关注的信息技术之一。对于语义本体的研究逐渐被研究者关注。现如今，语义本体已经在很多领域有所应用，例如医学领域、人工智能领域等，并且这些应用都取得了较好的效果，促进了相关领域的进一步发展。

"本体"（Ontology）一词最早产生于古希腊的哲学领域，指的是"对客观存在的系统化解释或说明"[1]，即对客观世界中的真实存在所做出的描述，"是一种结构化的词汇规范"[2]。从 20 世纪 70 年代起，本体

---

① 邓志鸿、唐世渭、张铭、杨冬青、陈捷：《Ontology 研究综述》，《北京大学学报》（自然科学版）2002 年第 5 期。

② 黄丽丽、牟冬梅、张然：《基于关联数据的数字资源语义互联模式研究》，《图书情报工作》2013 年第 17 期。

不再仅仅局限于哲学范畴，而是逐渐被应用到信息科学、人工智能等领域当中，为了与之前提到的哲学领域的本体概念相区分开来，信息科学领域的本体被称为"语义本体"。1993 年，国外学者 Gruber 最早提出了信息科学领域中的本体的含义，他认为"本体是概念模型的明确的规范说明"①，随后本体的概念又经过了一系列的发展，目前学术界普遍认可的概念是由国外学者 Studer 给出的，即"本体是共享概念模型的明确的形式化规范说明"②。

从 Studer 给出的本体定义来看，其体现出来的内涵主要包括以下几点：第一，共享性，即本体中体现出来的知识为人们所公认，是本领域中共同认可的一系列术语集合；第二，概念化，它是指本体对于客观事物的描述以一组概念的形式进行展现；第三，明确性，这一内涵要求本体中所有术语、属性、公理等都需要有明确的定义；第四，形式化，即本体是可以被计算机"理解"并进一步处理的。

二 非结构化电子文件关联构建

随着信息技术的发展、大数据时代的到来，非结构化电子文件的数量呈爆发式增长，数量庞大的非结构化电子文件资源给人们提供了宝贵的知识积累与知识财富，让人们充分了解过去，把握现在，预测将来。但是，非结构化电子文件需要按照内容及其存储方式的特点对应存储在不同的数据库中，导致用户在查找时，不得不按照各自数据库管理系统的特点，采用不同的检索方法依次查询，且其形式各异，缺乏统一的、规范化的描述，形成诸多"资源孤岛"，难以在文件间建立关联，呈现出明显的分布性、异构性、自描述性等特征，而利用者对非结构化电子文件的个性化利用需求日益强烈，因此迫切需要构建非结构化电子文件

---

① Thomas R. , Gruber, "A Translation Approach to Portable Ontology Specifications", *Knowledge Acquisition*, Vol. 2, May 1993, pp. 199 – 220.

② W. N. Borst, "Construction of Engineering Ontologies for Knowledge Sharing and Reuse", *Centre for Telematics and Information Technology（CTIT）*, Sep. 1997, p. 122.

之间的关联以满足用户多样化的需求。

关联数据（Linked Data）伴随语义网的产生而发展，是 W3C 推荐的一种各类信息、知识、数据链接和发布的标准。这个术语是由"万维网之父"Tim Berners-Lee 于 2006 年首次在其万维网体系架构笔记《关联数据》中提出的。但对于什么是关联数据，学术界仍未达成一致。开放连接软件的创建者及 CEO 金斯利·艾得恩对其定义为"关联数据是一种网络上的链接机制，将超文本链接变为超数据链接，也就是由文件指向文件变为由数据指向数据"①。维基百科将其定义为"一种推荐用来在语义网中运用 URI 和 RDF 发布、分享、链接各类数据、信息和知识的最佳实践"。学术界将其定义为："它采用 RDF 模型发布在 Web 上的数据、利用 URI 命名数据实体，发布实例数据和类数据，并通过 HTTP 协议予以揭示并获取，同时强调数据间的关联，在资源整合与共享上表现突出。"② 关联数据的原理是用一种轻型的、可利用分布数据集及其自主内容格式、基于标准的知识表示与检索协议、可逐步扩展的机制来实现可动态关联的知识对象网络，并支持在此基础上的知识组织和知识发现。具体而言，"关联数据可以理解成采用 RDF（Resource Description Framework）数据模型，利用 URI（统一资源标识符）命名数据实体，来发布和部署实例数据和类数据，从而可以通过 HTTP 协议揭示并获取这些数据，同时强调数据的相互关联、相互联系以及有益于人机理解的语境信息"③。关联数据必须遵循四个原则：1）使用 URI 作为任何事物的标识名称；2）使用 HTTP 或 URI 使任何人都可以访问这些标识名称；3）当有人访问某个标识名称时，提供有用的信息；4）尽可能提供相关的 URI，以使人们可以发现更多的事物。在世界范围内，越来越多的机

---

① 李楠、张学福：《基于关联数据的知识发现应用体系研究》，《图书情报工作》2013 年第 6 期。

② 沈志宏、黎建辉、张晓林：《关联数据互联技术研究综述：应用、方法与框架》，《图书情报工作》2013 年第 14 期。

③ 刘炜：《关联数据：概念、技术及应用展望》，《大学图书馆学报》2011 年第 2 期。

构青睐于关联数据这种新的数据发布方式，各机构发布的关联数据经过链接后形成诸多关联数据集，最后以关联数据云图的形式表示，图6－1为 DBpedia 关联数据云图。

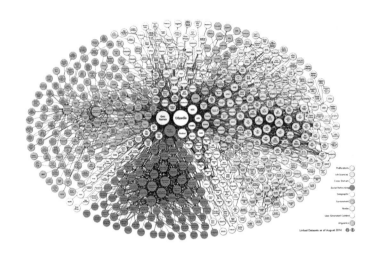

图 6－1 DBpedia **关联数据云**

国外档案机构对关联数据技术进行研究较早，并取得了一定的研究成果。如英国联合信息系统委员会（JISC）资助的 Linking Lives 项目，实现了 Archives Hub 中档案资源关联的数据化。目前，相关机构在关联数据方面也进行了一系列的研究，并取得了一定的研究成果。其中国内图书馆学界最早引进关联数据，并应用于图书馆馆藏资源聚合中。上海图书馆数字图书馆研究所结合语义网、数字图书馆背景，对 Linked Data 的理念展开深入研究和探讨。中国科学院国家科学图书馆设有项目组，研究利用 LOD 实现数字图书馆中数字资源与知识内容关联揭示的技术方法，并针对 Linked Data 在图书馆中的应用及 Web 应用现状进行研究。中国科学技术信息研究所的研究团队，以国家社会科学基金项目为契机，开展基于关联数据技术对信息组织深度序化的研究。2010 年 8 月 23 日，上海市普陀区图书馆举行了"2010 图书馆前沿技术论坛：关联数据与书目数据的未来"专题会议。总之，关联数据是一项与图书情报工作密切相关的技术，是互联网发展到语义网时代、提供对任何网上资源和数字对象进行"编目"和"规范控制"的基础性技术，是非结构化电子文件机构进行信息资源发布和服务的核心技术之一。当前国内档案学术界对关联数据的研究正处于上升阶段。2014年9月18日，郑州市档案局科教处副处长石华在全国档案工作者年会上说，关联数据是档案行业的新机遇，档案的出路在于关联，自此掀起档案学术界研究关联数据的热潮。

可以看出，关联数据技术的特性为档案管理部门解决"资源孤岛"问题提供了契机，在开发利用非结构化电子文件资源方面拥有广阔前景。

第二节　语义网环境下非结构化电子文件管理的可行性

本节主要从语义本体的产生及内涵出发，采用 SWOT 的分析方法，对于将语义本体运用到档案领域中的优势、劣势、机遇以及威胁进行了深入的分析，并且在此基础上提出了一系列应用的对策，从而推动语义本体技术在档案领域的应用。

一　语义网环境下非结构化电子文件管理基于 SWOT 可行性分析

（一）运用 SWOT 分析档案领域应用语义本体的可行性

SWOT 分析法是 20 世纪 80 年代由美国学者韦里克（H. Weihrich）提出来的，也叫作 TOWS 分析法。具体来说，SWOT 分别是指优势、劣势、机遇以及威胁。档案领域在应用语义本体的过程之中，毫无疑问也会受到一系列内部条件和外部环境等因素的综合影响，这说明语义本体应用于档案领域的可行性要素与 SWOT 呈现出一致性。另外，此前已经有学者将 SWOT 分析法应用于档案领域。例如，王秋洁、孙军的《综合性档案馆应用人工智能创新管理的 SWOT 分析》、黄文君的《"互联网＋"时代下档案管理工作的 SWOT 分析》以及孙大东和袁丽娜的《基于 SWOT 分析法的电子档案"单套制"管理研究》等。由此可见，运用

SWOT 来分析语义本体在档案领域的应用是完全可行的。基于此，笔者对于在档案领域应用语义本体的 SWOT 分析如下：优势包括本体的功能强大，主要体现为其知识表示和知识发现功能，另外已有的先进案例也可供参考、借鉴；劣势包括在我国某些档案是保密档案，这些档案视不同的情况而规定相应的密级，在短时间内或永久都不会公开以及档案工作人员对其不够重视；在机会方面，国家出台了一系列的政策予以保障，如《中华人民共和国档案法》《机关档案工作条例》等都有相应的条例，并且社会大众也表现出了相应的需求；威胁主要包括本体构建起来难度较大以及本体构建时缺乏一系列标准和规范。

（二）档案领域应用语义本体的 SWOT 分析

将语义本体应用到档案领域中来必定会受到一系列内部条件、外部环境等因素的综合影响，笔者基于 SWOT 分析法对这一系列影响因素进行了分析。

1. 优势（Strengths）分析

本体具有知识表示与知识发现功能。本体是对领域知识的规范化和抽象化描述，其功能首先表现为它是知识表示、知识组织和知识管理的一种新型方式，它可以将某一领域中概念间的关系进行清晰的描述，实现对该领域知识的整合。将本体应用到档案领域之中，能够对档案领域的知识进行整合和共享，解决档案"资源孤岛"以及语义异构等问题，因此它的出现有助于实现有效管理档案信息资源这一目标，提升档案管理工作的效率，为档案工作带来质的飞跃。其次，在传统条件下，信息检索的方式主要是基于关键词，这种检索方式往往会检索到一些信息查询者不需要的信息，造成信息冗余，无法保证信息的查全率以及查准率。相比之下，当用户查询信息时，语义本体在知识表示和组织的基础之上，能够经过逻辑推理和语义关联发现新的知识，经过语义处理从而满足用户在语义上的需求，从纷繁复杂的数据中提炼出有价值的信息，准确检索，高效、精准地返回给用户所需要的信息，提升用户体验，实现用户对信息的有效访问。

已有应用案例的借鉴。语义本体在国内和国外的一些领域中已经得到了较好的运用。在国内，武汉大学的董慧教授等将本体引入数字图书馆中，构建了本体数字图书馆检索模型，并在此基础上实现了本体推理、检索以及可视化等功能；在国外，Luan Fonseca 等在 BFO 顶级本体上提出一个名为 Geo Core 的核心本体，该本体专门用于描述科学领域，对地质学家所使用的概念和词汇进行彻底的阐明，为通过包含更专业的地质概念推导提供了基础，还为在地质领域内整合不同的现有领域本体提供了基础；2011 年，IBM 公司的 Waston 在参加综艺节目危险边缘（Jeopardy）的智力问答中首次击败了人类；2019 年底，剑桥联合会举办了一场题为"AI 是否会带来更大的弊端"的辩论赛，其中就有 IBM 辩论机器人的参与，并且最终获得了胜利。IBM 的这两个案例中，在分析问题并确定最佳解答的过程中就运用到了语义本体等技术。除此之外，语义本体技术还在其他领域有广泛的应用，诸如医学领域、农业领域等，这些已经存在的本体的应用案例可以为我国将语义本体技术应用于档案领域提供借鉴和参考。

2. 劣势（Weaknesses）分析

档案的非公开性。档案具有许多自身的特性，其中一条就是某些档案需要保密，由于这些档案涉及党和国家的安危或者机关单位的利益等其他方面的因素，因此就需要明确档案的密级。在我国，档案密级的确定要视具体情况而定，有些档案的密级为"绝密"，有些档案的密级为"机密"，除此之外还包括"秘密"和"内部"。然而，在将语义本体应用到档案领域之中时，无法完全保证涉密档案信息的安全性，在管理的过程中可能会对涉密档案中的信息造成泄露，这就造成了二者之间的矛盾，非公开的档案资源必然会在一定程度上对语义本体的应用造成影响。

档案工作人员重视程度低。目前，我国的绝大多数档案工作人员都将职能重心放在档案实体管理上，而对于将新兴的信息技术引入档案领域并没有足够的重视，造成这一现象的原因首先是，到目前为止我国的档案管理事业还没有被纳入数据科学的范畴之中，因此具备信息技术知识如语义本体技术的人才比较缺乏，需要参加相应的技术培训，这使得将语义本体技术应用到档案领域的构想难以成为现实；另外，正是语义本体技术在档案领域并没有得到广泛的应用，才造成了传统的档案工作人员对于新兴技术的了解不足，如此一来就形成了恶性循环，所以我国档案人员对于信息技术的了解有待加强，只有这样才能提高自身素质，早日将先进的数据科学技术运用到档案领域，实现档案领域的现代化。

3. 机会（Opportunities）分析

相关政策支持。在我国有关档案的法律法规中，有很多规定都为将语义本体技术应用到档案领域提供了相应的政策支持。其中，《中华人民共和国档案法》中第三十五条规定："各级人民政府应当将档案信息化纳入信息化发展规划，保障电子档案、传统载体档案数字化成果等档案数字资源的安全保存和有效利用。档案馆和机关、团体、企业事业单位以及其他组织应当加强档案信息化建设，并采取措施保障档案信息安全。"① 《机关档案工作条例》中第二十三条规定："机关应根据需要和可能，采用先进技术设备，逐步实现档案管理的科学化、现代化。"② 国家档案局发布的第13 号令《机关档案管理规定》中第五十八条规定："机关应当积极实施纸质档案数字复制件的全文识别，将现有图像数据转化为文本信息，便于检索和开发利用。"③ 此外，2016 年国家档案局印发的《全国档案事业发展"十三五"规划纲要》强调要"加快档案管理信息化进程"④。除上述提及的条例规定之外，还有很多类似的规定，其最终目的都是加强档案领域的信息化、现代化等，语义本体可以促进档案领域向信息化、智能化发展，为档案领域的发展提供了契机，具有积极影响。

---

① 国家档案局：《中华人民共和国档案法》，2020 年 6 月 20 日发布，2021 年 1 月 1 日实施。

② 国家档案局：《机关档案工作条例》，1983 年 4 月 28 日发布实施。

③ 国家档案局：《机关档案管理规定》，2018 年 10 月 23 日发布，2019 年 1 月 1 日实施。

④ 国家档案局：《全国档案事业发展"十三五"规划纲要》，《中国档案》2016 年第 5 期。

社会需求迫切。处在今天这样一个大数据时代，数据量日益激增，档案存储的形式也日益复杂，各种各样的结构化、非结构化数据诸如文档、图片、视频、音频以及网页等都有可能成为档案保存和管理的对象。然而，不容忽视的一点在于信息爆炸的同时也会带来一些负面影响，其中重要的一条就是信息匮乏。但个人的接受能力是有限的，如果只关注个人所获取信息的数量而对质量不做要求，那么所获取的这些信息无疑是无效信息。与此同时，社会大众也对档案利用和档案服务提出了越来越多的多样化和个性化要求，满足社会大众需求的关键就在于如何及时有效地从大量的档案数据中找到档案利用者所需要的信息，而语义本体技术的先进性在于能够从海量数据中发现真正有价值的、对用户有用的信息，用户尤其需要耗费过多的时间和精力才能得到自己想要的信息，因此语义本体的出现为满足用户的个性化需求、提升用户体验提供了可能性。

4. 威胁（Threats）分析

本体构建难度较大。如前文所述，本体是用来描述某个领域的概念模型，"某个领域的本体就是关于该领域的公认的概念集，该概念集包含确定的语义和概念之间的关联"[1]，由于目前的本体开发基本是采用人工方式进行的，所以在一个特定的领域之中，找出该领域所公认的术语概念，明确这些术语概念的层次关系以及确定其语义和关联等方面的工作就需要该领域内专家的参与和配合，但同时"专家建模往往带有偏见、具有误差倾向，使得基于领域文档实现本体构建特别是大型本体构建成为一项非常艰巨的任务"[2]。

在本体构建方法的选择上，虽然本体构建的方法多种多样，但是无论使用哪一种方法构建领域本体都需要经过反复迭代，不断排错和修改，最终还要进行本体的检验和评价，确保本体推理能够得出新的、正确的知识，是一项费时费力的工作。除此之外，在建立领域本体的过程中，

---

① 贾永刚：《论档案领域本体的构建》，《兰台世界》2009 年第 22 期。
② 刘宇松：《本体构建方法和开发工具研究》，《现代情报》2009 年第 9 期。

需要针对所构建领域本体的需求和目标的不同而对本体开发工具进行选择，例如 Onto lingua、Onto Saurus、Web Onto 以及 Protege 等，这些工具的功能各不相同。由此可见，领域本体模型的构建并非一蹴而就的，它需要经历一个漫长的过程，相对来讲构建的难度也比较大。

缺乏统一的标准。在本体的构建上，许多方面并没有形成统一的标准，诸如本体构建的原则、本体构建的方法等，虽众说纷纭，但并未形成统一标准。此外，在进行某一领域本体构建的流程中，一个必不可少的步骤是要有该领域的语义词汇表，利用语义词汇表可以将该领域中概念的内部逻辑关系进行清晰的描述，在此基础上将领域概念进行语义化，这是领域本体构建的基础。例如，要构建与人物相关的本体，可以使用FOAF 词汇表、Vcard 词汇表以及 Relationship 词汇表，以上这些语义词汇表目前都属于通用词表，换句话说在该领域已经形成了统一的规范标准。但在档案领域，并没有一个通用的语义词汇表，需要本体构建者自行创建，不同的人创建的语义词汇表又不尽相同，甚至大相径庭，导致无法形成统一的标准。因此"这也使得 Ontology 只是作为某一个单独的团体或组织内的共享，真正意义上的共享和利用仍然没有实现"[1]。

二 非结构化电子文件关联的必要性和可行性

当前各级电子文件管理机构往往采用不同的硬件平台、软件系统和数据库，且对机构内部的电子文件实行独立管理，因而形成许多"资源孤岛"，不利于非结构化电子文件资源的共享与利用。而"关联数据所具备的统一标识、标准描述、多维揭示、整合共享等功能"[2] 及其对数据之间关系的揭示、规范化标示、开放性发布、共享性利用等理念，使得分散异构的"资源孤岛"实现语义关联，这就为来自不同数据库的非

---

[1] 何海芸、袁春风：《基于 Ontology 的领域知识构建技术综述》，《计算机应用研究》2005年第 3 期。

[2] 李楠、张学福：《基于关联数据的知识发现模型研究》，《图书馆学研究》2013 年第1 期。

结构化电子文件资源的关联与共享提供了一种新的途径，加上国内外已经有关联数据的相关项目做出了很好的示范，因此有助于解决"资源孤岛"问题。总之，利用关联数据进行非结构化电子文件资源的关联和共享存在理论上与实践上的必要性和可行性。

（一）非结构化电子文件关联的必要性

1. 现实的紧迫性

电子文件是记录人类社会活动的重要载体，是推动人类社会发展的重要动力。当前非结构化电子文件的数量迅猛增长，即使凭借现代化的技术和设备在很大程度上也难以达到预期的效果。一方面，各级各地的档案机构往往采用不同的硬件平台、操作系统、通信协议、数据库系统和数据描述标准，且对非结构化电子文件多实行独立管理和维护，形成大量异构分布式资源。传统的资源组织和整合方式只能解决这些资源在物理及逻辑结构上的异构，而无法为资源间的语义异构现象提供有效的解决途径。另一方面，当前档案用户利用的对象往往是非结构化电子文件本身，与其相关的其他资源并没有囊括其中，如与该文件相关的人员机构数据，更无法实现该资源与开放环境下的网络资源间的关联。这使得用户在查找利用文件时，不能一次性地查全和查准到所有需要的文件，而且当用户下次访问同一资源时，由于缺乏关联而难以重复数据之间跳转的路径，增加了用户的利用成本。而运用关联数据可以使机构中的每一份非结构化电子文件、每一个作者、每一个资源都有专门的访问路径和页面，提高检索效率，并实现非结构化电子文件的深度聚合与共享，重现非结构化电子文件资源访问的途径。

2. 规范化管理非结构化电子文件资源的需要

"标准化程度较低给档案关联数据发布和档案情报价值发挥造成了困难。"[①]"《档案著录规则》（DA/T 18—1999）在概念、结构和基本功能

---

① 马寅源：《关联数据应用于档案知识服务的 SWOT 分析及策略》，《档案与建设》2017年第 2 期。

上都远不及 ISAD（G）和 EAD，主要表现为：著录项系统性不强、多级著录规则不完整、不适应电子文件著录需求、缺乏像 ISAAR（CPF）和 EAC－CPF 这类配套的、可以作为信息交换节点的规范记录标准。"① 标准化程度的高低直接影响了非结构化电子文件信息组织的质量，导致它们之间关联和语义互操作难以实现。如前文所述，关联数据的基本原理是用一种轻型的、可利用分布数据集及其自主内容格式、基于标准的知识表示与检索协议、可逐步扩展的机制来实现动态关联的知识对象网络，并支持在此基础上实现知识组织和知识发现。借助国际通用的元数据标准如都柏林核心、标示规则、数据发布方式以及可扩展的机制，创建和发布非结构化电子文件的关联数据，将极大地提升非结构化电子文件的规范化程度、降低数据冗余、消除"资源孤岛"、便于非结构化电子文件资源的关联共享和开发利用。

3. 开发利用非结构化电子文件资源的需要

对非结构化电子文件资源进行"知识关联"可以打破非结构化电子文件资源与其他信息资源的界限，使非结构化电子文件资源尽快融入社会信息服务体系，发挥生产力作用。非结构化电子文件资源是最有价值的社会信息资源之一，但是非结构化电子文件资源的特殊性和管理的封闭性，使其在管理与利用上与其他信息资源存在较为明显的界限，在实践中也形成了相对独立的管理与服务体系。显然，这些在传统社会中基本上是适应的，但是在大数据时代，这些因素都成为阻碍广泛利用非结构化电子文件资源的瓶颈。为此，在当前，对非结构化电子文件资源进行"关联"，利用关联数据的基本标准和规则，将非结构化电子文件资源融入社会关联数据"云"，增加非结构化电子文件资源被发现或检索的概率，开发非结构化电子文件资源，挖掘出最有价值的实践经验和知识，使其得到充分利用，并发挥出现实生产

---

① 王大青：《中国档案著录标准与国际档案著录标准比较研究》，《档案管理》2012 年第 4 期。

力的作用。

（二）非结构化电子文件关联的可行性

1. 技术上的可行性

关联数据作为语义网的具体实现，是一个社会性的数据环境，其最大的优势是开放与关联，关联数据技术本身并不要求数据必须是开放的，但可以随时将数据发布为关联的开放数据。开放的关联数据可以在数据实体之间、数据实体与属性之间进行无限关联扩展，交织成机器可理解的庞大知识网络。它建立在 Web 技术之上，并继承了传统 Web 技术中的超文本传输协议（HTTP）和统一资源定位符（URI），并对其进一步地限定和扩展，因此，它在技术实现上具有扎实的基础。另外，关联数据采用资源描述框架（RDF）来描述各类"资源"对象。"而 RDF 用统一资源标识符（URI）标识事物，用简单的属性及属性值来描述资源并组合成为一个陈述语句（被称为陈述的主体、谓词和客体），即 RDF 三元组可被用于表达任何可在 Web 上被标识的事物的信息"[①]，将其用来表示非结构化电子文件资源中的知识单元是切实可行的。SPARQL（Simple Protocol and RDF Query Language）是专门为 RDF 开发的一种查询语言和数据获取协议，它能够将一个涉及多个数据集内容的查询式分解为多个只涉及单一数据集的查询式，将多个数据集查询分解为单一数据集查询，并且可以检索任何可以用 RDF 来表示的信息资源。关联数据技术具有的本体推理功能，能够针对检索式中隐性的语义需求返回给用户真正需要的信息，真正实现了数据之间的语义互操作，使得传统一维信息检索转变为多维知识推荐。总之，关联数据技术的语义互联模式打破了数据库之间的界限，有效解决了非结构化电子文件资源分散、封闭、孤立等问题，打破了不同网络平台的非结构化电子文件资源异构问题，促进了非结构化电子文件资源的整

---

① 史海燕、锅艳玲：《基于关联数据的分布式信息查询研究》，《图书馆学研究》2012 年第 5 期。

合与利用，为非结构化电子文件资源知识检索实现提供了保障，推动非结构化电子文件关联数据网络体系的形成。

2. 图情档资源整合与共享带来的机遇

国内图书馆学术界最早把关联数据相关技术引进中国，并在图书馆的实际工作中应用了关联数据及其技术，积累了相关经验。资源整合领域的图情档一体化趋势使得非结构化电子文件的管理人员可充分借鉴图书馆学领域应用关联数据整合图书馆馆藏资源的经验。再者，图情档领域的"开放数据运动"为非结构化电子文件资源的整合与共享带来了契机。在国外，图书馆、档案馆、博物馆的三馆联合（LAM）是社会性知识服务机构的发展方向，"SuleAndreu 研究了西班牙 51 个 LAM 机构应用 EuropenaEDM 和 OntoWeb 模型发布馆藏资源集合的情况"[①]。国内，"武汉大学博士生郑燃提出了基于 OAI－PMH 协议关联数据化实现 LAM 融合的框架，并明确指出了档案馆关联数据资源的紧缺现状"[②]；"司莉提出了一个基于关联数据的具有四个层次的书目数据语义化框架，旨在实现书目数据语义化和关联化"[③]。总之，在图情学科的带领下，有助于带动档案学科加深对关联数据的研究。

3. 现有关联数据相关研究项目的启发

档案领域已有的相关研究为关联数据在非结构化电子文件的管理上积累了相关经验。"上海师范大学人文与传播学院信息管理系梁孟华教授设计了非结构化电子文件资源跨媒体知识链接模型和一整套档案知识服务流程。"[④] 关于档案元数据与知识组织，"段荣婷教授提出了基于 SKOS

---

① Sule A. , Centelles M. , Franganillo J. , et al. , "Implementation of the RDF Data Model in Digital Collections of Spanish Libraries, Archives and Museums", *Revista Espanola de Documentacion Cientifica*, Vol. 39, Jan. 2016.

② 郑燃、唐义、戴艳清：《基于关联数据的图书馆、档案馆和博物馆数字资源整合研究》，《图书与情报》2012 年第 1 期。

③ 司莉、李鑫、邢文明：《基于关联数据的书目数据语义化框架设计与实现》，《图书馆》2014 年第 2 期。

④ 梁孟华：《基于开放关联数据的数字档案资源跨媒体知识链接研究》，《档案学研究》2015 年第 4 期。

的《中国档案主题词表》的映射实现"①。"ChenYa-Ning 主导的台湾海军舰艇档案项目，探讨了通过元数据交叉实现数据元素级语义互操作的可行性。"② "LinkingLives 项目通过创建一个 XSLT 将 EAD 格式的数据转化为 RDF/XML 格式；欧盟 Europeana 项目利用 EDM 本体将 EAD 格式数据转换成 RDF/XML 格式。"③ 这些已经成熟的项目为利用关联数据技术构建非结构化电子文件资源的关联模式提供了宝贵的经验。

4. 政府领域及其政策机遇

政府开放数据集运动为关联数据整合资源、打造数据产业链提供了平台。2007 年 W3C 正式项目关联开放数据云项目（Linked Open Data，LOD）的兴起，它将不同领域的数据集联系起来，并持续不断地拓展以链接更多的数据集。关联数据可实现不同行业、领域及信息系统间的数据关联，并在关联过程中促进资源的扩展与延伸，实现不同行业、网络及系统中各种数据内容、信息资讯、知识与知识服务等的共享。国内北京、上海等地已开放了部分城市数据，涉及经济、教育、医疗等多个领域，部分省市还提供数据集访问和开发 API；非结构化电子文件数据可在智慧城市建设中，实现与各类城市数据的互联。与此同时，为适应现代信息社会发展的要求，各地的档案部门一直在推进档案信息化建设进程，并形成诸多电子文件管理系统及特色的档案数据库，积累了大量非结构化电子文件源，为非结构化电子文件资源关联与共享的实现奠定了坚实的资源基础。另外，从建设投入上来看，目前国内非结构化电子文件馆建设工程在全面启动，公共财政投入的不断增加，为该项工作推进提供了较为充足的资金。

---

① 段荣婷：《基于简约知识组织系统的〈中国档案主题词表〉语义网络化应用研究》，《档案学通讯》2011 年第 2 期。

② Chen, Ya-Ning, "A RDF-based Approach to Metadata Crosswalk for Semantic Interoperability at the Data Element Level", *Library Hi Tech*, Feb. 2015.

③ Hennicke S., Olensky M., de Boer V., et al., "Conversion of EAD into EDM Linked Data", Proceedings of the 1st International Workshop on Semantic Digital Archives（SDA 2011）, Jul. 2011.

第三节 基于语义网环境下非结构化
电子文件关联实现机制

关联数据技术实现档案资源间关联的关键在于构建档案主体与客体间乃至实体与抽象概念间的关联关系。首先，利用元数据和语义本体技术对多元异构的非结构化电子文件资源进行规范化描述，通过语义揭示准确反映出资源概念及概念间的关系，使资源的揭示由外部特征描述延伸到内容特征描述；其次，利用关联数据技术建立非结构化电子文件多维语义关联框架，实现异构非结构化电子文件资源的互联互通和语义化组织。具体实现机制主要是关联数据的 URI 命名与复用机制、RDF 链接机制、语义本体技术等。

一 利用元数据对非结构化电子文件进行初步语义描述

元数据是语义网的价值基础，也是实现非结构化电子文件规范化管理的前提。"元数据是关于数据的数据，既为各种形态的非结构化电子文件提供规范描述基准和方法，又为分布式和由多种非结构化电子文件组成的信息体系提供整合工具与纽带。"① 国防大学政治学院的段荣婷教授针对档案著录标准化构建提出了基于 SKOS 的《中国档案主题词表》元数据映射等实现方法。但从数据置标角度来看，元数据只解决了资源的描述问题，未解决资源语义异构问题。表现在档案工作实践中，各档案机构采用不同的元数据规范描述档案，同一机构中存在不同元数据规范，不利于档案规范化管理工作的开展。所以，在非结构化电子文件关联过程中，"需在元数据之上采用新的技术或方法实现元数据间的互操作，这种新的技术方式就是本体"②。

---

① 张晓林：《元数据开发应用的标准化框架》，《现代图书情报技术》2001 年第 2 期。
② 郭瑞华：《图书馆信息资源整合及元数据应用》，《图书情报工作》2006 年第 10 期。

二　利用语义本体对非结构化电子文件资源进行进一步语义描述

本体（Ontology）弥补了元数据在资源语义描述方面的不足，丰富了资源的语义信息表达，使档案人员可重用已有本体或构建自己的词汇表，通过关联数据技术和已有词表相关联，在语义层面上实现对非结构化电子文件资源的充分表达。在形成非结构化电子文件资源关联的过程中，可基于非结构化电子文件资源的语义本体，采用本体描述语言对不同类型的元数据进行本体化描述，并通过语义本体将相应的元数据转化为RDF形式的元数据本体，再通过不同类型的元数据本体间的关联与映射，实现各种语义的 RDF 元数据模型的关联和共享。元数据和语义本体在关联非结构化电子文件的过程中起协同作用：元数据只解决了资源描述中的规范问题，未解决资源描述中的语义异构问题；本体作为元数据的补充形式，支持异构元数据间的映射、转换和互操作。元数据本体在实现非结构化电子文件语义描述的基础上，达到了资源关联与共享的目的。

三　利用 URI 命名与复用机制标识和链接相关非结构化电子文件

档案工作人员在关联非结构化电子文件的过程中，一般来说须将某一主题所有相关档案查找出来，才能进行下一步操作，但是在查找同一主题档案时，通常会遇到著录不统一等情况，难以实现较高的查全率与查准率。在关联数据应用中，"URI（Uniform Resource Identifier，统一资源标识符）用于解决标识与解析问题，发挥标识与定位、规范控制、参引与访问获取的作用"[①]。具体而言，每一份档案都需要被赋予唯一的URI 进行标识，且档案实体与抽象概念作为独立个体也应同时被标识，并提供基于 HTTP 或 HTTPS 的解析机制，使非结构化电子文件实体与概念通过 RESTful 等方式被用户查询检索到，减少档案的数据冗余。在对

[①] 许磊、夏翠娟、刘炜、张磊：《关联数据 URI 设计规范探讨》，《国家图书馆学刊》2016 年第 5 期。

非结构化电子文件进行标识描述的过程中，如果系统发现与描述对象相应资源的 URI，则优先选择系统现有的 URI，而非为这一资源重新创建标识，这就是 URI 的复用机制。它本质上与档案馆规范控制原则一脉相承，不仅为不同的档案机构提供各类概念组织体系、本体结构框架与术语名称规范等关联数据的创建发布标准，还可作为 RDF 三元组的链接对象，开放获取源于其他数据集中的 URI 并运用到自身关联数据的发布中，减少发布非结构化电子文件关联数据的时间和人力成本。

四　利用 RDF 链接机制链接非结构化电子文件

URI 复用原则能为开放获取来自其他数据集中的 URI 并为自身关联数据的发布提供可能，然而要将 Web 中已发布的数据集从语义层面关联在一起，还需借助关联数据的 RDF 链接机制。RDF 将多种不同类型的档案元数据进行封装，既利用了非结构化电子文件中原有的元数据信息，也确保了对不同类型的资源性元数据描述。关联数据应用程序可通过理解两个关联数据间距较远的资源之间多个 RDF 链接的语义信息，推断资源间隐含的逻辑关系，以发现新的潜在的语义链接，从而在原来分散的档案间建立语义链接关系，缩短两个资源间的关联数据间距。通过上述方式，可保证非结构化电子文件之间关联性的最大化，最终形成一个辐射范围广、维度深的关系网络，以整合分散的异构非结构化电子文件资源。

第四节　基于 XML 技术的非结构化电子文件半结构化管理方案

非结构化电子文件的管理除了直接采用数据或 OS 等方法，在面对实际工作的需求中，如对档案信息资源的采集、挖掘和利用方面，需要对数据做转化和提取以适应分析的技术手段的需要。采用 XML 技术对非结构化档案数据进行半结构化的转化和存储是一种比较通用的技术方法。

一　非结构化电子文件的半结构化管理概述

随着越来越多的 Ajax（Asynchronous JavaScript and XML）应用的出现，XML、JSON 两种数据交换格式为电子文件管理者提出了以半结构化方法管理非结构化电子文件数据的新思路。数据交换的格式演化经历了从标记和呈现到进一步支持元数据的编码的过程。在一个 Web 应用中，非结构化电子文件交换格式的选择直接影响到应用系统的性能。下面分别从 XML 和 JSON 来阐述非结构化电子文件数据的半结构化管理方案。

（一）XML 概述

XML（Extensible Markup Language，可扩展的标置语言），是由 W3C（互联网联合组织）于 1998 年 2 月发布的一种标准。XML 与 HTML 都是从 SGML（标准通用标记语言）衍生而来的，都是标记语言。XML 区别于 HTML 的最大特点就是 XML 是可扩展的，即它允许用户根据行业规范定义标记（TAG）。"XML 既不是 HTML 的改进，也不是 HTML 的替代品，它是一种完全面向数据语义的标记语言，是数据的容器，它不关心数据的显示样式与布局效果，取消了类似 HTML 语言的显示样式与布局描述能力，突出了数据的语义与元素结构描述能力。"[①] 与 HTML 相比，XML 没有太多固定的标记，而是采用样式表描述规则的方式，允许用户根据需要创建自定义标记，创建的标记只需在样式表中利用规则说明其执行动作就可以了。这样，能更大范围地满足 Web 上日益增长的对多元化信息描述的要求。因此，XML 大大丰富了 HTML 的描述功能，可以描述非常复杂的 Web 页面，如复杂的数学方程式、化学方程式等。另外，XML 的数据结构使得用户很容易将文件的属性映射到数据结构或对象分级结构中，这就使客户端的浏览器和数据库之间来回传输文件变得可靠。XML 设计目的是满足各种不同的页面制作的需要。由于 SGML 设计非常复杂，使用不太方便，因此并未

---

① 〔美〕汉·加为、〔加〕米其林·坎伯、〔加〕简·佩：《数据挖掘：概念与技术》，范明、孟小峰译，机械工业出版社 2012 年版，第 384 页。

得到普及和大规模的应用。XML 作为 SGML 的一个精简子集，它在 SGML 的基础上进行了适当的简化，减去了文档定义部分，并根据互联网应用要求增加了 Web 功能，其设计目标是可简单地实现向上传递结构化的内容。XML 是 SGML 和 HTML 两者优点的结合，既保留了 SGML 的可扩展性和丰富功能，还具备了 HTML 的易用性和灵活性，并增强了 Web 功能，它以一种开放的、自我描述的方式定义了数据结构，在描述数据内容的同时能突出对结构的描述，从而体现出数据间的关系。无论对于应用程序还是用户，XML 组织的数据都表现出了友好性与易操作性，因而自推出以来，迅速得到了软件开发商的支持和程序开发人员的喜爱，显示出强大的生命力。

XML 本质上只是一种数据格式，它的本意并不在管理数据，因此在 XML 应用中，数据的管理仍然要借助于数据库，尤其是在数据量很大、性能要求很高的时候。XML 数据库是一种支持对 XML 格式文档进行存储和查询等操作的数据管理系统。在管理非结构化电子文件数据时，XML 数据库可以发挥出比传统关系型数据库更大的管理优势。"目前 XML 数据库有三种类型。"① 一是 XEDB（XML Enabled Database），即支持 XML 的数据库。它是在已有的关系数据库系统和面向对象数据库系统的基础上扩充相应的功能，使其能够胜任 XML 数据的处理。XEDB 主要是通过增加一个映射层，使其支持对 XML 数据的管理，其基本存储单位是 XML 文档所提供的数据。存入时，根据预先定义的规则，把 XML 数据映射成表格（即关系）形式，处理过程则借助于关系数据库技术；输出时，又将表格映射成 XML 文档形式。目前，XML-enabled 数据库的研究主要是基于关系数据库，这种方法的优点是可以充分利用已有的成熟的关系数据库技术，集成现有的大量存储在关系数据库中的数据，但这种处理方法不能充分利用 XML 数据自身的特点，如结构化、自描述性等特征，在

①　Daniele Braga, Aleksandra Campi, "Mining Association Rules from XML Data", Germany：Proceeding of Warehousing and Knowledge Discovery：4th International Conference, Springer-Verlag Berlin Heidelberg, Sep. 2002.

处理 XML 数据时要经过多级复杂的转换，如存储 XML 数据时要将其转换为关系表或对象，在查询时要将 XML 查询语言如 XPath、XQuery 等转换为 SQL 或 OQL，查询结果还要转换为 XML 文档，效率较低。二是 NXD（Native XML Database），即 XML 原生数据库。NXD 是为 XML 数据量身定做的数据库，即专门根据 XML 数据特点设计其存储方式，是最有潜力的 XML 存储方式。Native XML 数据库充分考虑到 XML 数据的特点，以一种比较自然的方式来处理 XML 数据，能够从各方面很好地支持 XML 数据的存储和查询，并且达到较好的效果。它将 XML 以文档形式存入数据库，数据和元数据完全采用 XML 格式，与底层的数据存储格式无关。由于不牵涉模式映射和拆分，所以不会造成信息的丢失，也减少了不必要的开销。三是 HXD（Hybrid XML Database），即混合 XML 数据库。它是一种系统集成技术，介于 NXD 数据库和 HXD 数据库之间，综合了两种数据库的优点，但其底层并没有一种统一的数据库模型。

（二）JSON 概述

"JSON（Java Script Object Notation）是一种轻量级的、基于文本的、跨语言的数据交换格式，具有读写友好、机器解析生成容易、语言独立、多开发语言支持等特点，使其成为理想的数据交换语言。"① JSON 开始被设计为用户可读且电脑易于解析和使用，它从 EMCA Script 编程语言标准衍生而来，采用了完全独立于程序语言的文本格式，也使用了类 C 语言，如 C、C++、C#、JavaScript、Perl、Python 等。最基本的不含数组的 JSON 结构可表示为如下形式：｛"属性名"："属性值"，"属性名"："属性值"，…｝。可以看出 JSON 适于表示同样由键—值对组成的二维表记录。JSON 定义了一组用于表示结构化数据的可移植的格式化规则。JSON 文档是一种半结构化文档，应用领域广泛。在数据库领域，JSON 是在 NoSQL 数据库 MongoDB、CouchDB 和 Cloudant 等文档数据库的标准

---

① Sidi, Fatimah, et al., "Data Quality: A Survey of Data Quality Dimensions", 2012 International Conference on Information Retrieval & Knowledge Management, IEEE, Mar. 2012.

存储格式（含扩展）；在 Web 应用中，JSON 被作为轻量级的传输格式；在数据集存储中，JSON 也逐渐与 XML 格式并驾齐驱，被许多开放数据集支持；此外，JSON 也在大数据存储与处理中扮演着极为重要的角色。

（三）XML 与 JSON 的比较

XML 与 JSON 存在诸多不同，现主要从其简易性、性能、开放性、可扩展性、适用性等方面进行比较，具体如表 6 - 1 所示。

表 6 - 1   XML 与 JSON 的比较

属性	XML	JSON
简易性	XML 很简单，可读性好	JSON 比 XML 简单得多，而且可读性更好
自描述性	是	是
易于处理	XML 易于处理	JSON 更容易处理，因为它的结构更简单
性能	由于标签而未针对性能进行优化	考虑到大小，JSON 比 XML 更快
开放性	XML 是开放的	JSON 至少与 XML 一样开放，也许更开放，因为它不在企业/政治标准化斗争的中心
面向对象	XML 是面向文档的	JSON 是面向数据的，可更容易地映射到面向对象的系统
互操作性	XML 是可互操作的	JSON 与 XML 具有相同的互操作性潜力
国际化	支持 Unicode	支持 Unicode
可扩展性	XML 是可扩展的	JSON 不可扩展，因为它不需要。JSON 不是文档标记语言，因此不需要定义新的标签或属性来表示数据
适用性	XML 被业界广泛采用	JSON 刚刚开始变得为人所知。它的简单性和将 XML 转换为 JSON 的便利性使得 JSON 最终更加适用

从表中可以看出，与 XML 相比，JSON 在命名空间的支持、输入验证支持和扩展性支持方面有所缺陷，但是解析速度却会超过 XML 文档百倍。因此，本节将主要论述基于 XML 技术的非结构化电子文件管理。

二　基于 XML 技术的非结构化电子文件管理

XML 电子文件格式是 Internet 上数据表示和数据交换的新标准，它具有开放性、灵活性、易读性和平台无关性等特点，因而被越来越多的应用采用，越来越多的领域将 XML 作为数据表示和存储的标准。从应用实践看，由于 XML 可以保持电子档案元数据的全貌，且能够将电子文件的可读性无限延伸，2008 年 4 月 2 日微软研发的开放式 XML 文档格式已获批准成为国际标准化组织的 ISO/IEC 标准[①]，这也意味着，XML 格式的电子文件正式成为世界通用的标准电子文件格式。2012 年 7 月，我国印发的《电子档案移交与接收办法》第七条明确规定，"元数据应当与电子档案一起移交，一般采用基于 XML 的封装方式组织档案数据"[②]。XML 格式之所以能成为国际和国内标准，是由于这种由 XML 创建的电子数据是数据的集合，它是自描述的、可交换的，能够以树型或图形结构描述数据。因此，XML 的出现，让非结构化数据的管理看到了一线曙光。XML 是一种自描述语言，使得利用 XML 对非结构化信息进行描述成为可能。XML 可以处理各种数据，包括文本、图像和声音，并且可以由用户进行扩展以处理任何特殊类型的数据。因此，利用 XML 技术管理非结构化电子文件具有远大的前景。

（一）XML 技术管理非结构化电子文件的可行性

1. 基于 XML 数据库核心内容——XML 数据特性

首先，XML 的模式特性——具有半结构化特点。XML 半结构化特点是指 XML "具有一定的结构，但其结构与数据混在一起，没有显式的模式定义"[③]，可为没有统一数据模式的非结构化电子文件提供模型的描述和转化技术，帮助实现异构数据模型的统一。正是 XML 格式这种游离于结构化与非结构化之间的半结构化模型特点，使格式多样的非结构化数据可以转换为统一的格式，也是基于这种半结构化模式特性，XML 才具有规范性、通用性，并在管理非结构化电子文件上表现了巨大的优势。

---

① INTERNATIONAL ISO/IEC："ISO/IEC 29500-2：2021-Document Description and Processing Languages—Office Open XML File Formats"，Aug. 2021.

② 国家档案局：《电子档案移交与接收办法》，2012 年 8 月 29 日印发。

③ 孙伟：《XML 数据库查询优化及相关技术研究》，博士学位论文，哈尔滨工程大学，2006 年，第 16 页。

其次，XML 的应用特性——具有规范、通用性。XML 格式的应用特点一方面表现为 XML 的规范性。XML 可以规范非结构化电子文件的格式，我国颁布的《电子文件归档与管理规范》明确规定，"对用文字处理技术形成的文本电子文件，收集时应注明文件存储格式、文字处理工具等，必要时同时保留文字处理工具软件。文字型电子文件以 XML、RTF、TXT 为通用格式"①，2009 年颁布的行业标准 DA/T 47—2009《版式电子文件长期保存格式需求》也明确规定，"设置规范的元数据集（可以与国际、国内相关标准建立映射），以文本方式（通常为 XML）内嵌于文件中，用于描述文件和对象的属性特征，并易于提取和检索"②。XML 格式的另一应用特性表现为 XML 在数据库间及网络环境下具有通用性，XML 的通用性表现在两方面：一方面在数据库间的通用性，将电子文件数据存放于 XML，可以实现电子文件数据库之间的数据传输；另一方面在 Web 上的通用性，任何人都可以利用网络平台，跨越档案室、档案馆的时空距离来进行电子文件的存储及检索，实现电子文件共享，所以会选用 XML 格式来统一非结构化电子文件。最后，XML 的描述特性——能够描述层次化数据。XML 的描述特性表现在它可以将数据的层次表达出来，"假设用 XML 描述来保存一个档案馆甚至若干档案馆的所有著录信息，它能充分反映档案馆—全宗—类别—子类—案卷—文件的著录级别与层次关系，与全宗实体管理结构完全吻合，充分反映一个档案馆内各全宗的全貌"③。所以利用 XML 数据不仅可以直观地展现非结构化电子文件的物理层次，还能够表达非结构化电子文件的逻辑结构，有利于解决非结构化电子文件之间联系性差的问题，使得原本杂乱无章的非结构化电子文件利用 XML 格式简单地对层次进行梳理。

---

① 国家档案局：《电子文件归档与管理规范》，标准号 GB/T 18894—2016，2016 年 8 月 29 日发布，2017 年 3 月 1 日实施。
② 国家档案局：《版式电子文件长期保存格式需求》，标准号 DA/T 47—2009，2009 年 12 月 16 日发布，2010 年 6 月 1 日实施。
③ 赵屹、陈晓晖：《数字化时代 XML 在档案管理中的应用》，《档案学通讯》2009 年第 5 期。

2. 基于 XML 数据库整体性能——技术特性

基于上述 XML 数据的特点，XML 数据库应运而生，XML 数据库是基于对 XML 的理解，以及其半结构化数据的特性，使非结构化数据结构管理成为可能，弥补了传统关系型数据库无法处理 XML 文档的缺陷。利用格式规范工具 XML DTD、XML Schema、查询语言 XPath、XQuery 等 XML 技术的 XML 数据库能够对非结构化电子文件进行格式预处理，将各种格式的非结构化电子文件统一为 XML 文档，并在存档时保留 XML 标签，提供非结构化电子文件的基本信息，而且可以对非结构化电子文件全文检索。因为这些技术特性，可以从处理、存储、检索三方面对非结构化电子文件进行管理，所以选取 XML 数据库。

首先，对非结构化电子文件的数据进行预处理。XML 数据库支持对输入的非结构化电子文件进行预处理，"就是要将所有的数据转换成符合 XML 规范的 XML 数据。这一功能可以分为两个部分：一是将非 XML 描述的数据转换成 XML 数据；二是对 XML 描述的数据源进行规范性的检测"①。进行预处理的非结构化电子文件根据格式进行划分，主要有文本、电子表格类、网页类、多媒体类。第一部分，将非结构化电子文件转换成 XML 数据。文本、电子表格类的非结构化电子文件：将文本、电子表格类非结构化电子文件转换为 XML 文档的方式主要有两种，一种是在生成电子文件的步骤时，直接手动将文本、电子表格类文档转换为 XML 格式，我们常用的文本、电子表格类文档生成软件 Microsoft Office、WPS 等都自带转换工具；另一种是在归档时，利用 Java 或 Python 语言，根据 XML 的语法将文本、电子表格类文档内容转化为 XML 文档。网页类的非结构化电子文件：网页类非结构化电子文件多为 HTML 格式，这种格式与 XML 具有一定的相似性，与 XML 有不同的"标识"，所以将 HTML 转换为 XML 文档格式"可以通过扫描 HTML 的标识，采用标准的

---

① 胡和平、陈征、路松峰：《基于 XML 数据库的关联规则挖掘研究》，《计算机工程与科学》2007 年第 1 期。

XML 语法来将 Web 页进行包装、转换"①。多媒体类的非结构化电子文件主要包括图片、视频、声音等文件格式类的电子文件，它们在纳入 XML 数据库的第一个步骤与文本、电子表格、网页类的非结构化电子文件不同，并非转化为 XML 文档，而是创建一个 XML 文档，在 XML 文档中记录图片、视频、声音等非结构化电子文件的文件名称、存储路径、文件分类等相关信息。第二部分，对 XML 描述的数据源进行规范性的检测。这一部分利用 XML DTD 或 XML Schema 作为模板规范 XML 文档。经过上述两个步骤的预处理，各种格式的非结构化电子文件就可以转化为规范的 XML 文档存入 XML 数据库中，进而对非结构化电子文件进行统一管理。

其次，提供 XML 标签信息。转换为 XML 文档的非结构化电子文件存入 XML 数据库时，不仅可以存储基本数据，还会同时存储 XML 标签信息，这种存储标签的方式，对于方便检索的结构化电子文件而言，存储标签会过于冗长，对数据库造成负担，但是对于难以读取、繁杂的非结构化电子文件而言，则可以有效保留基本信息，具体而言就是会使用电子文件行业专用语言标记 XML 标签信息。所以可以通过对标签的读取，掌握非结构化电子文件的基本信息内容，而且 "XML 标签可以明确提示所标注的内容，有利于缩小检索范围。检索程序不需要遍历整个XML 文件，可以通过标签准确定位，达成检索任务"②。只要标签内容与检索条件相匹配，就可以被检索出来，通过这种方式，加快了非结构化电子文件的检索速度，并且提高了查档效率。

（二）XML 技术管理非结构化电子文件的方法

XML 数据的特点让 XML 数据库在非结构化电子文件上的管理有着无限的可能性。"XML 技术的核心思想就是能够使文档的数据内容、文档

---

① 文龙：《XML 与非结构化数据管理》，《电脑知识与技术》2009 年第 6 期。
② 赵屹、陈晓晖：《数字化时代 XML 在档案管理中的应用》，《档案学通讯》2009 年第 5 期。

的类型及其元素的组织形式和表现形式这三方面内容在一个计算机系统中保持独立及清晰。"① 在发展 XML 数据库上，存在着两种完全不同的方法。第一种是基于 XML 数据库搭建管理非结构化电子文件的异构数据库，异构数据库具有很强的应用功能，运用在非结构化电子文件的管理上可以发挥出更强的专业技术能力；第二种方法是基于 XML 数据库实现非结构化电子文件的结构化转换，将格式复杂的非结构化电子文件转换为方便管理的结构化电子文件。

1. 基于 XML 数据库搭建管理非结构化电子文件的异构数据库

异构数据库是多个相关数据库的集合，不仅局限于某一种单一的数据库，而且将性能各异的多种数据库构建在一起，使数据库的应用性能更加强大。搭建非结构化电子文件的异构数据库可以将 XML 数据库、关系型数据库、NoSQL 数据库等具有各自特点的数据库构建在一起，形成更加有针对性地管理各种类别的非结构化电子文件，并实现多库数据共享的异构数据库。

XML 数据库之所以经常作为异构数据库的一个基础数据库对各式的信息进行管理，是因为异构数据库中的各个数据库之间的信息交换的标准语法多使用 XML，尤其 XML 作为一种数据交换格式，完全可以担起标准中间格式的重任，使得异构数据库之间的数据转换一方面转换的成本大为降低，另一方面转换程序的复用性大为提高。所以专门管理 XML 文档的 XML 数据库在异构数据库的搭建上成为重要的组成部分。

基于 XML 数据库搭建异构数据库的具体应用有何颖鹏提出的 "D-Ocean Repository" 非结构化数据存储平台，其对外提供统一的非结构化数据模型与存储接口，底层结合 HDFS、Fast DFS、HBase、MySQL 和 XML 数据库实现了对于不同种类的非结构化数据的异构存储。同时在这

---

① 李焕勤：《用 XML 在 Word 文档表格中转换非结构化数据》，《计算机与应用化学》2010年第 9 期。

种异构存储架构下确保数据的高可用性与一致性，对非结构化电子文件管理也具有一定的借鉴性。在电子文件管理方面，辽宁省电子文件局所研究的"分布式电子文件异构数据库集成与互访技术及管理模式的研究与应用"课题中的异构数据库就是利用 XML 数据库与关系型数据库搭建而成，并实际应用于辽宁省电子文件信息网。采用基于 XML 数据库的异构数据库，实现了基于电子文件中心建设、基于 Web 环境电子文件、基于已归档电子文件接收的异构数据库互访与集成，推动非结构化电子文件信息资源的开发利用。

2. 基于 XML 技术实现非结构化电子文件的结构化转化

将非结构化的电子文件转化为结构化的电子文件就可以打破非结构化电子文件难以识别、关联性差的障碍，有利于非结构化电子文件的应用以及进一步的信息挖掘。利用 XML 数据库完成非结构化电子文件到结构化电子文件的转换，主要是先将非结构化电子文件转化为半结构化的电子文件，利用半结构化数据的特性再将其进一步转化为结构化的数据。具体而言就是将非结构化电子文件的数据内容采用不同的转换规则分别转换成为标准的 XML 文档存入 XML 数据库，再分析从 XML 数据库输出的 XML 文档与关系数据库的映射关系，在 XML 文档的树形结构和数据库的关系型结构之间建立对应关系，以此来实现数据的转移，即将 XML 文档转换成为关系数据库表，为传统的基于关系型数据库所支持，进而实现非结构化数据的结构化转换。具体步骤如图 6-2 所示。

对非结构化电子文件进行结构化转换的过程中，XML 数据库是必不可少的，例如，万鹏里所提出的非结构化到结构化数据转换系统就是利用了 Oracle 数据库、XML 数据库以及关系型数据库构建而成的异构数据库，实现了文本类非结构化数据的结构化转化。

非结构化电子文件之所以是电子文件管理的重中之重、难中之难，主要问题就出在"非结构化"上，将非结构化的电子文件成功转化成结构化电子文件是电子文件数据库管理最理想的状态，也是最难以解决的技术难题，结构化转换也是应用 XML 数据库管理非结构化电子文件的主

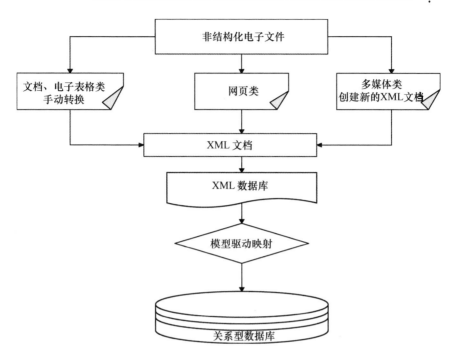

图6-2 基于XML数据库的非结构化电子文件结构化转换结构

要发展方向。尽管理论上利用XML数据库可以将非结构化电子文件进行结构化转换，但是这只是在极小程度上的转换，尤其对于多媒体类的非结构化电子文件，所转换成结构化的部分只有基本的元数据部分，而其中的内在价值依旧难以开发，所以说利用XML数据库对非结构化电子文件的结构化转换是一个开端，未来还需要进一步深入研究和实践，让非结构化电子文件的结构化转换技术更加成熟。

澳大利亚国家档案馆、英国国家档案馆、美国国家档案馆等已经在使用XML数据库来构建非结构化电子文件馆，这些实例可以很好地证明XML数字库在档案事业上的巨大作用。但是利用XML数据库管理非结构化电子文件主要是从解决非结构化电子文件的格式问题的角度出发，将非结构化的电子文件统一转换为XML文档的格式进行存储检索，在一定程度上解决了非结构化电子文件管理的问题，但是并没有良好地解决非结构化电子文件数量庞大的问题，利用 XML 文档格式进行管理，比较冗杂，面对海量数据时，XML 数据库会略显力不从心。对此，大数据环境下应运而生的 NoSQL 数据库具有高数据读取速度、强大的存储功能，为今后非结构化电子文件的管理开辟了新途径。

第五节　基于 RDF 关联数据技术的
非结构化电子文件管理方案

一　RDF 概述

RDF（Resource Description Framework，资源描述框架）正式推出于 2004 年，它的出现主要弥补了 XML 技术缺乏语义描述的不足，并继承和发展了 XML 的结构性优势。该技术是一种表述结构信息的形式化表示语言，具体包括资源、属性和陈述三部分，资源即管理对象，其管理对象可以是任意对象，如非结构化电子文档、物理实体和抽象概念等。属性即存储对象相关元数据。陈述即将资源和属性进行关联，一个陈述包括主体、属性和客体，统称为三元组，其主要优势是用于表示各个资源间的相互关系，有利于位于不同地方的分布式存储的相关档案关联。

二　基于 RDF 技术的非结构化电子文件管理技术路线

本节结合档案工作实践，提出层次化的基于关联数据技术的非结构化电子文件关联与共享框架结构。该框架的核心是在对非结构化电子文件元数据进行 RDF 转换的基础上，通过本体映射与互操作，实现非结构化电子文件资源的关联与共享。该框架分为五个层次，如图 6－3 所示。可看出该框架以关联数据为技术核心，利用关联数据本身结构和技术特点，完成资源层、元数据层、本体层、关联层和应用层之间的通信，从而实现整体关联。

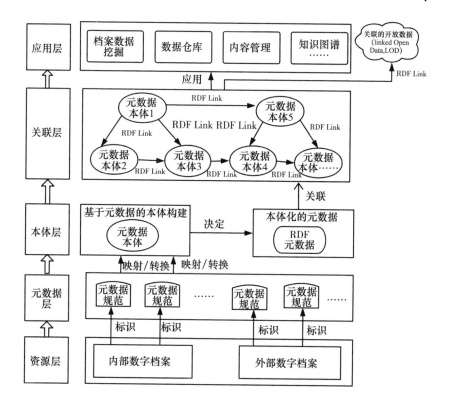

图6-3　基于关联数据的非结构化电子文件关联的框架结构

（一）非结构化电子文件资源层构建

本层是整个框架的基础层，为上层数据的获取、标引、链接、关联等提供支持，对整个框架的实现起资源保障作用。非结构化电子文件资源按来源可分为内部非结构化电子文件与外部非结构化电子文件，内部非结构化电子文件即各档案机构内部馆藏数字化的资源，外部非结构化电子文件是其他机构内分散存储及链接到 Web 上形式各异的非结构化电子文件资源。无论是内部还是外部非结构化电子文件，其来源都离散且复杂多元，计算机只能间接对其进行理解与处理，不利于规范化管理档案。因此，资源层的任务是尽量采用统一标准对收集到的来源分散且结构多元的非结构化电子文件进行初步处理，使这些资源在被人理解的同时，也能被计算机自动关联和处理。

（二）非结构化电子文件元数据层构建

"在语义网环境下，数据描述由非形式化向形式化转化，基于语义的资源表达方式有更强的检索能力和互操作性。"① 元数据层的任务是对资源层经过初步处理的非结构化电子文件进行规范化描述，务求准确描述每份非结构化电子文件的内容和结构。针对不同时期、类型、来源的非结构化电子文件，档案管理机构一般会采用不同的元数据规范进行描述，这导致同一机构内并存多种元数据规范。因此在元数据层，须根据非结构化电子文件的实际情况选择合适的元数据规范对其进行规范性描述。需要注意的是，不同的元数据规范之间也许存在着相同的元素，但它们之间不能实现兼容。此外，元数据都是人为设计的，元数据规范中的元素语义缺乏标准化、形式化的定义，形成了语义异构的情况，因此需要构建资源语义本体层。

（三）非结构化电子文件本体层构建

本体层的作用就是在元数据层的基础上构建某种机制，实现不同元数据类型和格式的语义互操作，解决资源的语义异构问题。"目前通过本体实现元数据的语义描述和语义互操作主要有两种方法。第一种方法是整合不同元数据规范中的概念和属性，采用本体描述语言构建一个集成元数据本体，并基于该本体实现对各种元数据的语义化转换，转换成为统一的具有相同语义的 RDF 格式。第二种方法是采用本体描述语言对每一种元数据规范进行本体化描述，并基于构建的元数据本体将相应的元数据转换成为 RDF 格式，然后通过不同元数据本体之间的映射关系，实现不同语义的 RDF 元数据之间的语义互操作。"② 这两种方法最后都可形成元数据本体，并基于该本体将相关元数据转换成 RDF 语义化格式，为

---

① 高劲松、程娅、梁艳琪：《基于关联数据的图书馆数字资源语义互联研究》，《情报科学》2017 年第 1 期。

② 欧石燕：《面向关联数据的语义数字图书馆资源描述与组织框架设计与实现》，《中国图书馆学报》2012 年第 6 期。

关联层形成相互链接的数据化网络奠定基础。

（四）非结构化电子文件关联层构建

关联层在整个框架结构中起到承上启下的作用。通过元数据本体，可在语义层面上描述资源的元数据信息，并揭示资源间的显性关系（如两个资源是整体和部分的关系），此时非结构化电子文件资源之间和 Web 上存在的其他相关资源的隐性关系并未揭示。因此，关联层的任务一是通过 RDF 链接揭示非结构化电子文件资源间深层次和隐藏的关联关系（譬如两个资源属于同一主题），任务二是通过 RDF 链接到 Web 上的关联开放数据。通过在元数据本体间的 RDF 链接，可实现非结构化电子文件资源之间和非结构化电子文件资源与 Web 上关联开放资源的关联，并形成关联数据网络，但其中应对需要保密的非结构化电子文件资源进行保护，以免造成资源的泄露。在关联数据技术应用中可根据档案部门的实际情况配置私有关联层与公有关联层，其分别依赖于私有云的档案资源和公有云的档案资源，亦可凭借混合云档案资源配置混合型关联层。如一个档案馆可在建设内部私有档案云的过程中，同时配置私有关联层，将私有云中的档案资源 URI 全部描述为本地地址并进行加密处理，形成私有语义化非结构化电子文件资源构建体系，也可以根据需要随时通过地址的映射转换而在互联网上部分或全部开放。在关联过程中，须注意挖掘 RDF 链接中有用的节点，以增加关联的维度，提高关联的质量，并以 RDF 三元组的方式发布非结构化电子文件关联数据集，最终形成完整的关联数据网络。形成关联数据网络后，档案用户在访问某一非结构化电子文件资源的 URI 时可通过大量的 RDF 链接发现更多潜在的相关资源的 URI，无穷尽的语义链接可提供丰富的相关非结构化电子文件，使用户在搜索某一非结构化电子文件时做到一次搜索就遍历并发现全部相关档案，为非结构化电子文件资源的应用奠定基础。

（五）非结构化电子文件应用层构建

应用层主要是面向最终用户（人或机器）提供基于关联数据的非结

构化电子文件的浏览、语义检索和智能查询，并为用户提供内容管理、档案资源挖掘、知识发现等服务。在应用层中，用户通过向系统发出RDF请求而获取非结构化电子文件信息，并通过统一的人机交互功能访问Web界面，根据不同的需求访问不同存储形式的信息资源（包括数据库、数据仓库、RDF/XML文件、RDF/OWL文件等），针对用户的不同要求向用户提供个性化、专业化和智能化的协同检索和推荐服务。与此同时，用户在应用层查询利用相关非结构化电子文件资源时，可以聚合关联开放云（LOD）中的资源，扩大用户查询利用非结构化电子文件资源的范围，提高查全率和查准率，而且检索结果能够以可视化知识图谱的形式为用户呈现在眼前，这种方式不仅注重检索答案的精准，还注重内容显示粒度上的把握，提升了用户体验。

总之，关联数据技术作为语义网的具体实现方式，其基本原则和机制为语义网环境下非结构化电子文件的开发利用提供了技术路径。本节结合档案工作实践，利用关联数据的URI命名与复用机制、RDF链接机制等方法构建了基于关联数据的非结构化电子文件关联与共享模式，有效实现了非结构化电子文件的语义关联和开放共享，并能够以可视化的知识图谱形式展现给用户，从而方便了用户查询利用非结构化电子文件。随着用户利用需求的增加，不仅需要对非结构化电子文件进行有序化组织，更重要的是使用户能够直接从这些纷繁复杂的信息中发现有用的知识，以满足不同用户的个性化需求。

第六节　语义网环境下非结构化电子文件管理的应用

语义网环境下非结构化电子文件管理的应用主要包括元数据置标、语义本体、关联数据和可视化与知识图谱四个方面。以下内容分别对其四个方面展开具体分析。

一　元数据置标在档案信息检索中的应用

（一）可扩展置标语言特点

置标语言的本质作用是将内容和形式的表述分开，给予每个成分特定的语义，以此准确表达所要描述的内容，"它互通了领域语言和自然语言，使其准确而具体地直接映射到多种档案信息资源上"[①]。元数据仅是将资源做结构上的分解，而置标语言则是对语义上进行分解。"档案元数据置标是为了满足数字档案长久保存、前端控制、生命周期全程管理等需求的适应，实现数字档案凭证价值与情报价值的发挥。"[②] 以 XML 技术对档案信息资源的内容进行标识、定位、描述、组织和推理，根据实体之间的关系进行层次化管理，档案信息资源架构可以更好地构建，为语义检索提供强大的内容和技术基础。

（二）面向档案学科的元数据置标的应用

第一，便于数字档案动态管理和长期保存。"XML 技术具有自我描述性与动态跟踪优势，根据整个文件连续体来对档案的元数据进行生成与维护。"[③] 此外，XML 以纯文本存储，对于操作系统来说是独立的，有利于档案元数据的长久保存与检索。

第二，增加档案检索的查准率。XML 是语义结构化的，可标注出文本的结构和语义，通常情况下，自然语言多出现一词多义或多词一义这样的歧义现象，检索的结果就会与实际需要不匹配。"XML 的可扩展性允许用户自定义标记，有助于解决词义模糊问题。"[④] 例如，查询者以"财政局"作为检索词，若想查找由财政局本组织机构颁布的档案，就使用＜author＞财政局＜/author＞，若是有关档案中包含财政局

[①] 曾蕾：《元数据与专业置标语言在数字图书馆中知识表述方面的功能》，《图书情报工作》2002 年第 10 期。

[②] 段荣婷：《国际电子文件置标理论与应用研究综述》，《浙江档案》2011 年第 8 期。

[③] 段荣婷：《XML 在电子文件元数据管理中的应用》，《图书情报知识》2002 年第 6 期。

[④] 吴加琪、罗辉：《XML 技术在档案馆数字化建设中的应用前景》，《湖北档案》2004 年第 7 期。

内容的，查询 < subject > 财政局 </subject >，这样就可以从档案信息中过滤掉不相符的，从而缩减了档案检索范围，提高了查询结果的准确率。

第三，检索词不再局限于文本数据，可以图片、数值、地理位置等数据作为检索词进行查询，例如查询 1949 年 10 月 1 日的档案 < time > 19491001 </time >，传统档案归档是按照年份整理，要查找某一年份某个特定时间的档案是比较耗时耗力的，所以这是传统档案信息检索所无法企及的。

二 语义本体在档案信息检索中的应用

（一）档案领域的语义本体的构建

"领域本体可看作是某个领域相关概念以及概念之间的关系的集合。"[1] 档案领域本体的构建目标是"捕获档案领域的知识，确定共同认可的词汇和术语，揭示特定概念定义与概念之间的关系，并通过概念之间的关系来描述概念的语义，从而很好地对于信息语义关系进行分析提供对该领域知识的共同理解"[2]。因此，领域本体构成了档案学领域知识信息资源系统的核心，也成为数字档案馆中本体构建的基础。一般采用骨架法，"骨架法是由 Mike Ushold 和 Micheal Gruninger 提出，也是目前采用较多的构建方法"[3]。如图 6 - 4 所示。

在构建档案领域本体时，应注意以下几点。

第一，数字档案在构建本体库时要参照档案保管的一般方法，主要核心包括全宗名称、保管年份、保管期限、问题、责任人等，保证文档一体化的管理。

---

① 张文秀、朱庆华：《领域本体的构建方法研究》，《图书与情报》2011 年第 1 期。

② 张茜茜、周际、刘念：《石油化工领域知识本体构建的初步研究》，《信息系统工程》2012 年第 3 期。

③ 沈莉、丁艳霞、厉辉：《电子政务下的数字档案管理》，《中国电子商务》2012 年第 20 期。

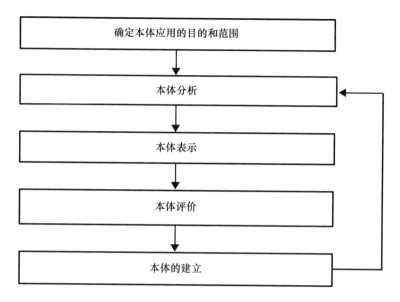

图6-4 骨架法构建档案领域本体

第二，利用 XML 详尽为本体应用领域内的档案信息的元数据置标，构建本体知识库，同时要借助多方面的协助，如领域的专家知识以及《档案著录规则》《中国档案分类法》等国内具有代表性的档案工作指南。

第三，概念的抽取采用自上而下的方法，从抽象顶级概念开始，直至用户需求，不断精简细化，同时确保概念之间的有机联系。构建档案领域的语义本体，既可以整合不同结构、不同来源分布的档案信息，同时根据用户的不同需求定制个性化服务，"实现以文搜图或以图搜文等多种档案载体相互检索操作"①。

（二）语义本体的推理应用

语义本体可以为知识管理方面优化很多基础性问题，这有助于解决对档案知识的结构化描述以及准确的知识识别定位，提升档案检索的效

① 周耀林、赵跃、孙晶琼：《非物质文化遗产信息资源组织与检索研究路径——基于本体方法的考察与设计》，《情报杂志》2017 年第 8 期。

率。用户进行档案检索仍可采用自然语言的方法，分为如下三个步骤：第一步，语义索引依照领域本体库的知识对查询申请进行语义分析，提取查询关键词，根据用户真实需求生成查询；第二步，对本体库内的信息进行语义相关度的匹配和定位；第三步，将筛选过的一系列满足查询条件的结果反馈提供给用户。"这样实现的语义关系只进行一次查询即可，不需要重复检索或更换检索词，提高了信息资源的利用率，也可以降低因用户自身描述不准确而带来的检索误差，使档案检索变得快速而且准确。"①

在国外，"意大利艾米利亚－罗马涅区的历史档案信息系统的规范记录编码应用 EAC－CPF 标准著录本体"②，"并引用了外部 RDF 词表，实现了关联档案数据的检索利用"③。在我国，2015 年"基于本体的'江海文化'文献知识组织体系构建研究"项目，"利用 Protégé 本体构建工具，遵照自上向下的本体构建原则，构建了'江海文化'知识本体，并利用 OWL 语言本体描述语言对其档案知识本体进行编码并存储为计算机可读语言"④。

三　关联数据在档案信息检索中的应用

（一）关联数据的创建和发布

关联数据（Linked Data）是 Tim Beners Lee 在 2006 年提出的概念，它是用于定义"如何利用语义网技术在网上发布数据"⑤，Lee 规定了在网上发布关联数据的四项原则："一是使用 URI 标识任何实体名称；二是利用 HTTP/URI，任何人都可以精确定位查找；三是用户访问呈现有

---

① 王燕凤、马君、马宁：《基于正则表达式的数字图书馆检索模型研究》，《西北民族大学学报》2012 年第 4 期。
② 段荣婷：《基于 RDF 的电子文件背景信息置标研究》，《档案与建设》2014 年第 7 期。
③ 段荣婷：《档案规范控制理论与国际应用案例研究》，《档案与建设》2015 年第 4 期。
④ 徐晨飞、倪媛、钱智勇：《基于本体的"江海文化"文献知识组织体系构建研究》，《现代情报》2015 年第 10 期。
⑤ 姜永常：《基于知识元语义链接的知识网络构建》，《情报理论与实践》2011 年第 5 期。

效的信息；四是尽可能地标识相关的 URI，使信息扩充。"① 基于网络环境，档案数字化资源整合开发可以遵循这四项原则。

　　关联数据是能够被计算机理解和处理的，它通过给不同的实体标注特定的 URI，建立 RDF 三元组（见图 6 - 5），计算机将通过已有的标识把实体与实体之间联系起来。具体的关联是"依靠语义网主要技术 RDF 将大量资源链接来实现的，这些链接不仅决定了数据的语义，也通过'属性'来关联到其所能链接到的相关实体"②，从而解决了馆藏档案数据因著录标准不一而无法实现馆间资源共享的问题。档案领域的嵌入式档案著录 EAD 在一定程度上体现了关联数据的理念，通过将档案的层级结构转化，可以揭示不同元素间的关系并逐一进行访问。

图 6 - 5　RDF 三元组基本数据模型

　　档案管理工作中强调保持档案全宗的完整有效性，但在档案数字化著录时并不能很好地保持档案内容和其背景的联系，更深层次的内在信息不能为机器所读，不同的档案信息被存储到各个数据库中，跨库检索成为障碍。所以，随着数字化发展，在档案信息化平台和数字档案馆的建设过程中，档案之间保持有机联系显得尤为重要。

　　（二）基于关联数据的档案信息检索

　　档案管理应向知识管理方向发展，这也是关联数据运用的最终目的。早在 20 世纪末，加拿大著名档案学者特里·库克（Terry Cook）就率先提出了"档案管理者应向知识管理者转型"的思想。"关联数据与语义

① 潘有能、张悦：《关联数据研究与应用进展》，《情报科学》2011 年第 1 期。
② 刘炜：《关联数据：概念、技术及应用展望》，《大学图书馆学报》2011 年第 2 期。

本体、知识图谱等语义网的其他技术相结合，提高信息之间的语义关联性，构建档案信息资源的知识体系和网络，以实现知识管理的最终目标。"① 基于关联数据的档案信息检索有以下优势。

第一，消除"信息孤岛"。目前档案信息存储在各个机构自身数据库中，并没有整合网络上其他档案资源。档案是一种重要的文献资源，档案数据来源于众多机关单位、团体和个人，档案馆馆际交流需要将各自开放的信息互联，以供检索获取并使用。"档案信息资源成为共享资源，从仅仅人可读取到被计算机所理解，能在更大范围内被任意关联和重用，发挥数据的最大价值，尽可能消除信息孤岛。"② 但因信息主权和信息安全等问题，有些科技档案尤其是涉及专利需要 20 年后才能开放，还有一些未开放的数据。2007 年 W3C 语义网络教育与拓展兴趣小组（SweoIG）成立了 LOD（Linked Opened Data，即关联开放数据）项目，该项目通过鼓励人们和组织在 Web 上公开发布数据，扩展了关联数据的思想。截至 2019 年 3 月，该数据集目前包含 1239 个数据集，其中包含 16147 个链接。

第二，通过 URI 精确定位检索，并可从档案任一片段关联到相关档案。每条信息都有其唯一的 URI，用户在检索时计算机可精准定位并迅速反馈所需的资源。此外，发布数据采用自下而上的方法，这使得档案部门著录现状得到了改善。过去著录档案信息，一个独立的整体只含一条记录，包括题目、责任人、保管期限等著录信息。有了关联数据技术，不同的责任者可对同一信息资源以分散的形式进行描述，并且这些数据能够整合关联在一起。例如档案馆工作人员在添加如全宗号、案卷号、档号等馆藏信息时，可以为所有这些与档案相关的数据添加链接，并将其发布到 Web 上。用户可以从 Web 上通过档案的任一片段信息检索到相

① 李姗姗、赵跃：《基于关联数据的非物质文化遗产档案资源开发》，《中国档案》2016 年第 6 期。
② 司莉、李鑫、邢文明：《基于关联数据的书目数据语义化框架设计与实现》，《图书馆》2014 年第 2 期。

关信息，节省时间而且不必一定找到档案的词条记录，大大提升了档案信息检索的效率。

第三，数据加工互不影响。所有数据都相互关联，无论哪个环节的元数据出现问题，其余的数据都不会受到影响，不必同一个档案人员对同一档案完全著录。用户在利用档案过程中也可以在任意时间或过程添加数据，这些信息相互联系却互不干扰，既减少了数据冗余，也使得整个系统处于不断增长扩充的状态。

四　可视化与知识图谱在档案信息检索中的应用

（一）档案学知识图谱的应用

知识图谱就是把各种各样的信息资源联系在一起，从而形成的一个语义关系网络。由于在档案信息检索中，常出现计算机无法理解文本的语义信息，为使计算机能够解读文本的深层含义，则需构建知识图谱，利用语义网关联知识库实现档案资源分布式存储。

需要指出的是，本书讨论的知识图谱指的是"谷歌知识图谱"（Google Knowledge Map），而不是基于传统文献计量学的"科学知识图谱"。谷歌知识图谱是 Google 公司率先建立的统一结构化，以语义网技术为关键技术的规模巨大的语义网络知识库。"它通过描述现实世界的各种实体（概念）及其复杂关系，将异构信息关联起来，构建统一的结构化语义网络知识库，并能在此基础上完成智能检索和知识推理。"[①]

档案学知识图谱构建借鉴谷歌知识图谱建立的一般方法，根据知识管理分为四个步骤：第一步，知识获取。将来自各个平台的结构化和非结构化的档案信息导入和整合，收集来源尽可能全面准确。第二步，知识组织。分析档案信息中实体的元数据属性，基于 XML 对元数据进行置

[①]　雷会珠、姚立会：《知识地图与科学知识图谱辨析》，《中国科技信息》2012 年第 10 期。

标，构建档案本体模型，再根据实体之间的语义关联实现数据链接。第三步，知识存储。此时的档案知识图谱其实就是海量的语义三元组集合成的数据库，这为档案信息检索奠定了基础。第四步，知识共享和知识创新。"基于所构建的语义网知识库，形成创新型知识，并通过智能检索和需求分析，为用户提供高质量的知识服务。"[1]

（二）知识图谱在档案信息检索中的优势

第一，用户查询的次数越多，所涉及的范围就会越广。知识图谱本质是有方向的箭头连接一个个节点，节点代表的是实体概念，箭头表示属性，利用知识图谱作为一种辅助手段提供给用户更加广泛的信息。

第二，知识图谱像是一个"关系网"，档案信息检索到的不单单是档案学领域的内容，而是学科之间的优势互补和资源共享。用户检索时可通过节点链接到其他学科，实现档案学与其他学科之间的交叉融合，打破学科之间的界限。

第三，知识图谱自带语义理解能力和知识推理能力。在档案信息检索中对信息的精准匹配以及从语义层面对用户查询意图进行分析，反馈给查询者更为精准、结构化的结果，尽最大可能满足用户的检索需求。

第四，"知识图谱是一种知识表达方式，在语义网中具有极强的表达能力和建模灵活性"[2]。在社会经济生产或科研活动中，往往会产生大量的半结构化和非结构化的数据，传统的信息检索往往检索不到这些信息，但这些数据中藏有有用的信息却没有被利用到，这就会导致资源浪费。而知识图谱运用 RDF 三元组描述实体以及实体之间的关系，对非结构化信息进行标识，提高了数字档案资源的利用率。2011 年 2 月 17 日，IBM 的超级计算机"沃森"在美国知识问答电视节目——"危险边缘"中击败了人类获得了冠军。"沃森通过其存储的庞大的资料数据库，不需要和

---

① 赵丽梅、张庆普：《基于科学知识图谱的我国知识管理研究范式分析》，《情报学报》2012 年第 1 期。

② 徐增林、盛泳潘、贺丽荣、王雅芳：《知识图谱技术综述》，《电子科技大学学报》2016 年第 4 期。

网络连接，直接理解自然语言的提问，自主实现逻辑推理和分析筛选，依照它所解析以呈现最佳答案。"① 因此，知识图谱可以依托计算机被更好地应用于信息检索中来。

第七节　语义网环境下非结构化电子文件管理的发展趋势

语义网技术自20世纪90年代被提出后，其发展也越来越成熟，不断被各界学者进行研究并应用于实践中来。尽管档案学领域对于语义网技术的研究仍处于初级阶段，但相信随着科学技术手段日渐发展和档案学复合型人才的培养，国内对于语义网的研究会逐渐深入，理论逐渐成熟，把语义网技术真正应用于档案信息检索的创新中去，实现档案检索的智能化发展。为了应对传统档案信息检索出现的种种问题，并且顺应当前人工智能、大数据等科学技术的发展，将语义网技术应用到档案检索的领域中是必行之势。

由于人工智能、大数据、云计算等技术的深入发展，档案信息检索也应与时俱进，主要向着档案的智能检索方向发展。档案信息智能检索可理解为："利用语义网技术、人工智能等现代化技术手段，汇合档案学、图书情报学、计算机科学等多种学科，通过实施语义分析、逻辑推理、数据挖掘、知识发现与数据关联等诸多环节，自主化收集、存储、处理与利用档案信息，实现在更高层次上语义检索，满足用户的各种档案信息资源的个性化需求，进一步实现档案知识检索服务。"② 未来应用语义网技术的档案信息检索将向以下三方面发展。

第一，自然语言理解。自然语言理解（Natural Language Understan-

---

①　李涛：《以科技创新拥抱美好世界——回顾 IBM 百年创新历程》，《中国信息界》2013年第1期。

②　张倩：《档案信息智能检索研究综述及发展趋势探讨》，《山东档案》2017年第4期。

ding）是档案智能检索的基础。传统的档案信息检索中出现的查找结果与需求不相符，原因有三：一是自然语言中存在一词多义等现象，例如检索"档案"一词，出现的可能是实体的档案图片，也可能是档案的概念等，而 XML 恰恰解决了这一问题，添加不同属性的置标语言，检索结果就会更精确。二是计算机对领域的专用术语储备不够，例如"智能检索"是一种新型的检索方式的表述，但在布尔逻辑检索中会把"智能"与"检索"分开，再跟数据库中的已有信息资源进行匹配，用户还需耗费更多精力对结果进行筛选过滤。领域本体的构建解决了计算机对专业领域的检索词汇的匮乏，用户将要查询的信息输入，系统通过映射实现自动标引、分类和全文检索功能。三是检索语言与标引语言不统一，这在检索中需要先将检索语言转化为标引的语言再进行查询，在这转化过程中会出现理解性的偏差，计算机可理解自然语言就省去了这个过程所需的时间，同时也减少了出错的概率。所以，计算机可理解自然语言的功能具有高查准率、自动检索和检索高效等优势。今后，自然语言理解能力势必会更加注重对语义、知识的智能处理等方面的发展，以提供更加便捷的服务。

第二，人工智能推理。传统档案信息检索需要检索者对馆藏档案信息基本情况进行全面掌握，这样对于用户查询需求可以较好地理解分析。而档案智能检索是建立在可直接利用自然语言进行语义检索之上的，其依赖特殊形式的人工智能推理技术，根据知识本体、用户的检索行为等，利用知识图谱和人工智能逻辑实现多种语义推理、逻辑推理、数据挖掘及知识发现，使得演绎出的检索结果更加精准，过程高效。此外，通过机器学习、语义网和数据挖掘等技术，计算机能够自动地对海量数据进行数据关联，并进行必要的人为修正，实现知识本体这样的本体学习（Ontology Learning），也可应用在档案检索上。其优势就是计算机可直接帮助查询者解决问题，实现档案信息检索过程的智能化。目前，语义网技术在档案信息检索方面的应用还只是处在尝试阶段，需要综合型人才或学科之间的交流互补来增强知识库的推理功能。

　　第三，知识集成处理。为了实现对档案的智能检索，在传统档案检索系统中的用户和网络信息资源间新增设了一个元数据集合。利用关联数据技术将不同数据库的资源关联起来，优化整合，提升档案资源的利用率。知识图谱可以对各种类型的档案数据进行描述关联，形成庞大的语义网。用户可通过检索某一个节点而接收到所反馈的大量相关信息。档案智能检索，将数据上升为知识阶段，不单单是简易的字段匹配，档案不单单被动查询，而是主动提供知识服务，这是一种高效的资源共享。同时，随着档案信息资源的挖掘与产生，不断扩充着关系网，通过关联数据链接到更多信息，极大地促进了档案业务工作的有序开展。

第七章

大数据环境下非结构化电子文件的存储与检索

据国际权威机构 Taste Analytics 统计分析，美国已经进入"非结构化"数据分析新时代，并通过引入"实时分析"、"数据驱动"（Datadriven）和"人机互动"等最新的数据分析理念，实现了企业数据分析与经济效益的有效联动。大数据时代的到来对人们的工作和生活等各方面产生了巨大的影响，也同样给档案工作带来了深远的影响。《促进大数据发展行动纲要》和《全国档案事业发展"十三五"规划纲要》等多处强调，我国要深入推进大数据等新兴技术，致力于全面推进档案业务信息化、档案资源深度开发以及智能服务，实现对档案的智慧管理，把我国建设和发展成为数据强国。因此，云存储将成为未来存储发展的必然趋势，将大数据技术同档案工作紧密结合，使用户能够随时随地通过网络获取所需档案，是当下也是未来我国档案工作的一项重要工作内容，更是非结构化档案数据存储与检索工作的发展方向。本章主要探讨大数据环境下非结构化档案数据的对象存储、分布式文件系统（DFS）存储和非关系型数据库存储三种技术及实现方法，并对三者的存储与检索利弊进行对比分析。

本章第一节分别介绍了对象存储、分布式文件系统和非关系型数据库三种存储技术。第二节和第三节分别对大数据环境下基于不同技术条件下非结构化电子文件的存储与检索进行论述，并分别比较分析各种存储方法的优缺点。第四节通过相应的案例做进一步的阐述论证。第五节具体论述大数据环境下非结构化电子文件面临的挑战与机遇。第六节具体论述大数据环境下非结构化电子文件挖掘的特征。

第一节　大数据环境下非结构化电子文件存储与检索技术

大数据环境下，对象存储、分布式文件系统（DFS）存储和非关系型数据库存储在目前数据存储方面均有各自的独特之处，尤其对于海量且结构复杂多样的非结构化数据的存储与检索更具优势。此外，为了规范非结构化电子文件的存储管理，国家档案局于 2019 年 12 月正式发布《基于文档型非关系型数据库的档案数据存储规范》（以下简称《规范》），并于次年 5 月 1 日开始实施。因此，本章将分别对非结构化档案数据的存储和检索展开论述。

一　对象存储

对象存储（Object-based Storage），是在集合了"存储区域网络 SAN"和"网络附属存储 NAS"二者优点的基础上产生的一种新型的基于对象的网络存储架构。对象由 Key、Data 和 Metadata 组成，其中 Key 是对象的全局唯一标识符（UID），有利于简化数据存储和系统对数据的快速检索。data 即为用户数据本体。Metadata 即元数据。对象存储采取将内容数据和元数据分别封装的方式对数据进行存储，该方法有利于系统通过元数据对存储对象的分类、排序和查找等操作。尽管对象存储是一种新型存储方式，但历史上对其最早的研究可追溯到美国卡内基梅隆大学（Carnegie Mellon University，CMU）1996 年的对象存储研究项目，较早的对象存储系统是 2002 年 EMC 公司发布的 Centera 系统，对象存储黄金时代的正式开启始于 2006 年美国 Amazon 公司发布的 AWSS3。当前对象存储的应用日趋广泛，对象存储具有如下特点。

（一）存储容量大

对象存储是以"对象"为基本单位对数据进行组织，将所有档案数据存储不分目录层次结构地共同存储于同层级结构中。其存储容量可以达到 EB 级别以上，分布式集群的各个存储节点支持无限制独立扩容和按需获取，因此，可以轻松实现对非结构化电子文件的高效存储。此外，对象存储具有访问迅速、分布式数据共享、可靠性高等优势，非常适合用于存储档案中较大的文档、图像、音频或视频等类型的非结构化电子文件。

（二）使用便捷

对象存储支持多种方式的数据读取，如对象地址访问，该方法避免了传统数据读取过程中借助移动存储介质或第三方网络存储等的介入，进而实现基于网页对象对所需数据的直接上传、下载和在线播放等功能。

（三）存储安全可靠

对象存储支持对数据的冗余备份、访问权限控制、加密以及身份识别等技术，因此，支持对非结构化电子文件的异地容灾及安全访问。

现以 OpenStack 公司提供的对象存储服务进行讨论。OpenStack 公司提供的服务业已取得不错的成绩，该公司的国内用户包括腾讯、中国移动等。OpenStack 对象存储不同于传统文件系统存储，其能够为 PB 级别的档案数据提供冗余、可伸缩存储，主要适用于永久型静态数据长久保存。[①] 中国邮政储蓄银行使用 OpenStack 构建其移动互联网服务平台，提供银行旗下多种类型的服务，目前正在规划一个大约 650 个节点的大型平台，以提高银行的业务运营和数据分析。OpenStack 通过 600 个虚拟机和超过 32000 个核心管理程序，为 Target 提供灵活存储及利用服务。OpenStack 的国外用户还包括沃尔玛、耐克等。OpenStack 在其他各行业的广泛应用为对象存储技术在档案领域的应用提供了示范和可能，也为

---

① 吴非：《"云存储"助力构建海关报关单证电子档案库——基于 OpenStack 对象存储技术的集群存储系统的设计和实现》，《上海海关学院学报》2013 年第 1 期。

非结构化档案数据的存储及检索工作提供了新的方向。

二　分布式文件系统

分布式文件系统是一种允许同一文件通过网上在多台主机分散存储与共享的文件系统，可让多机器上的多用户分享文件和存储空间，客户端并非直接访问底层数据存储区块，而以特定的通信协议和服务器沟通。该类系统设计采用云存储架构松弛耦合非对称架构，属于主从存储结构体系。分布式文件系统突破了传统文件系统的限制，利用多个服务器进行数据处理，能够高效地处理海量数据，采用去中心化的理念实现对海量复杂数据的大规模的数据管理，尤其是非结构化数据。典型的分布式文件系统有谷歌开发的 NFS（Google File System）和 Apache 的 HDFS（Hadoop Distributed File System）等，元数据集中存储于一个服务器中进行集中式管理。[①] 其中，NFS 是基于廉价计算机硬件面向搜索引擎设计的分布式文件系统，旨在为用户提供高效可靠的数据服务。HDFS 则是一个支持高吞吐量数据访问，且高度容错性的分布式存储系统。在分布式文件系统下的非结构化电子文件管理中，分布式文件系统（DFS）技术主要应用于集群环境的非结构化电子文件的储存管理，如海量 TB 级别的档案数据集，以及已经归档入库很少更新修改的电子文件内容数据，目前主要有 Hadoop 分布式文件系统和谷歌的 GFS 系统技术。总体而言，分布式文件系统的特点如下。

（一）易用性

存储文件可以被分散存储于不同地方，因此，用户只需要通过系统提供的统一访问接口即可对资源进行读取。

（二）安全可靠

分布式文件存储系统具有极强的容错能力，即将同一份文件分别存

---

① 周江、王伟平、孟丹、马灿、古晓艳、蒋杰：《面向大数据分析的分布式文件系统关键技术》，《计算机研究与发展》2014 年第 2 期。

储于不同地方的分散冗余存储，避免了系统因未知错误而无法访问数据的发生。

（三）高性能

分布式文件系统支持动态可扩展，即根据业务量的多少按需增加或减少存储系统中服务器的数量，在降低存储管理成本的同时提高了系统的性能。

随着我国档案事业和档案研究的进步，与档案工作相关的工具也在蓬勃发展。分布式文件系统也已逐步应用于档案管理工具之中。如宝葫芦集团的数字（智慧）档案馆工具对于大数据存储场景（如档案中心）的解决方案中，系统是可以通过分布式文件存储系统满足快速增加的文件存储需求的等。本书所主要讨论的分布式文件系统为 Hadoop 的开源分布式文件系统 HDFS。

三 非关系型数据库

为了适应大数据时代的社会发展和优化非结构化档案数据管理，非关系型数据库应运而生，该类数据库在应对海量非结构化数据的存储和管理方面有着关系型数据库难以比拟的优势。本节主要探讨基于非关系型数据库的非结构化电子文件的存储与检索。非关系型数据库，也被称为 NoSQL（Not only SQL），指"数据不按关系模型来组织的数据库"[1]。非关系型数据库不同于关系数据库，不需要预先设定存储模式，其存储的数据模式多样，根据数据存储模型可以将其分为"键值（Key-Value）型"、"列簇（Column-family）型"、"文档（Document）型"、"图谱（Graph）型"四种[2]，分别适用于不同场景。非关系型数据库中数据之间不像关系数据库一样相互关联，而是相互独立存在，且相对关系型数

---

① 国家档案局：《基于文档型非关系型数据库的档案数据存储规范》，标准号 DA/T 82—2019，2019 年 12 月 16 日发布，2020 年 5 月 1 日实施。

② Danijela Jakšič, Patrizia Poščić, "Queryng Data in NoSQL Databases", *Zbornik Veleučilišta u Rijeci*, Vol. 7, No. 1, 2019.

据库中的磁盘读写模式，非关系型数据库采用的内存映射存储引擎在存取数据速度方面更胜一筹。

（一）键值数据库

将数据以键值（Key-Value）对形式存储于数据库中，该存储模式最具灵活性，因此适用于大量数据的高效读写要求。此外，键值数据库因为采用时间复杂度为 0（1）的简单动态字符串、链表、跳跃表、压缩列表等结构对数据进行存储，尽量降低了数据存储复杂度和时间复杂度，使得其在数据查询方面更加高效，但键值数据库的灵活无结构化的数据存储不适合在不同数据集之间建立关系。典型键值数据库有 Redis、Dynamo 等。

（二）列存储数据库

即将数据按类别以列簇的形式连续存储于数据库中，极大地方便了数据库的水平扩展。相对关系型数据库中以行为单位读取数据的方法，基于列簇的存储模式极大程度上减少了无关数据的输入输出，避免了全表扫描，同时又因为任何列均可建立索引，因此，列存储数据库的读取速度也更加快速高效，但该数据库不适合对数据进行删除、更新等实时操作，在功能上有一定限制。典型列存储数据库有 Bigtable、HBase 等。

（三）文档型数据库

即将数据以键值对结构组成的文档形式存储于数据库中，该存储模式类似于键值数据库。相对关系型数据库采用多表联合存储实例对象的方法，文档型数据库可以实现以文档或子文档嵌套等形式对实例中对象的完整存储，且每个集合中各个文档可以存储不同结构的数据，每个数据库中可以实现不同格式数据的存储，可以实现对任意格式和大小的文件存储，简化了数据库中实例对象的关系映射存储，该特点极大程度地适应了数据变化频繁的网络应用存储。但文档型数据库不像关系数据库那样有统一的数据查询语法，查询性能不高。典型的文档型数据库有 MongoDB、CouchDB 等。

（四）图形（Graph）数据库

图形数据库采用图结构对数据进行高效存储，图形数据库中的关系可以通过关系能够包含属性这一功能来提供更为丰富的关系展现方式。相对关系数据库依靠复杂的主键和外键等关联表对实体对象关系的表示，图形数据库更加简单易操作。由于各社交网站、推荐系统等自身信息冗杂等特点，可以采用该数据库构建网站中的关系图谱。但该数据库须对图做相应处理，需要一定的可视化技术。典型的图形数据库有 Neo4J 等。

上述四种非关系型数据库的综合整理如表 7-1 所示。

表 7-1　　　　　　　　非关系型数据库分类比较

	数据模型	应用场景	优点	缺点	实例
键值存储	键值对	大量数据的高效访问以及一些日志系统等	查找迅速	数据无结构化	Redis；Dynamo
列存储	列簇	分布式文件存储	扩展性强、查找迅速、易分布扩展	功能相对有限	Bigtable；HBase
文档存储	文档	Web 应用	数据结构要求不严格	查询性能不高，缺乏统一查询语法	MongoDB；CouchDB
图谱存储	图结构	社交网站，推荐系统，专注于构建关系图谱	图结构相关算法支持高性能存储	需经常对整个图做计算才能得到需要的信息，且分布集群难解决	Neo4J；Infinite Graph

根据《基于文档型非关系型数据库的档案数据存储规范》的建议，本章选择以非关系型数据库中的文档型数据库作为本章的研究工具，对非结构化电子文件的存储与检索进行研究。

第二节　大数据环境下非结构化电子文件的存储与检索方法

大数据环境下，非结构化电子文件的存储与检索方法众多，本章分别基于"档案对象"、"分布式"和"非关系型数据库"三种技术实现方法对非结构化电子文件的存储与检索进行论述。

一 以"档案对象"为基本单位的存储与检索

本节所提到的主要技术为 OpenStack 对象存储（Swift）服务，Swift 非常适合存储可以无限制地增长的非结构化数据。在利用对象存储服务存储非结构化档案数据的过程中，每一份数据都会被拆分成多个不同的独立部分，每一个独立的部分都是存储过程中的基本单位，可将其称为"档案对象"。若档案机构使用的 OpenStack 对象存储管理非结构化档案数据，需要专业软件机构帮助档案机构进行相应的系统开发和维护，并提供相关操作的指导。就档案管理人员而言，只需熟悉本机构的正常工作流程以及系统操作即可。在档案机构委托专业系统开发公司进行开发时，各功能模块，尤其是存储和检索模块的设计或构建应当充分遵循档案工作的基本原则和理念，充分满足档案工作的需要，从而开发出合适的存储平台。

二 "分布式"非结构化电子文件的存储与检索

分布式文件系统已十分广泛，HDFS 更是佼佼者。eBay、通用电气、Infchimp 等公司均为其用户。Facebook 的数据仓库 Hadoop 集群已成为世界上已知的规模最大的 Hadoop 存储集群，对于用户活跃超过四亿、每月页面浏览量数以千亿计的 Facebook 而言，Hadoop 在其流畅地运行和提供其他服务时扮演着举足轻重的角色。所谓"分布式"档案数据的存储与检索指的是非结构化档案数据在实际的存储过程中，可同时利用多个服务器进行数据的存储与检索，档案数据是可以在多台主机上进行共享的。档案机构使用分布式文件系统进行非结构化档案数据的存储及检索时，需专业机构辅助档案机构进行系统开发和维护，并提供操作指导。HDFS 是 C/S 模式的分布式文件系统，档案管理人员只需要接触客户端提供的人机交互界面进行非结构化档案数据的一系列操作、熟悉客户端的基本功能即可。

三 基于文档型数据库非结构化电子文件的存储与检索

根据《基于文档型非关系型数据库的档案数据存储规范》（以下简称《规范》）的要求，现基于文档型数据库分别对非结构化电子文件的存储与检索进行论述。

（一）文档型数据库的选择

本书采用应用最广的 MongoDB 数据库对档案数据存储与检索进行探讨。MongoDB 在金融、零售、媒体娱乐、电信等几大行业应用广泛，用户遍及全球。根据数据库网站 DB-Engines 2020 年 6 月对全球 356 个数据库受欢迎程度的名次排序，其中前 10 名排名如图 7-1 所示。图中 MongoDB 受欢迎程度仅次于传统关系型数据库位列第五，且在非关系型数据库中，MongoDB 受欢迎程度更是居于首位。

Rank			DBMS	Database Model	Score		
Jun 2020	May 2220	Jun 2019			Jun 2020	May 2020	Jun 2019
1.	1.	1.	Oracle ⊞	Relational,Multi-model 🔢	1343.59	-1.85	+44.37
2.	2.	2.	MySQL ⊞	Relational,Multi-model 🔢	1277.89	-4.75	+54.26
3.	3.	3.	Microsoft SQL Server ⊞	Relational,Multi-model 🔢	1067.31	-10.99	-20.45
4.	4.	4.	PostgreSQL ⊞	Relational,Multi-model 🔢	522.99	+8.19	+46.36
5.	5.	5.	MongoDB ⊞	Relational,Multi-model 🔢	437.08	-1.92	+33.17
6.	6.	6.	IBM Db2 ⊞	Relational,Multi-model 🔢	161.81	-0.83	-10.39
7.	7.	7.	Elasticsearch ⊞	Search engine,Multi-model 🔢	149.69	+0.56	+0.86
8.	8.	8.	Redis ⊞	Key-value,Multi-model 🔢	145.64	+2.17	-0.48
9.	9.	⬆11.	SQLite ⊞	Relational	124.82	+1.78	-0.07
10.	⬆11.	10.	Cassandra ⊞	Wide column	119.01	-0.15	-6.17

图 7-1 全球数据库受欢迎程度排名

因此，文档型非关系型数据库中发展最为成熟、应用最为广泛的当数 MongoDB。在 2016 年第三季度的《大型联络中心的联络中心交互管理》报告中，MongoDB 被誉为大数据非关系型数据库中的领导者。因此，本章将以 MongoDB 为例对非结构化电子文件的存储与检索进行分析。

MongoDB 是一款基于文档存储的非关系型数据库，它与关系型数据库有诸多共性，但其功能更加强大和易操作。[①] MongoDB 结构同关系数据库中的数据库、表、记录类似，即数据库、集合、文档。[②] 但 MongoDB 数据库和传统关系型数据库在数据存储模式上存在巨大差异。首先，在数据存储模式方面，MongoDB 数据库的存储模式灵活多变，无须像关系型数据库一样对存储数据进行预定义，因此，可以实现同一数据库内，乃至同一集合中不同结构数据的存储，非常便捷。MongoDB 通过基本单位——文档可以实现对数据的灵活存放，文档中的数据结构由灵活的键值对构成，且在其字段中可以实现对文档、数组等内容的嵌套存储，为复杂多样的非结构化档案数据的灵活、高效存储提供了条件。其次，对于数据库中存储的数据间关系，相对关系型数据库中各表之间严格的主键和外键等关系构建，MongoDB 数据库中文档之间则属于弱关联，因此，所存储的各个数据具备更多的独立性。MongoDB 能够对文档中任意字段、数组或子文档等建立索引。在索引创建的过程中，可以参照集合中文档的不同分类对存储字段进行快捷创建。在 MongoDB 里，把同种类型的文档放在一起，当寻找文档时，只需在相关的集合中查找，而不需要到整个数据库中去寻找，使得数据查询路径清晰明确，检索效率迅速准确。最后，MongoDB 数据库提供"MapReduce 模式聚集"、"管道模式聚集"和"简单聚集"三种模式对数据进行分析，不同的聚集分析模式分别适用于不同的情景。MongoDB 的聚集分析为大数据分析提供了支持，其中 MapReduce 有助于实现对其分片集群的数据分析[③]，为实现海量数据的高效分析与检索提供了支持。

（二）文档型数据库非结构化电子文件存储与检索的可行性与优越性

长期以来，关系型数据库为档案管理提供了极大的便利，在档

---

① 施晓峰：《基于分布式 NoSQL 数据库的档案大数据存储与检索方案研究》，《计算机应用与软件》2019 年第 5 期。

② 贺建英：《大数据下 MongoDB 数据库档案文档存储去重研究》，《现代电子技术》2015 年第 16 期。

③ 郭远威：《大数据存储 MongoDB 实战指南》，人民邮电出版社 2015 年版，第 49 页。

案数据管理过程中发挥着至关重要的作用，然而关系型数据库在扩展能力和数据读写等方面存在很大的局限性，无法实现对海量数据进行高效存储，而非关系型数据库则主要在传统关系型数据库基础上进行了一定的功能拓展和突破，以更好地满足信息时代数据存储与管理发展要求。[①] 需要注意的是，在档案管理工作中，非关系型数据库并不是为了取代关系型数据库而产生的，也不能完全取代关系型数据库，它对关系型数据库档案数据存储功能的不足起到了重要的补充作用。

MongoDB 数据库以其独特的优势受到人们的普遍欢迎和应用，同时也为档案存储管理发展带来了新的机遇。基于关系型数据库固定的表结构存储模式和有限的字段类型，通常采取挂接或二进制字段存储方式实现对非结构化电子文件的存储管理，但两种方法各有利弊，均无法达到人们对数据的高效、海量和低成本的存储要求。第一，挂接存储。非结构化档案数据挂接存储，主要是通过将非结构化档案内容数据保存于文件服务器磁盘中，并将其存放路径存储于关系型数据库表的相关字段中。该方法有效减轻了数据库的存储负担，在各单位机构中被广泛使用，但该存储方法弊端同样显而易见，如在日常数据管理方面，由于该方法在关系型数据库中只保存了非结构化数据的存储路径，因此人们无法通过关系型数据库对存储于本地磁盘或介质服务器中的非结构化数据直接进行修改、删除等操作，当非结构化档案数据位置发生改变时，则会导致关系型数据库中的相应存储地址无效等现象。另外在数据备份方面，文件与数据库分开存储，也容易导致数据备份不一致、数据挂接失效等情况出现，影响档案数据的保管质量。第二，二进制存储技术，如 Blob 存储技术主要是通过将非结构化档案数据存储于关系型数据库表中的 Blob 字段中来实现。虽然该方法实现了数据库和档案数据的整体一致性存储，

---

① 王志宇：《数据库技术的发展与电子文件管理系统建设》，《兰台世界》2016 年第 23 期。

但随着数据的增加，当档案数据存储达到一定的规模时会严重影响数据库性能，其检索速度也将极大程度降低，远远无法达到人们的日常使用标准。关系型数据库表结构存储与非关系型数据库松散的文档存储结构具体如图 7 - 2 所示。

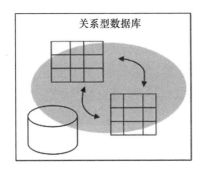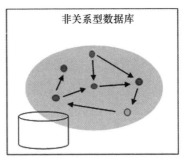

图 7 - 2　关系型数据库与非关系型数据库存储结构对比

相对关系型数据库，文档型非关系型数据库的优势如下。

第一，在非结构化电子文件存储方面，文档型数据库支持对非结构化电子文件的丰富海量存储。一方面，文档型数据库提供的字段类型更加丰富，可以实现更丰富的格式文档存储，如图片、音频等。另一方面，非关系型数据库拥有强大的水平扩展功能，可以对我国各地非结构化电子文件进行实时、高效和低成本的管理，有效解决我国档案"信息孤岛"问题，有利于我国档案数据的统一管理。

第二，在非结构化电子文件挖掘与开发方面，非关系型数据库具有强大的索引、聚合分析能力。有利于对我国海量非结构化电子文件相关数据的动态智能分析与处理，发掘非结构化电子文件内容数据间潜在的关联和价值，从而更有利于我国学者对非结构化相关电子文件进行研究。

第三，在非结构化电子文件检索方面，基于文档型数据库的档案数据检索更加注重对档案内容数据的全面高效精准检索的功能实现，能够实现对非结构化电子文件的内容和元数据检索。同时，文档型数据库能够实现在原有访问量基础上的迅速翻倍，提高了用户访问体验。

第四，在非结构化电子文件存储安全方面，文档型数据库支持对非授权的操作具备高度的防范设置，并能够时刻检测记录授权用户的相关操作，如管理员对文档型数据库中的数据进行修改、删除等操作，能够实现对其操作的智能跟踪。同时在对非结构化电子文件访问过程中，文档型数据库能支持用户认证和访问控制功能，不同用户访问数据库档案资源具有不同入口和访问权限，并实时对影响档案存储管理质量和安全的相关因素进行预测和反馈，及时识别其潜在威胁。对档案安全保存实现积极预防，有效避免档案被破坏，从而也促使档案馆对档案数据的管理由被动应对向主动预防的管理理念转变，满足非结构化电子文件存储与管理的保密要求。涉密档案数据的在线存储能够进行加密存储，在对其导出和备份过程中，文档型数据库提供对档案数据的传输安全保障，避免非结构化电子文件在数据传输中被恶意攻击等事故发生。文档型数据库支持对所有存储数据进行副本备份，并进行数字签名等加密操作，以保证其存储的高度安全，为档案安全存储与管理提供了多方面保障。在档案存储介质方面，文档型数据库支持光盘、磁盘、固态硬盘等介质存储，并能够实现对存储数据进行加密，保证了非结构化电子文件在物理介质中的保密存储。传统档案管理方式中，关系型数据库发生系统故障时需要人工进行干预恢复服务，是一个复杂的维护过程，而文档型数据库的自动修复副本功能在很大程度上减轻了系统的维护负担。

综上所述，仅仅使用关系型数据库已经无法达到人们对海量多样的档案数据便捷利用的要求，而采用其与非关系型数据库结合使用的方法，可以实现对非结构化数据的互补性存储，从而更好地实现对档案的优化存储与快捷检索，同时满足当前人们对档案的需求。

（三）基于文档型数据库非结构化电子文件的存储

要有效实现基于文档型数据库的档案数据存储，实践尤为重要。本节主要就其实践路径进行论述，具体分别从业务流程设计和系统模块设计两个方面展开阐述，并对其存储效果进行展示。

1. 业务流程设计

在档案管理系统设计中，相应的业务流程设计对其功能实现至关重要。"在进行管理系统的业务流程设计中，一般需要把握三大点内容，也就是确保文档收集、鉴定和整理三部分内容能够对应相应的业务流程。"[①] 因此，在基于文档型数据库的档案数据存储管理业务流程设计过程中，需要将文档收集、鉴定和整理三部分作为主要环节：首先需要做好文档收集整理工作，即主要通过电子文件管理系统对业务系统中有保存价值的文档进行收集和整理，实现归档。其次再根据相应的要求对文档进行统计分析。最后实现对文档的规范化存储。档案工作人员可以根据存储文件的来源、类型等实现对档案的高效管理，实现对档案的科学系统化管理。

2. 系统模块设计

根据《规范》要求，基于文档型数据库的档案数据存储系统可以主要划分为用户模块、管理模块和检索模块三个功能模块。

首先，用户模块可以主要划分为用户注册与登录、用户权限管理等功能区域。用户须进行相应注册和登录后方可对馆藏档案进行查阅，并对注册用户进行分组分类，如系统管理员、库管理员、用户管理员和用户等。不同类别的用户访问权限不同，具体可以通过文档型数据库对不同身份用户设置不同的授权控制等级，实现记录级及字段级直接授权，不被授权的用户则无法访问。当用户进入系统后，须进行身份识别确认后才可进入相应操作界面，以此保障档案访问安全。管理员能够实现对用户的增加、删除、修改、锁定、权限设置等一系列用户信息管理以及维护工作。普通用户则可以在确认进入系统后，对授权范围内的档案数据进行浏览、下载等，同时系统会记录所有用户的访问信息。其次，数据管理模块应包括档案数据的导入与导出、档案数据的增加、删除、修改，以及文档型数据库的拆分与合并、备份、还原与恢复等功能。具体

---

① 谢亚非：《电子文件档案管理系统设计与实现探讨》，《办公室业务》2020 年第 22 期。

而言，对各业务系统的档案数据归档通常采用离线归档和在线归档两种方式，采用离线归档方式进行归档时，需要将相应系统中的结构化档案数据、半结构化档案数据和非结构化档案数据按需批量导出到存储介质中，再将存储介质中的数据导入文档型数据库中。导入数据类型包括数据库数据以及各管理系统中档案数据，如关系型数据库和文档型数据库中的档案数据的批量导入，其中导出的档案内容数据存储在文件系统中，元数据存储在 Excel、CSV 以及 XML 等格式的文件中。对于导入的档案数据，文档型数据库会将档案数据的元数据、内容数据进行分别存储，实现对两者的分别管理。为了保障档案数据的存储安全和质量，《规范》要求文档型数据库应提供对档案数据的多种备份与还原方法，以满足不同情况下的档案数据备份需求。文档型数据库支持诸多备份方案，如档案数据实时增量备份与本地化备份、图形化界面操作备份与恢复等。最后，对于文档型数据库档案数据的存储不仅要满足档案保管的需求，同时也需要满足用户对档案的查询利用需求，系统的检索模块是档案实现社会价值的主要途径，用户可以在其权限范围内通过文档型数据库集成的搜索引擎工具实现对档案数据的索引建立和搜索功能，实现对档案数据的多途径检索，如全文检索、高级检索等功能。

3. 效果展示

现以 MongoDB 数据库为例对档案的元数据和内容数据的存储效果进行展示。该数据库主要提供两种存储策略——文档存储和 GridFS 系统存储。对于相对较小的非结构化电子文件存储（小于 16MB）可以选择采用文档存储，如 PDF、Word、TXT 等格式数据，大文件（大于 16MB）存储则采用 GridFS 系统存储，如音频、视频等。现将一个大小为 33.3MB 的 PDF 文件导入该数据库中，由于该文件属于大文件，因此系统默认采用后者进行存储，其元数据和内容数据的存储具体如图 7-3 和图 7-4 所示。

GridFS 系统需要两个集合对档案的元数据和内容数据进行分别存储。图 7-3 为 GridFS 中上述存储文件的元数据集合，分别存储了 PDF 文档的 ID、信息块大小（chunkSize）、上传时间（uploadDate）、长度

```
1 | /* 1 */
2 | {
3 |   "_id" : ObjectId("5efc45a6a6e10b1eeca71591"),
4 |   "chunkSize" : 261120,
5 |   "uploadDate" : ISODate("2020-07-01T08:13:28.478Z"),
6 |   "length" : 34963080,
7 |   "md5" : "b3a9cf58be5189c8e58c1bdfdf966429",
8 |   "filename" : "MongoDB Guide.pdf"
9 | }
```

图 7 - 3　GridFS 元数据集合

（length）、文件名（filename）和 md5 等文件元数据信息。

图 7 - 4 为上述存储文件的内容数据集合，包括文档的 ID、对应元数据集合 ID（file_ id）、信息块序号（n）和二进制形式的内容数据（data）。内容数据共生成了 100 个文件块，由于文件块较多，因此图 7 - 4 中的"data"二进制字段内容只截取了第一个文件块的数据存储。

```
1 | /* 1 */
2 | {
3 |   "_id" : ObjectId("5efc45a6a6e10b1eeca71592"),
4 |   "files_id" : ObjectId("5efc45a6a6e10b1eeca71591"),
5 |   "n : 0,
6 |   "data" : new BinData(0, "JVBERi0xLjUKJeLjz9MKMjA4NCAwIG9iago8PC9GaXJzdCAxODQ3L0ZpbHRlci9GbGF0ZURlY29kZ
7 | }
```

图 7 - 4　GridFS 内容数据集合

四　基于文档型数据库非结构化电子文件的检索

为了支持对非结构化电子文件的全文检索，"内容数据装入数据库时抽取的文字信息存储在文本字段，对文本字段的每个字、词、词茎进行全文索引"[①]。"其中字段索引兼容关系数据库的索引，子字段索引和全文索引（英文单词索引和中文单汉字索引）是非结构化数据库的特色，非结构化数据库甚至可以支持人工标引索引，中、英文混合索引等方式。"并能够对每个字词在文献中的出现次数和位置进行统计，当用户检索时，系统能够根据事先建立的索引和相关统计进行相关度分析和查询，最终将最优查找结果反馈给用户。相比于关系型数据库，文档型数据库

---

① 聂曼影：《〈基于文档型非关系型数据库的档案数据存储规范〉解读》，《中国档案》2020 年第 7 期。

基于其自由的存储模式，实现了进一步的功能扩展。关系型数据库中主要的查询方法——投影（Projection）和选择（Selection），在文档型数据库中可以通过对集合的垂直分割和水平分割实现。[①] 除此之外，文档型数据库也能够通过查询选择器实现对文档中子文档或数组内容的嵌套查询，以提高对非结构化档案数据的整体查询性能。

第三节　非结构化电子文件存储与检索方法优缺点分析

一　以"档案对象"为基本单位存储与检索的优缺点

OpenStack 的对象存储服务在存储与检索非结构化档案数据时的主要优点包括服务提供存储空间巨大，足以应对数量日渐庞大的档案数据；备份机制完善，能够妥善保障档案数据的安全和完整；对硬件设备要求较低，可充分利用硬件资源，节约成本、自身稳定性强，有效维护档案数据的安全；兼容性极强，有利于数据的保护和迁移，适合档案备份和移交工作的进行。OpenStack 的对象存储同样存在一定的缺点，对象存储的进出流量均需要通过代理服务器进行，从而导致其代理传输速度存在一定的问题；OpenStack 的对象存储大多是通过接口实现的，这同样也为数据的安全问题带来了一定的隐患。使用 OpenStack 的对象存储进行的非结构化档案数据检索工作的实现，主要取决于档案机构的实际工作需求以及有关规定。检索方法的优劣与否，应当视系统的实际功能模块而定，若检索功能模块部署得当，档案管理人员的检索需求便能够得到极大的满足。

二　"分布式"非结构化电子文件存储与检索的优缺点

"分布式"非结构化电子文件存储的优点包括：HDFS 适合部署在廉

---

① 刘应波、王锋、季凯帆等：《基于 NoSQL 的 FITS 文件头元数据存储和查询研究》，《计算机应用研究》2015 年第 2 期。

价计算机集群上,档案机构可大幅节约管理成本;HDFS 可保存多个文件副本,以避免档案数据的安全问题发生;HDFS 具有极强的扩展性,可在大规模的计算机集群上运行,存储能力强,适用范围广;HDFS 支持多个平台运行,适配不同档案机构的操作系统需求。HDFS 若在档案领域应用,仍存在一定的阻碍。HDFS 在运行和维护方面仍然需要一定的专业知识,对管理人员专业素养提出了要求;HDFS 中的对件数量有限制,不适合存储大量占据存储空间小的档案数据;HDFS 的文件只能进行追加不能修改,易造成档案数据冗余。

HDFS 虽具有查询功能,但档案检索的需求远不止查询文件配额信息一项,档案管理人员若想实现更多检索功能,须设计功能完善的检索功能模块,提高档案数据检索工作的质量和效率。

三 基于文档型数据库非结构化电子文件存储与检索的优缺点

我国于 2020 年首次对档案数据提出采用文档型非关系型数据库进行存储,是我国为首次突破传统关系型数据库档案存储限制而制定发布的一个富有创新性的档案数据存储举措,因此,本节主要对基于文档型非关系型数据库的非结构化电子文件存储与检索的优缺点展开分析。

（一）基于文档型数据库非结构化电子文件存储优点

1. 档案数据存储方式更加灵活

非结构化档案数据由于管理难度较高或保管条件不足等原因而常常存在管理不规范或者不被重视等情况。但随着我国电子政务服务的普及,各行各业势必将产生更大规模的非结构化档案数据,对非结构化档案数据的科学存储管理便显得尤为重要。大数据环境下,为了应对海量档案数据的存储管理压力,《规范》为档案数据提供了更加灵活的存储管理方式,主要表现为两方面:第一,《规范》首次明确要求采用传统关系型数据库和文档型非关系型数据库两种工具有机统一的方式对档案数据进行存储管理,充分发挥两者的优势互补作用,对传统非结构化档案数据的挂接等低效能的存储管理方式进行改革。该方法可以根据不同类型的档案数据特点灵活选择相应的存储数据库，促进档案数据的优化存储，并极大程度地提高了对海量非结构化档案数据的检索利用，增强了档案数据存储管理的灵活性和适应性，为海量非结构化档案数据的科学管理提供了应对条件。第二，文档型非关系型数据库具有良好的兼容性特点，能够支持对不同来源、结构复杂的任意格式档案数据的存储，丰富了档案数据的存储方法，为不同格式档案数据的灵活存储提供了更多选择。

2. 档案存储安全高效

文档型数据库的安全机制和备份机制完善，档案工作人员可通过多种方式保障数据的安全与完整，通过对影响档案存储管理的质量和安全相关因素进行智能跟踪、预测和反馈，及时识别其潜在威胁，对档案安全保存实现积极预防，有效避免对档案损毁的事后弥补，从而也使得档案馆对档案数据的管理由被动型应对到主动型反应的存储管理理念转变。文档型数据库是开源的非关系型数据库之一，维护方面的成本花费较低。

3. 档案检索高效

尽管关系型数据库能够实现对非结构化档案数据的挂接存储和二进制存储等，但基于传统方法实现存储的非结构化档案数据全文检索的效果却并不理想，查询档案全文目前只能达到档案文件级层面，尚未深入档案的内容层面，且查询效率会随着数据规模的增大而降低。对文本信息的分词和索引质量决定了档案全文检索效果，为了满足更加全面的检索需求，文档型非关系型数据库提供了更加丰富的索引方式，"内容数据装入数据库时抽取的文字信息存储在文本字段，对文本字段的每个字、词、词茎进行全文索引"[①]。"其中字段索引兼容关系数据库的索引，子字段索引和全文索引（英文单词索引和中文单汉字索引）是非结构化数据库的特色，非结构化数据库甚至可以支持人工标引索引，中、英文混

---

① 聂曼影：《〈基于文档型非关系型数据库的档案数据存储规范〉解读》，《中国档案》2020 年第 7 期。

合索引等方式。"[①] 能够实现对同一个字段支持多种索引方式。此外，文档型非关系型数据库的开放性特点使其能够与搜索引擎等相关软件进行集成，实现对档案数据的全文检索功能，如较为常见的 ElasticSearch 搜索引擎（简称 ES）能够通过对海量索引的高效处理实现对档案数据的分布式全文检索，其查询主要通过执行 JSON 格式的查询条件，当用户输入检索主题后，系统能够对输入内容进行语义分析，并实现对关键词的分词，搜索引擎根据分词进行全方面的信息查找与匹配，为用户提供更加全面准确的档案信息。目前维基百科、百度等均选择了 ES 搜索引擎作为全文检索功能的技术支持。

在实现对非结构化档案数据的全文检索基础上，文档型非关系型数据库在用户的高效访问问题上也颇具优势，能够实现在原有访问量基础上的迅速翻倍，同时提升用户访问体验。传统文档管理系统检索主要是以非结构化档案数据的形式特征进行著录标引，而对其内容特征的著录尚不完善，无法全面反映非结构化档案数据的主体内容，因此用户检索质量低、效果差。目前，基于关系型数据库的非结构化档案检索中，关系型数据库 Oracle 支持关键词查询和全文检索[②]，其中全文检索功能效果远未达到理想目标。因此，传统存储方法对非结构化档案数据支持的检索方法有限。基于此，文档型非关系型数据库在关系型数据库功能基础上做了诸多升级和优化，如对数据的索引、查询优化等。文档型非关系型数据库 MongoDB 能够对大规模非结构化档案数据进行文本抽取，并将其内容数据中潜在的知识进行挖掘发现，通过分词等构建分布式全文索引实现对非结构化档案数据的全文检索功能，该方法极大程度地丰富了非结构化档案数据的索引，实现了对档案数据内容揭示的最大化，为用户准确全面查找档案信息提供了条件，有效解决了档案传统存储方法

---

① 李慧、颜显森：《数据库技术发展的新方向——非结构化数据库》，《情报理论与实践》2001 年第 4 期。

② 肖兴平、阮俊：《基于地质技术方法非结构化数据的文档检索研究》，《中国西部科技》2015 年第 11 期。

中存在的检索效率低等问题。

4. 有利于档案馆资源共建共享平台建设

在大数据时代，档案管理工作需要主动适应我国社会主义事业建设与发展进程，满足新时代环境下我国社会各行各业的发展需求，这就需要我国继续优化档案管理工作，提供更加多元智能化的服务，以进一步提高工作效率和工作质量。

长期以来数据库的广泛应用为各立档单位和档案馆收集与保管档案提供了便捷，但随着知识挖掘越来越成为档案开发利用的重要诉求，"智慧档案馆"建设理念日益深入人心，档案传统存储管理方法的创新日益成为迫切需求，但各档案保管单位中的相关技术设备各有差异，导致各数据库不兼容或同一数据库的新旧版本不统一，在档案服务与利用方面仍然存在"信息孤岛"和档案查阅困难等问题。在我国未来发展过程中，如果不能对传统档案存储管理方法加以改进完善，将严重影响档案价值实现的最大化。因此，在档案数据存储管理工作中需要文档型非关系型数据库具备良好的集成性和兼容性，以实现各地档案存储单位的互联互通和信息共享。目前，我国积极推进档案馆互联互通建设与资源共享服务的实现，而文档型非关系型数据库的分布式存储和聚合等功能在一定程度上为档案资源的共建贡献提供了技术支持，在结合相应的档案共享机制基础上，可以极大程度地降低我国档案管理成本，方便我国相关部门档案的管理与共享利用，推动我国档案事业的快速发展。

5. 有利于档案数据的深度分析与挖掘

随着社会信息化的快速发展，"智慧档案馆"和"智慧城市"等理念日益成为人们关注的焦点。档案潜在价值的挖掘与利用显得日益重要。目前，我国各级档案机构虽然保存了海量档案，但其潜在价值仍未被充分发掘，尤其在数据呈指数级增长的情况下，未来我国档案领域将会产生更加海量且丰富的档案数据，如此大规模的档案数据仅仅依靠有限的工作人员使用传统方法对其进行管理将远远无法满足社会发展的需求，低效能的管理方法可能会导致大量档案数据淹没于茫茫档案海洋中而无法被充分利用，这将严重影响我国档案事业的发展。在大数据时代，数据即资源，档案作为数据中最具保存价值的资源，更需要对其进行资源化开发和挖掘，使其能够充分实现社会价值。由于非结构化档案数据结构的复杂性特点，对其开发与挖掘一直以来存在极大的困难，因此大规模的非结构化档案数据蕴含的潜在价值也无法得到高效的挖掘与利用。文档型非关系型数据库拥有强大的聚合分析能力和索引等功能，可以对保管在全国各地的档案数据实现周期性海量收集和动态智能分析与处理，并挖掘非结构化档案数据间潜在的关联，从而助力我国对非结构化档案的研究，为档案事业更好更快发展提供了条件。此外，文档型非关系型数据库在支持对档案数据深度分析的基础上能够实现对档案数据的智能检索和分析预测等功能，为用户提供便捷服务。具体而言，在对档案数据进行智能检索的过程中，系统能够对用户的档案查阅检索行为进行自动学习和分析，分析用户的喜好，并自动优化查询，提供更符合用户需求的检索结果。档案咨询作为档案管理工作中最活跃的一部分，也是直接接触用户的重要模块之一。因此，对于档案的智能咨询的升级和发展更是不能忽略。

综上所述，关系型数据库为档案管理提供了极大的条件和便利，在档案数据管理过程中发挥着至关重要的作用，但仅仅依靠关系型数据库已经远远无法满足当前社会发展建设的需求，而文档型非关系型数据库则主要针对大数据环境下档案数据的特点和存储要求进行了相应的功能拓展，更好地适应了新时代发展的要求。需要注意的是，在档案管理工作中，文档型非关系型数据库并不是为了取代关系型数据库而存在的，它也不能取代关系型数据库的现有功能，它是对基于关系型数据库的档案数据存储的补充。因此，采用将关系型数据库与文档型非关系型数据库相结合的方法，可以实现对非结构化数据的优化存储和快捷检索，同时更好地满足当前社会发展对档案的利用需求。

（二）基于文档型非关系型数据库非结构化电子文件检索的缺点

基于文档型数据库的非结构化电子文件检索的弊端有：基于文档型

数据库自身的特点，不适用检索关系较复杂且一致性要求高的数据；此外，索引的建立须维护且占据物理空间，增添了工作内容，也会降低运行速度。

（三）构建基于文档型非关系型数据库非结构化电子文件存储与检索建议

基于文档型非关系型数据库的档案数据实现不可能一蹴而就，需要循序渐进逐步实现，需要结合我国档案管理发展现状进行具体分析，根据需要不同阶段采取不同的措施和方法。因此，本节主要对我国基于文档型非关系型数据库的档案数据存储管理的实践和发展提出了相关的建议，以供参考。

1. 档案数据存储对象的选择

对于目前我国基于文档型非关系型数据库的档案数据存储，建议仍然以非结构化档案数据中的文本数据作为其主要存储对象，如 PDF、Word、Excel 等。尽管《基于文档型非关系型数据库的档案数据存储规范》（以下简称《规范》）规定文档型非关系型数据库档案数据存储对象应包括非结构化数据、半结构化数据及其元数据。具体表现为文本档案、图像档案、音频与视频档案以及 XML 文件等，并要求通过数据库中的二进制字段分别对上述各种档案内容数据实现存储，但音频、视频等档案数据结构复杂多样且存储容量大，管理更加复杂和困难，而文本档案数据存储容量小、结构简单，文档型非关系型数据库在文本档案数据存储中也更具优势。目前我国档案领域仍然以传统关系型数据库作为档案数据的存储平台，对于基于文档型非关系型数据库的档案数据存储技术实现和管理制度等方面尚不成熟，因此，对该方面的实践与发展，建议以存储管理相对简单的文本档案数据类型对象为主。

2. 文档型非关系型数据库档案数据存储机构的选择

基于文档型非关系型数据库档案数据存储的初步实践建议选择馆藏档案规模较大且需要实现档案数据共享的档案保管单位作为主要适用对象。尽管《规范》中指出除了各档案馆，其他企事业单位、机关和团体均可采用文档型非关系型数据库对档案数据进行存储管理，但在发展初期，考虑到技术实现和成本问题，以及规模较大的档案保管管理单位对存储容量和档案数据共享的高要求，选择文档型非关系型数据库作为其档案存储平台则是利大于弊的长远之计，同时为后期《规范》的普及与应用提供成熟的技术和宝贵的经验，积极推动我国非结构化档案数据的优化管理和价值实现。

综上所述，传统的文档管理系统存在存储有限、检索性能低等问题，本书根据《规范》要求，对我国文档型非关系型数据库在档案数据存储中的实践应用进行了具体论述，并提出了相应的实现路径。我国在档案信息化方面取得了一定的成就，但相对档案管理现代化的目标实现，我国在档案管理方面仍然需要继续努力，在基于文档型非关系型数据库对档案存储管理的建设道路上，需要继续攻坚克难，加强对其深入研究与实践。文档型非关系型数据库作为当前数据库中的佼佼者，在大数据时代，档案管理也必将向更加智能化的方向发展。目前，档案信息化作为我国机关电子政务和信息化建设总规划的一部分，在统筹传统载体档案数字化和电子文件规范化管理中，要求建设统一的平台服务档案目录信息中心，而文档型非关系型数据库的海量高效存储特点能够满足其要求。英国国家档案馆采用文档型非关系型数据库对一战时期士兵日记的存储管理，更是开创了文档型非关系型数据库在档案领域应用的先河，为非结构化档案数据实现海量存储管理与高效检索提供了新方法和新途径，值得我们借鉴学习。大数据环境下，面对海量档案数据的存储管理问题，《规范》的颁布实施有助于推动我国非结构化档案数据的统一规范化存储、智能化管理以及高效利用，加快实现档案管理信息化和现代化的发展目标，推动我国档案事业更好地发展。非关系型数据库适应了当前档案管理工作的社会需求，采用将其与关系型数据库"强强联合"的方法对档案数据进行管理，将在极大程度上改善档案数据存储效率和质量，降低维护成本，同时有利于建设档案开放共享平台，满足人们对档案便捷、智能、高效利用的服务需求，适用于我国各档案管理机构，尤其基于档案管理未来的发展趋势来看，该存储模式具有良好的应用发展前景。基于文档型非关系型数据库档案数据存储是一项复杂的工程，要实现其在档案领域的实践应用需要国家和相关部门的共同参与和努力，才能实现我国档案数据在文档型非关系型数据库中的安全可靠管理和利用。

文档型非关系型数据库在档案未来存储管理中的应用成为必然的趋势，也是大数据时代档案管理工作发展的需求。一方面随着档案信息化和现代化发展，将产生更加海量的结构复杂、形式多样的档案数据，如何对其实现海量高效存储和深度智能化分析，挖掘其潜在价值，是未来在档案管理中必然面对的问题；另一方面，文档型非关系型数据库的技术发展日益成熟，目前在其他领域的数据存储与管理中也得到了广泛应用和普及，相对国内，国外文档型非关系型数据库的应用更为普遍。但随着社会的不断发展，新需求的不断提出，系统还有很多方面需要进一步完善。目前可以预见的有：检索方式更加丰富、中文分词器的设计优化和索引保存方式更加完善。

第四节　非结构化电子文件存储与检索方法应用案例

大数据环境下，为了使档案管理工作能够满足当前社会的发展需要，加快推进档案事业的快速发展，我国发布了一系列相关政策，多次强调要努力推进档案信息化和现代化建设进程。

一　以"档案对象"为基本单位的存储与检索案例

上海海关在总结"纸质归档，人工管理"的工作模式存在诸多问题的基础上，经过多方调研和评估，综合报关单证多为非结构化的数据这一特点，决定采用 OpenStack 的对象存储技术来部署电子档案库，解决海关报关单证的管理问题。电子档案库被划分为生产作业、数据存储、查询应用三个子系统，同时制定了严格的安全防控机制和工作流程，最大程度上保证了报关单证的数据安全。该项目上线后，海关高效地处理每日所产生的大量报关单证数据，简化管理流程，提升了工作效率，节约了管理成本，数据存储质量与安全性也得到充分保障，管理工作质量较高。档案库还通过预留接口与其他系统对接，提升了各系统的利用率。OpenStack 对象存储技术在该海关的报关单证的处理过程中，充分发挥了技术优势。该案例的成功为对象存储技术存储与检索非结构化档案数据方面的应用提供了重要的示范，凸显了 OpenStack 对象存储技术在处理非结构化档案数据方面的优势。假以时日，对象存储技术在档案领域的应用必将十分广泛。

二　"分布式"非结构化电子文件存储与检索案例

Hadoop 公司的用户遍布全球各行业的各大公司，Adobe 公司有大约 30 个节点在集群中运行 HDFS、Hadoop 和 HBase，在生产和开发上都有 5~14 个节点，并计划在 80 个节点集群上进行部署。Adyard 公司目前有 12 个节点运行 HDFS，并计划在未来添加更多。Facebook 公司使用 Apache Hadoop 存储内部日志和维度数据源的副本，并将其作为报告分析和机器学习的源。

Hadoop 的用户的数据处理量相当庞大，在处理过程中需要完成的工作远不止存储与检索两个环节，其广泛的用户群足以证明其在处理海量非结构化电子文件方面的优势。这也为 HDFS 在档案领域存储与检索非结构化电子文件提供了可能，证明了该技术在档案工作中应用的可行性与实用性。

三　基于文档型数据库非结构化电子文件存储与检索案例

在档案管理领域对文档型数据的应用，英国发展最为领先。为了方便用户对各类档案的便捷检索与利用，英国国家档案馆（The National Archives，TNA）率先突破了档案数据的传统关系数据库存储模式，选择采用文档型非关系型数据库 MongoDB 对馆中用户查询利用率较高的档案如一战日记等进行存储管理，为未来海量复杂的档案高效存储与管理提供了新的解决方案和策略。

（一）英国国家档案馆应用文档型数据库的背景

英国国家档案馆是英国政府的官方档案馆，馆中保存有超过 1000 年的历史档案，共收藏了 1100 多万份历史记录，从羊皮纸到纸质档案到电子文件和数据库①，档案种类极其丰富多样。

为了优化改善对馆藏档案的管理，英国国家档案馆早在 2007 年便开始了馆藏档案数字化工作，同时对政务电子文件的海量存储与高效管理方法进行探索实践。2007 年，英国国家档案馆发布了《国家档案数字化中程（2008—2013）计划与数字档案持续保存方案》，该方案旨在加强对馆藏数字档案的长期保存技术、方法和标准等探索，同时实现对不同地区档案数据的分布式安全保管。② 截至 2012 年，该计划已有约 1 亿页的档案数字化扫描工作顺利完成。③

在非结构化电子文件保存方法方面，英国国家数字档案馆主要对以 PDF、PostScript 以及 TIFF 和 SGML 等格式的非结构化电子文件采用 WORM 技术的 CD-ROM、CDR、4mm 数字音频、DVD 驱动器、ZIP 驱动器、软磁盘等方法进行存储与管理。④

在档案检索方面，面对早期的英国国家档案馆官方网站档案检索，用户查询不同的档案需要分别对多个数据库和目录进行查找，直至 2006 年 5 月，官方启用"国家档案馆综合搜索"，一种全新的综合性网络搜索引擎，实现了对档案的一窗口式多库搜索。作为资深档案管理者，英国国家档案馆早在 2013 年便致力于原生电子档案的在线利用与服务，并于 2015 年 8 月在统一服务平台"Discovery"实现第一批原生电子档案上

---

① The National Archives，"What we hold"，https：//webarchive. nationalarchives. gov. uk/20100604155824/https：//www. nationalarchives. gov. uk/about/collection. htm，2019. 10. 15.

② 张聪明、杨晓雯、王慧恒：《英国国家档案之征集、管理与应用考察报告》，台北档案管理局 2009 年版。

③ 毛建军：《英国国家档案馆数字档案增值服务》，《中国档案》2014 年第 4 期。

④ 王海欧、张萍：《英国国家档案馆的建设》，《北京档案》2007 年第 7 期。

线。原生电子档案作为电子文件中的一员，英国国家档案馆在电子文件在线利用与服务领域提供了新方案和新思路。

2014 年，英国为了纪念第一次世界大战（以下简称一战）100 周年，参加了反思战争、铭记历史活动，制定了一个为期 5 年（2014—2019年）的"一战 100 周年"纪念项目，即将英国国家档案馆中一战时期约150 万份的英国士兵日记，通过 MongoDB 数据库进行数字化存储与管理，并对全球公众展示。该项目主要由英国国家档案馆、英国帝国战争博物馆（Imperial War Museums）和众包公司 Zooniverse 联合创办负责，其中英国国家档案馆和英国帝国战争博物馆中均保存了海量且丰富的一战档案资料，是目前对一战档案资料保存最为丰富全面的机构，具体档案类型包括日记、地图、信件和照片等，其中日记内容主要涉及士兵作战报告、情报摘要等。英国国家档案馆自 2011 年便开始了对一战时期英国士兵日记的数字化扫描工作[1]，涉及的档案为 1914—1922 年间英国及殖民部队一战中的相关日记，该项目的数字战争日记主要是 W095 案卷系列。英国国家档案馆于 2013 年启动该项目的门户网站，并在英国国家档案馆网站的首页提供链接，这一门户网站成为该项目成果的主要发布平台。在第一次世界大战的第 100 周年——2014 年，开始将已完成数字化处理工作的士兵日记分批公布于官方门户网站，用户可以根据需要对其进行查阅和下载。[2]

英国国家档案馆"仅在 2008 年，每天平均发布 2300 个条目。Discovery 中的目录数据量自 1998 年首次发布以来已经翻了一番[3]。2015年 10 月，发布目录超过 3000 万条，支持可查询档案达 1.44 亿件左右。[4]面对海量的档案目录给传统档案管理系统造成的前所未有的存储管理压力，

---

① 张莹：《英国国家档案馆一战纪念项目及其启示》，《浙江档案》2015 年第 5 期。

② 杨霞：《对英国国家档案馆数字出版"一战"士兵日记的思考》，《北京档案》2015 年第 12 期。

③ Aleks Drozdov, "The National Archives", https：//www. mongodb. com/customers/national-archives? c = 06a5dec49e, 2021. 3. 14.

④ 王熹：《英国档案"探索"平台的构建与特点》，《中国档案》2016 年第 3 期。

英国国家档案馆要求构建基于面向服务的体系结构和能够实现对档案集中化、资产化管理的业务信息系统结构框架，因此，英国国家档案馆于2010年决定采用 MongoDB 数据库对士兵日记和其他馆藏档案进行存储与管理，本节主要以第一次世界大战时期的士兵日记为存储对象进行探讨。

（二）英国国家档案馆基于文档型数据库非结构化电子文件存储实现

基于 MongoDB 的新目录 Discovery 系统（英国国家档案馆 http：// nationalarchives. gov. uk/discovery）的测试版于2011年4月发布，并于2012年11月全面投入生产，2014年9月1日完全取代 Discovery 旧版本[①]，新目录 Discovery 系统旨在简化以往过于专业化的档案检索与服务等核心功能，从而为各类用户（如青少年、老人等非专业用户群体）提供更加方便快捷的服务，而对于专业用户则提供了丰富的辅助检索功能，如过滤器、高级检索、记录标签等工具，为用户提供了全方位的档案检索服务。因此，基于 MongoDB 数据库的新目录系统 Discovery 并不是对原有目录系统的简单替代，新目录系统可以实现对英国国家档案馆现有的各种数据库和数据集合的整理、检索和展示。新版目录除了原有功能，还可以实现按照相关度为用户显示搜索结果，用户也可以通过标记关键词来拓展检索目录的描述。英国国家档案馆也于2015年根据《默认数字服务标准》（*Digital by Default Service Standard Criteria*）26条对该系统进行了自愿评估审核，其审核具体情况如表7-2所示。

表7-2 **英国国家档案测试版新目录 Discovery 默认数字服务标准评估**

标准	已通过	标准	已通过
1	是	7	不适用
2	是	8	是
3	是	9	是
4	是	10	不适用
5	是	11	是
6	是	12	是

标准	已通过	标准	已通过
13	是	20	是
14	是	21	不适用
15	是	22	不适用
16	是	23	不适用
17	是	24	不适用
18	是	25	是
19	是	26	是

在上述评估表7-2中，序号对应《默认数字服务标准》中相应序列标准内容，可知评估结果显示目前英国国家档案馆基于 MongoDB 数据库档案数据存储系统仍然存在个别不适用的情况，但影响并不大，且官方同样在继续对该系统存在的问题进行优化改善。目前英国国家档案馆改进后的专业用户服务处理访问量高达 35 万次/月，每年访问量超过 400 万次[①]，在 2014 年其访问量达到 1900 万次/年[②]，收获了良好的用户评价。在大数据时代，随着人们档案意识的提高和社会发展需求，档案馆用户访问量将会不断攀升。英国国家档案馆选择 MongoDB 数据库对一战时期士兵日记进行存储，也有力地支持了用户的海量访问需求，满足了人们对档案服务平台提出的高要求。文档型数据库的应用在为英国国家档案馆节省档案存储与管理成本的同时，也大大提高了档案数据保管的效率和用户体验。在档案安全管理与备份方面，为了保障海量档案的网络存储安全，英国国家档案馆采用一年一次的渗透测试、SIRO 签字、大量非正式内部测试和建立镜像站点

① P. Ferris, "National Archives Discovery-Voluntary Service Assessment", https://dataingovernment. blog. gov. uk/national-archives-discovery-voluntary-service-assessment/, 2014. 4. 22.

② The National Archives, "British Army War Diaries 1914 - 1922", https://www. nationalarchives. gov. uk/help-with-your-research/research-guides/british-army-war-diaries-1914-1922/, 2020. 11. 10.

等措施预防应对网络攻击。英国国家档案馆还使用了开放的应用程序接口来处理数据，用完整的脚本运行测试环境进行端到端测试，并使用浏览器堆栈测试系统检查设备的可访问性，制订了明确的灾难恢复计划，支持数据的定期备份。

（三）英国国家档案馆基于文档型数据库非结构化电子文件检索实现

基于 MongoDB 数据库的测试版 Discovery 目录系统支持用户对官方网站 3200 万条档案记录和英国超过 2500 个档案馆馆藏档案的搜索、浏览和标记，支持 900 多万条记录下载。[①] 图 7 - 5 即为官方网站主题检索模块，可以看出，对于一战时期士兵日记的检索，官方提供了多种检索方式，如"第一次世界大战军队日记"（World War One army war diaries）和在线地图检索"探索第一次世界大战"（Explore First World War 100），同时还提供了"家史"（Family history）、"第一次世界大战"（First World War）、"科目"（All subjects）等多个检索专题。用户在每个专题中均能找到一战士兵日记相关档案，如"第一次世界大战"和"家史"中的"英国陆军战争日记 1914—1922"（British Army war diaries 1914 - 1922）。此外，官方对用户检索频率较高的相关档案进行了专题划分和整理。更新优化后的英国国家档案馆极大地丰富了用户检索途径和方式，主要有简单检索、高级检索、全球视野检索和目录检索等。

总体而言，英国国家档案馆在对一战时期士兵日记的管理中，面对结构复杂的士兵日记存储，采用具有强大水平扩展能力的 MongoDB 数据库实现了海量、低成本、高效能存储；在档案开发方面，官方通过引导大众志愿参与的方式对网上数字化日记进行关键数据（如人物、时间、地点、军队编号等）提炼、索引创建、日记内容分类（如地图、标题、命令等）、标签添加等工作，实现了对档案内容数据的采集和加工。在档案检索方式上，除了提供丰富的辅助检索手段，在检索范围上也支持对

---

① Emma Bayne, "Discovery-bigger, Bolder and Better", https: //blog. nationalarchives. gov. uk/ discovery-bigger-bolder-better, 2014. 8. 14.

整个英国2500多个档案机构相关档案目录的检索，极大地方便了用户对全国范围的档案数据便捷检索和共享利用。因此，对于档案的开发管理，英国国家档案馆积极引导大众参与其中，并以用户为中心，为其在检索方面提供了更加丰富、个性和便捷的途径和方法，充分调动了民众的积极性，极大地推动了档案价值的实现。

此外，除了英国采取非关系型数据库管理非结构化电子文件，芝加哥构建了基于MongoDB数据库的政务服务系统Windy Grid，用于处理该城市15个关键部门每天收集的数百万条信息，在实现对来自政务部门每天约700万条政务数据的收集和处理的基础上，创造性地实现了将城市诸多孤立系统中存储的各种数据进行关联，以为政府的管理决策提供参考，同时该系统在对城市管理方面通过系统的分析预测功能，可以实现对城市管理中潜在的问题进行积极反馈，使问题及时解决。

国际信息分析公司爱思唯尔（Elsevier）通过MongoDB高级企业版实现了2亿多份学术档案和12亿项内容资产的高效存储，旨在实现其档案资源价值最大化和无限可扩展存储，以及在服务上为用户提供更良好的体验，同时随着该公司对文档型数据库的使用，其成本也降低了55%。

Adobe、Amazon等知名公司均为MongoDB的客户，可见MongoDB存在应对海量数据的优势。英国国家档案馆对于MongoDB的使用，也为MongoDB进入档案管理领域起到了良好的示范作用。虽然目前该数据库在档案领域尚未被广泛应用，但结合MongoDB自身特点以及在各行业的实践情况可知，利用MongoDB存储和检索非结构化电子文件是可行的，是档案机构处理海量非结构化电子文件时可参考使用的工具之一。我国自2009年开始，非关系型数据库逐渐引起人们的关注[1]，目前主要应用于大型企业公司中的网络归档数据存储管理中，如百度云盘的云存储和优酷在线评论就使用了MongoDB。根据我国国家档案局官方网站对全国档案情况的统计，截至2019年，我国馆藏档案数量达82850.7万卷，电

---

① 黄贤立：《NoSQL非关系型数据库的发展及应用初探》，《福建电脑》2010年第7期。

子档案和档案数字化副本容量共达 1527.1 万 GB，仅靠现有的 41495 个专职档案人员[①]采用传统管理技术对其进行开发，其压力不言而喻。因此，创新档案管理方法和管理模式势在必行。

本章所介绍的三种方法均能够有效应对海量非结构化电子文件的存储与检索，提升档案管理工作的质量和效率。大数据技术的发展，为非结构化电子文件的存储与检索提供了更多的可能，未来在档案的管理中需要更多的大数据技术应用，新的存储及检索方法会不断产生，共同促进档案事业的发展。

第五节　大数据环境下非结构化电子文件管理面临的挑战与机遇

知己知彼，方能百战不殆。档案部门既要抓住机遇，促进档案信息资源整合的开展，也要了解外部面临的挑战和威胁，以便提出相应的解决对策。大数据环境时代给非结构化电子文件的存储与检索工作带来了机遇的同时也带来了诸多挑战。

一　大数据环境下非结构化电子文件管理面临的挑战

（一）大数据技术应用和档案资源建设水平不高

目前，由于非结构化电子文件管理相关规范和标准尚不健全，各行各业生成的海量非结构化电子文件的存储质量各有差异。因此，也为档案数据价值的深度挖掘与利用造成了一定的困难，亟须对海量的档案数据保管方法进行创新，但大数据技术由于数据安全、成本等因素在档案领域仍然尚未得到广泛应用和普及，因此，我国应在条件允许的情况下，

---

① 国家档案局：《2019 年度全国档案行政管理部门和档案馆基本情况摘要（一）》，https：//www.saac.gov.cn/daj/zhdt/202009/5ce902bafc3f490d99596d55c8c33954.shtml，2020 年 9 月 4 日。

积极发挥大数据云存储功能提高档案保管职能，利用数据分析服务和云服务等技术，为用户提供高质量的档案服务，提高档案管理效率和档案社会价值实现，为档案信息化管理和档案信息资源共享注入动力。文档型非关系型数据库的建设工程量大、内容复杂，我国基于文档型非关系型数据库的档案数据存储管理建设正处于起步阶段。因此，需要对文档型非关系型数据库的建设进行整体规划，具体可以由档案事业管理部门提出宏观的指导方针，对文档型非关系型数据库的建设进行统筹规划、合理布局、提出相应的建设蓝图，并与相关部门进行合作，商讨文档型非关系型数据库建设规划的可行性进行论证，提出参考意见。在后期对文档型数据库的档案数据存储管理中仍然需要加强对其的科学管理和监督。

（二）管理思维的变革

目前我国档案管理仍然存在发展不平衡的现象，其中档案管理技术的应用各有不同，对档案资源的共享与利用造成了一定的困难，需要对传统的档案管理方法进行积极的创新和变革。大数据技术和人工智能技术对档案管理的渗透无时无刻不影响和冲击着传统档案管理思维，多种多样的非结构化电子文件不同于传统纸质档案，具有更复杂的特点，对其管理自然不同于传统档案管理方式。管理方式的改变首先取决于管理思维的改变，因此，我国应全面加强对非结构化电子文件管理的理论研究和实践探索，制定相应的法律法规，完善我国档案管理标准和机制；加强对其多途径的宣传，推动非结构化电子文件管理思维的革新，提高公众的档案意识，在档案领域树立档案大数据观，以实现档案的高效管理和主动服务。

（三）档案安全无法保障

大数据时代的到来为档案信息资源整合带来了较多机遇，但是大数据时代也容易出现信息泄露的现象。一方面，在大数据时代，信息种类繁多，档案部门要学会识别哪些档案信息资源能开放，哪些档案信息资源又属于加密的。另一方面，虽然档案馆有采取"用户身份认证技术"

来约束用户行为的措施，但是远远不够。目前，互联网的开放性对档案信息的安全构成了一定威胁，比如黑客非法入侵、计算机病毒植入等都能对档案网站信息资源的安全构成挑战。除此以外，在云环境下，云安全也存在着一定的风险。比如云计算的隐私保护问题集中在访问控制方面，上传到云端的敏感数据能否被非授权访问，用户访问时个人身份信息会被保留多久。[①] 因此，档案部门要培养掌握计算机技术和档案专业技能的综合素质人才，健全档案信息安全技术等确保档案信息资源整合的安全。

档案作为我国重要财富的一部分，由于其原始记录的特性，对档案的安全保护不容忽视。大数据技术为档案事业带来了发展机遇，同时也带来了档案信息泄露等隐患。目前我国档案领域基于文档型数据库的非结构化电子文件存储尚未有明确的应用案例，其建设应用过程中存在诸多的不确定性隐患，因此，档案管理人员在积极应用大数据技术的同时，也要更加重视对档案数据的安全防护，如网络安全、存储安全等，及时更新档案数据安全维护技术，避免人为等因素造成的损失。由于文档型非关系型数据库的规划布局十分复杂，档案数据在在线归档、迁移、导入或导出等过程中存在诸多潜在的安全隐患，因此，需要从技术、制度和管理等多方面为其提供安全保障。首先，技术方面，需要建立先进的保密技术对档案安全进行安全加密，同时建立档案安全评估系统对档案数据的日常管理与利用进行实时监测和安全评估。其次，制度方面需要建立完善的档案数据安全管理制度，如档案信息系统安全监测机制、档案数据安全日常管理制度等，最大限度地降低档案安全风险，避免档案数据被非法入侵、窃取或篡改等安全事故的发生。

（四）管理机制有待完善

基于对象存储、分布式文件系统存储和文档型非关系型数据库档案

---

① 李智勇、李蒙、周悦：《大数据时代的云安全》，化学工业出版社 2016 年版，第 114 页。

数据存储的实现需要从档案管理工作实际出发，制定具体可行的实施流程和相应的管理机制，细化工作细则，为各档案管理机构提供具体可行的指导，同时也有利于推动电子档案各种规范标准的贯彻落实。随着基于文档型非关系型数据库的档案数据存储实现与普及，相应的档案工作人员同样需要进行必要的培训和学习，熟练掌握对象存储、分布式文件系统存储和文档型非关系型数据库的档案数据存储管理的具体操作和运行，为档案的安全提供保障。

（五）数据分析技术传统封闭

大数据时代是一个海量数据和信息爆炸式增长的时代。随着档案部门信息化建设工作的开展，档案信息资源的收集渠道也日趋多元化，数据类型不仅包括结构化数据，而且包括非结构化数据等。大数据时代信息类型的多样性发展，使得传统封闭式的档案数据挖掘与分析技术不再适应半结构化数据等的分析处理。"要获得大数据分析的价值，就应关注档案数字资源中的数据关系和语义表征，实现信息整合与知识整合。但目前档案数字资源整合还处于数据整合阶段，偏重于实现异质异构数据在物理或逻辑上的集中和互联互通，仅能为用户提供信息检索服务，这与大数据时代的要求相去甚远。"①

二　大数据时代给非结构化电子文件管理带来的机遇

随着时代的发展和技术的进步，上述问题已得到解决，且语义网、云计算和文档型数据库等技术为档案的动态管理带来了极大的机遇。首先，目前就学科发展趋势而言，我国于2021年12月通过"关于《博士、硕士学位授予和人才培养学科专业目录》及其管理办法征询意见的函"，正式将"图书情报与档案管理"一级学科更改为"信息资源管理"。相对原来的"图书情报与档案管理"学科边界与领域，"信息资源管理"

---

① 孟歆：《大数据时代档案数字资源整合的难点及对策分析》，《山西档案》2015年第1期。

具有更大的包容性，因此其研究领域也需要在原来的基础上进一步探究和拓展。其次，在档案统计分析方面，也从"页"转变为"GB"。最后，就我国的政策法规的发布实施而言，近年来我国档案领域颁布《党政机关电子公文归档规范》（GB/T 39362—2020）、《绿色档案馆建筑评价标准》（DA/T 76—2019）等，由此可见，我国着力以信息化建设为引领全面提高档案治理体系和治理能力现代化发展。

第六节　大数据环境下非结构化
电子文件挖掘特征

大数据技术深刻地影响着档案信息资源的挖掘过程，在社会信息资源日新月异的大数据背景下，未来的档案信息资源挖掘工作也必须适应时代发展的潮流。在大数据技术得到深入应用的前提下，档案信息资源的挖掘工作逐渐呈现出新的发展趋势，主要表现为挖掘对象的社会化、挖掘方式的标准化和挖掘主体的协同化。

一　挖掘对象的社会化

大数据时代，各类新型数字化媒体层出不穷，通过这些社会化媒体每天都产生和传递海量的社会信息资源，而这部分信息资源日渐成为档案信息资源的重要来源，如何对与日俱增且价值量巨大的社会档案信息资源进行采集、存储、提炼其中的价值成为档案挖掘工作的难题。大数据技术在档案信息资源挖掘中深入应用可以解决这一类难题，云档案平台的构建可以实现社会化档案信息的跨区域共享和流通，云存储技术可以为体积巨大的社会档案信息资源提供安全可容的存储空间，语义处理技术可以实现跨媒体的档案信息资源处理。这些都为社会化的档案信息资源挖掘提供了技术支持。如今档案信息资源的社会化趋势与日俱增，随着"大档案观"理念和档案的"社会记忆"理念的提出与推广，档案信息资源的外延逐渐扩展，关于档案社会化媒体信息资源的研究也愈加活跃。① 国内档案学学者冯惠玲教授早在 2012 年全国档案学年会上就指出在当下随着社会化媒体的快速发展和普及，将会对未来档案信息资源的平台、理念、管理方法以及利用方式产生巨大影响，对导致档案信息资源采集渠道、管理架构和开发利用方式的调整和变化，推动未来档案信息资源的新变革。如今，社会媒体信息资源的急剧增长极大地推动着我国档案信息资源的社会化进程，社会媒体的应用深刻改变着社会民众的档案意识②，为档案信息资源的社会化注入潜在推动力。大数据技术为其开发利用提供技术支持和保证，在未来的档案信息资源挖掘中，挖掘对象的社会化已成为必然趋势。

目前已有对社会化档案信息资源的挖掘实践案例，早在 2011 年，美国国家档案馆就在官网（http：//www. archives. gov/citizen-archivist）上开设了"公民档案工作者"板块，如图 7 - 5 所示，面向社会大众，开放档案信息资源，并接受反馈信息。公民可以在此板块针对社会化档案信息资源发表图片、文字说明、对某些信息资源进行标注、对网站内

图 7 - 5　美国国家档案局官网"公民档案工作者"板块

① 王兰成、黄永勤：《大数据背景下档案社会化媒体信息的挖掘与利用探析》，《档案学研究》2016 年第 1 期。

② 王亚肖：《浅谈社交媒体对档案工作的影响》，《档案学研究》2014 年第 2 期。

容进行补充，甚至可以就某一具体信息进行撰文评论。这一板块把档案信息资源网站和社交媒体实现联通，大大推进了档案信息资源的社会化进程，档案机构通过对社会化档案信息资源进行采集和深入挖掘，以此实现更好的档案信息资源服务工作。

二 挖掘方式的标准化

目前虽然云计算、语义处理技术在档案信息资源的挖掘中已经得到了应用，并将不断普及，但是想让实现档案信息资源更大范围的资源共享、应用工具的共享和利用，还有很多挑战，最主要的就在于挖掘方式的标准化处理方面。目前的大数据挖掘工作中，原始档案信息资源普遍存在著录标准、组织标准的不统一现象，对于其协同系统挖掘利用造成困难。因而今后云计算技术、语义处理技术应用与档案信息资源挖掘时将使之呈现出挖掘方式标准化的趋势。未来的档案工作中，各级档案机构首先要做好档案信息资源组织标准的构建工作，为跨媒体的语义处理和信息提取创造条件。① 要注重对现有档案信息资源组织标准的完善和对统一后挖掘标准的理解和推广，实现大规模的档案信息资源标准化处理，从而使档案信息资源的挖掘方式实现标准化和统一化。同时在档案云平台的构建过程中也应该注意标准化建设，需要由国家出台相关政策对云计算服务平台标准进行规约和指导，在具体的实践过程中，严格执行现有的档案数据著录与案卷级、目录级数据格式标准，另外总结问题出台新标准②，以实现档案信息资源在未来更大规模的资源共享、广域采集和标准化开发利用。除此之外，还应当注意在档案信息资源挖掘过程中如何对国际标准进行参与和执行，建立起标准化的信息资源接收渠道并形成统一规范的接收协议。实现全球通用的档案信息资源执行标准

---

① 吕元智：《数字档案信息资源跨媒体语义检索实现框架与关键问题研究》，《档案学研究》2014 年第 2 期。

② 吕元智：《国家档案信息资源"云"共享服务模式研究》，《档案学研究》2011 年第 4 期。

是新技术在该领域得以普及和推广的重要保障。[①]

建立统一标准对档案信息资源进行采集、整理，进而实现标准化的挖掘和利用在现实中已经得到了初步的探索：浙江省丽水市已成功建成全市范围内的云档案信息共享系统，该系统把下辖九个县区和市区各数字化机关档案室、档案备份系统和云档案信息资源共享系统整合为一体，采用统一标准进行处理，大大提升了档案信息资源的挖掘效率，也为我国未来全国范围内档案信息资源的标准化处理提供了借鉴。

三　挖掘主体的协同化

随着大数据时代档案信息资源外延的扩大化以及跨媒体的语义处理技术在档案信息资源挖掘方面的应用，未来的档案信息管理工作应当秉承以档案部门为主导的协同合作主体多样化原则。[②] 在档案信息资源的挖掘领域主要体现在挖掘主体的协同化。大数据背景下，数据的关联性日渐紧密，档案信息资源与其他类型的信息资源之间也具有越来越紧密的联系，档案机构从事信息挖掘的过程中与其他社会机构之间的协同化成为未来档案信息资源挖掘的新趋势。各级档案馆可以注重与图书馆、博物馆等文化事业单位的协同与合作，推进信息资源的共享和链接；也可以注重与商业机构之间的合作与协同，对档案信息资源进行协同开发，注重与档案信息资源的服务供应方、互联网运营商之间的协同，发掘档案信息资源中隐藏的商业价值；"高校档案机构也可以搭建与政府机构、企事业单位、民间组织信息交流的平台，主动推送档案信息服务"[③]。与这些机构协同挖掘档案信息资源的价值，获得人力、物力和财力的支持，使高校的研究成果产生更大的社会效益。

---

① 陈康明：《云计算在档案管理中的应用》，《云南档案》2012 年第 5 期。

② 檀竹茂：《档案信息资源开发的有效途径——协同合作》，《档案学通讯》2014 年第 3 期。

③ 曹勤民：《从"独享"走向"共享"——论高校档案信息资源社会价值实现的途径》，《档案学通讯》2012 年第 9 期。

目前已存在档案机构与其他文化事业单位协同进行档案信息资源的挖掘的案例：如第一历史档案馆与故宫博物院、湖南广电集团进行协同合作，深入挖掘馆藏档案信息资源，联合摄制了大型纪录片《故宫秘档》，使社会公众通过这些清代档案深入了解了当时的历史状况，深受好评。而在云计算的技术支持下，未来图书馆与档案馆进行资源整合，协同挖掘馆藏信息资源也成为档案信息资源挖掘发展的一个方向，加拿大国家图书档案馆的成功运行、天津泰达图书档案馆的成功案例都为未来的图书馆、档案馆协同发展提供了参考。

总之，档案信息资源是大数据时代最重要的财富之一，对其价值的挖掘和提取对未来数十年社会的发展具备不可估量的意义，档案信息资源的挖掘工作关系到档案整合与优化、关系到档案服务工作的前进方向，关系到信息化社会档案信息资源对于社会的服务能力，更关系到我国在大数据时代能否把握历史机遇，实现综合国力和国际竞争力的全面提升。大数据技术虽然已经被普遍应用于社会的很多领域，但在档案信息资源挖掘领域中的应用尚处于起步阶段，使用包括云计算、可视化分析、语义处理技术等大数据技术系统而高效地进行档案信息资源挖掘是当下和未来档案工作的重要内容。广泛采集、综合分析、整合成果、高效利用，树立大数据背景下的档案信息资源挖掘新理念，使用以大数据技术为基础的档案信息资源挖掘新技术，广泛借鉴国内外先进成果，积极总结经验教训，顺应时代潮流和国家政策的指引，完善相关标准和法规，大力深化大数据技术在档案信息资源挖掘领域的应用，打造多部门协同发展、面向多元化信息来源、统一协调的档案信息资源挖掘体系，为我国的档案事业做出更大的贡献是我们接下来的责任和义务。

第八章

基于社交媒体文件的非结构化
电子文件管理

社交媒体是 Web 2.0 时代互联网的突出的应用模式，如推特、微博、博客、Instagram 等。社交媒体由于聚集了许多网民，他们在不断地发送和阅读信息，每时每刻都会产生大量未经过格式化的文本或多媒体文件。在全球的社交媒体归档运动中，为了有效对这些散乱的信息进行归档，对于这些基于社交媒体的非结构化文件管理的应对策略就成了研究热点。为了科学管理社交媒体中具有保存价值的文件，美国国家档案与文件管理署（NARA）于 2010 年 12 月发布社交媒体策略，提出了开展与社交媒体合作的核心价值观，以促进社交媒体文件的非结构化电子文件能够得到有效归档保管。随着社会的发展，近年来我国对社交媒体中产生的非结构化电子文件管理同样给予了高度重视。

本章主要对基于社交媒体文件的非结构化电子文件的捕获、鉴定、保存和开发利用进行了具体分析与论述，并结合了美国、英国和澳大利亚三个国家的社交媒体档案管理实践工作进行了具体的分析，对我国社交媒体档案管理具有一定的参考借鉴价值。

第一节 社交媒体信息的捕获

随着社交媒体平台的日益普及，不断产生的海量社交媒体信息对于档案管理来说是一种新的挑战。在对其进行归档的过程中，社交媒体信息的捕获成为首要难题，目前美国的社交媒体归档项目无论是从捕获的政策还是方法来说，都是相对完善的。通过对美国社交媒体信息捕获归档的项目研究，从政策及技术等方面对我国提出可行性建议。

一 美国的社交媒体信息的捕获工作

（一）美国国会图书馆归档 Twitter 项目

美国是社交媒体信息归档研究的代表性国家，早在 2010 年 12 月 8 日，美国国家档案与文件署在其官网上发布了《社交媒体战略》。该战略提到社交媒体作为一种工具，可以在机构运作和服务公众的方式上做出一定程度的改变。结果是，机构将变得更加开放和透明，并促进机构间的参与和合作。并协助档案机构达成其身为国家记录持有者的使命——保护国家文件记录，从而提高公众的可利用性。同年 4 月 14 日，美国国会图书馆（LC）启动了 Twitter 归档项目，"LC 与 Twitter 签署了《捐赠协议》，Twitter 向 LC 捐赠自其建立时起的全部公开推文，归档对象即 2006 年 3 月至 2010 年 4 月的公开推文，美国国会图书馆作为此次归档主体。Twitter 归档项目正式启动，消息首次通过 LC 官方推特账号 @ LibraryCongress 发布"①。并在 2013 年 1 月发布了 Twitter 存档的白皮书，题为 *Update on the Twitter Archive at the Library of Congress*，其目标是"采集并保存 2006—2010 年的 tweets 档案；建立一个安全可持续的计划，以接收和存储每天不断流动的推文流；并创建一个按日期组织所有推文文件的系统结构"②。国会图书馆和 Twitter 已经获得了通过捐赠存档社交媒体信息的权力，这对于我国的社交媒体信息归档的实践是具有可取之处的。

（二）美国社交媒体信息捕获的保障

NARA 在《社交媒体文件捕获最佳指南》中声明，"承诺响应联邦

---

① 万凯莉：《美国 Twitter 存档项目对我国社交媒体信息归档的启示》，《浙江档案》2014 年第 5 期。

② 周文泓：《社交媒体信息档案化管理的挑战与对策探析——基于美国国会图书馆 Twitter 档案馆项目的调查与启示》，《档案管理》2018 年第 6 期。

政府部分机构工作人员的要求与指导请求并兑现的承诺"①，因此，可知社交媒体有一个独立的捕获主体——政府机构，为社交媒体信息的捕获与归档工作提供机构保障。

社交媒体信息不同于传统的纸质档案与电子文件，是各大社交平台实时记录的社会记忆，应在符合有关社交媒体政策的引导下，制定社交媒体信息的捕获法规与政策。对此，"美国颁布了《隐私权法》《联邦记录法》《开放政府法》《信息自由法》，美国政府问责局颁布了《联邦机构所需的信息管理及保护的政策和程序 GAO－11－60 文件》，美国国家档案与文件管理署颁布了《美国国家档案与文件管理署 2014—02 布告》《利用 WEB2.0 和社交媒体网站的行为准则及内容管理责任（NARA 指南831—2)》"② 等一系类法律法规，共同组成了美国社交媒体信息捕获归档的规范性法规体系，也是十分重要且必要的。

（三）美国社交媒体信息捕获的方法

美国在实施社交媒体战略后，其不同的联邦政府对社交媒体信息的捕获提出了几种方法，但通过可行性评估后，有两种方法并不可取：首先，将社交媒体录制内容复制/粘贴到 Word 文档和 PDF/A 文档中，并将其保存到文件管理应用程序中；其次，将复制的社交媒体信息粘贴到Word 文档中，硬盘或者共享驱动器存储。原因是，通过截图的方式所获取的信息与图片不符合 NARA 对网络记录永久性保存的移交指导意见，因为这种方式没有保留其内容的功能与元数据。因此，为了更好地指导美国联邦机构获取社交媒体信息，NARA 提出了捕获社交媒体信息的方法，主要有应用网络爬虫技术创建该网站的本地版本、使用 Web 捕获工具捕获社交媒体、利用特定的应用程序接口（APIs）捕获信息、利用RSS 订阅与聚合的方式来获取信息、利用内置于某些社交媒体平台的工

---

① National Archives and Records Administration, "White Paper on Best Practices for the Capture of Social Media Records", *College Park*, *MD*: *NARA*, 2013.

② 张江珊:《美国社交媒体记录捕获归档的思考》,《档案学研究》2016 年第 4 期。

具来获取社交媒体信息。应用这些方法，可有效地提高信息的时效性、可获得性和质量以及数据和内容的可读性。

二 社交媒体信息的其他捕获技术

通过从美国国会图书馆 Twitter 归档项目的研究可以看出，捕获社交媒体信息首先需要明确捕获的主体是档案部门、政府机构，还是多重主体；其次要求具备法律政策、捕获技术的保障，否则社交媒体信息捕获并归档的实施很难步入正轨。然而目前来看，"我国只有《档案法及实施办法》《电子公文归档管理暂行办法》《文书类电子文件元数据方案》《电子档案移交与接收办法》等社交媒体记录捕获归档有一些关系，但尚未制定与捕获社交媒体信息直接相关的法规政策"[①]。若在社交媒体信息捕获方面的法律政策不完善，那么社交媒体信息归档的实践将难以推动。所以，为保障社交媒体信息捕获并归档，我国制定一些符合我国国情的政策法规是必要的。

在捕获技术方面，参考国外对社交媒体信息的捕获研究，并结合国内技术水平与国内社交媒体信息归档的情况，对于技术捕获提出建议。

（一）截图技术

对于社交媒体信息的捕获，截图技术是方法之一。截图是一种常见的将信息以图片的形式捕获下来的技术，现阶段的截图工具主要包括浏览器自带的截图工具、从网站下载的截图软件及应用商店中购买的截图软件等。信息捕获者根据存储需要进行页面局部截取或全网页截取。

相比国外，国内在社交媒体信息存储方面可存储图片信息，将信息截取成图片进行保存，首先，符合国家对档案数字化的保存规定；其次，这里所说的截图是指对全网页的全部截取，既保存了当时的格式又保持了原有网页中的全部内容。但这种截图技术对于目前应用而言存在很多阻碍，图片所占据的存储空间是巨大的，而且在进行截图之前，社交媒

---

① 张江珊：《美国社交媒体记录捕获归档的思考》，《档案学研究》2016 年第 4 期。

体用户发帖的背景信息是全结构化的，便于检索与利用，但截图后的社交媒体信息是非结构化的，不便于利用。

（二）利用网络爬虫技术

相对截图技术，网络爬虫技术是对万维网的信息进行自动抓取的程序或者脚本，并且采用某种规则。针对多种类型的社交媒体和不同的社交模式，也需要制定不同的捕获策略方法。但无论何种模式，都应具备以下几种共同因素："社交"、"用户"和"情感"。因此，基于社交媒体的爬虫应该以用户为中心，首先将节点定位到用户，然后获得用户节点的背景数据、发布的内容数据、社交关系数据，以准确地获取社交媒体信息。爬虫主要分为三种：全网爬虫、内容爬虫、主题爬虫。由于社交媒体这种社会网络的用户节点通常达数亿，这种社会网络所传达包含的信息是海量巨大的。因此，根据其特点及归档后的开发利用，可采用全网爬虫。其工作本质可理解为制定社交网络的网络范围的爬虫检测字符节点 ID 生成规则，使用字符节点与节点的社交联系链向外爬行。

通过爬虫技术来捕获社交媒体信息的优点在于它的科学性，其捕获速度非常迅捷，数据库直接存储被捕获到的数据，是最为广泛使用的捕获技术。但爬虫技术也有缺点，通过爬虫得到的信息难以保证它的真实性和原始性，这些二次数据要做进一步的清洗工作。90% 爬下的数据是文本的 TXT 和少数 html 文本文件，要进行读取处理；若打开后的字体格式杂乱，则需要做数据整理。

（三）使用平台的特定应用程序接口（API）

捕获社交媒体信息还有一种可取的方法是使用平台的特定应用程序接口，即"API 应用程序接口是一些经过了预先定义的函数，提供开发人员访问一些编写良好的程序权限，而又不要求他们看得懂源代码或一定理解其内部工作机制的细节"[①]。在获取原始数据时，由于社交媒体不

---

① 常家豪：《基于社交媒体的安全态势信息采集方法》，《网络安全技术与应用》2014 年第 7 期。

同于传统的在线媒体，一个话题会因为有越来越多的用户关注而一瞬间变得热门，传播到网络的各处。同时社交媒体信息在生成时在时间上具有不确定性和随机性，为了连续接收数据，将应用程序连接到社交媒体网站提供的 API，这些 API 是面向开发人员的，建立保持与社交媒体网站的数据连接，以此来获取社交媒体网站的数据，这种方法可以自动检测数据的格式，还可以统一对数据格式进行整理，实现了对社交媒体信息的捕获，以便后续分析和利用社交媒体信息。

API 接口是一种官方允许的程序，具有权威性，如 Twitter 会开放API 接口。但目前在国内，新浪微博已关闭 API 接口，若大数据公司想大量获取数据可与其合作，申请开放一小部分。此外，第三方微博软件可通过 API 读取并下载。正因为是一种官方程序，其管理愈加严格，通过 API 接口读取下载的数据，官方不允许其被爬虫，并且被官方删除的信息不能被爬到。

美国国会图书馆归档 Twitter 项目对我国的社交媒体信息的捕获具有借鉴作用，无论是从捕获政策、法规还是技术方法等方面都值得国内学习与应用，国内有关社交媒体信息的捕获法规与政策还不够完善。对社交媒体信息的捕获方法而言，截图技术、爬虫技术、使用平台的特定应用程序接口技术都各自存在着优缺点，除了这些方法，使用 RSS 订阅、聚合的方法来捕获社交媒体信息也具有很多优势，如捕获信息准确、成本低、时效性强等特点。因此，在对社交媒体信息进行捕获时，具体应用哪种捕获技术，要综合考虑社交媒体的类型与特点。

第二节　社交媒体信息的鉴定

档案鉴定是指"判定档案真伪和价值的过程"[①]。同样，对于社交媒体信息，它主要基于对其真实性和价值的判断，并通过"标"、"存"与

[①]　万凯莉：《论社交媒体信息的档案化鉴定》，《档案学研究》2016 年第 1 期。

"毁"的方式，保留和构建社会记忆。只有将社交媒体信息的鉴定工作做好，才能更好地进行智能化分类并提供利用。

一　美、英、澳的社交媒体信息的鉴定工作

社交媒体信息涉及领域极广，其内容所蕴含的价值可被利用者研究与挖掘，信息最集中之处也是价值最高之处。转发、评论和喜欢的数量也从不同角度展示了社交媒体信息的一些性质，在一定程度上反映了其凭证价值。美、英、澳在社交媒体信息鉴定方面，主要鉴定哪些社交媒体信息应该被归档。

英国国家档案馆对社交媒体信息内容的归档规定，不是全部的推文都将被归档，其中的转载和评论不属于归档范畴，其归档范围包括正文和背景内容。澳大利亚和美国之间的社交媒体信息存档并不直接对其政府负责。国家环境保护机构与美国海岸警卫队声明，与该部门无关的社交媒体信息政务性的言语应被删掉，澳大利亚国家档案馆提出鉴定技术与方法政策随着工具的变化而选择，还将对有关部门进行咨询，澳大利亚和美国在国家级方面暂时还没有准确的标准制定，因此具体选择归档哪些社交媒体信息方面，具有自主性，与此同时要遵循国家及有关部门的相关规定与法律政策。

"社交媒体信息归档的法规中，在鉴定这一环节，澳大利亚和美国的有关档案部门相继规定了社交媒体信息的鉴定标准，这一标准具体到价值鉴定，其中的核心思想是'机构与业务相关性'。但是应用到实际问题中，该问题被当作导向及大纲性的建议所产生的作用及后果还需要进一步研究。"① 2010 年，美国国会图书馆发起 Twitter 归档项目，当时 Twitter 归档对象为从 2006 年 3 月到 2010 年 4 月全部公开的推文。事实上，不会归档私人用户信息以及删掉的推文，链接的信息例如网址及图

---

① 周文泓：《美国政府社交媒体保管政策分析及其启示》，《情报理论与实践》2015 年第 9 期。

片也不会被归档。

社交媒体信息在鉴定方法上，和传统档案鉴定相比存在着差异，但其与档案又存在着共性，在对社交媒体信息进行鉴定的时候要结合传统档案的鉴定思想并具有创新意识。

因此，我国社交媒体信息的鉴定方法可主要从鉴定主体与对象、内容与原则、标准与工具几个方面来研究。对此，在鉴定对应的环节提出可行性建议。

二　社交媒体信息鉴定主体与对象

（一）社交媒体信息鉴定主体

相对于传统档案的鉴定，社交媒体信息鉴定主体更加多元化，具体表现在四个方面。首先，社交媒体用户应积极识别他们发布的信息的价值；其次，档案工作人员及档案部门，应制定法规政策、标准等来规范社交媒体信息的鉴定工作，对其总体指导工作的把关；再次，社交媒体平台依据档案部门制定的法规政策等标准，建立平台自身的保存系统，其相关技术人员应进一步完善鉴定功能；最后，第三方技术公司做好社交媒体信息鉴定的辅助工作，辅助档案部门及社交媒体平台的鉴定工作，起到技术支持的作用。

（二）社交媒体信息鉴定对象

从鉴定对象来看，与传统档案不同，传统档案的鉴定对象就是档案。但由于社交媒体平台，所产生的是"信息"、"记录"，这种社会记忆是非结构化的，所以鉴定对象由"档案"、"文件"转化为"信息"、"记录"。而且这种信息是海量的，因此就鉴定对象而言与传统档案是有区别的，并且在后续的鉴定工具的选择上也是有一定要求的。

三　社交媒体信息鉴定内容与原则

（一）社交媒体信息鉴定内容

社交媒体信息鉴定中内容鉴定分为两方面。一方面，其价值的鉴定。

"档案的第一价值：指形成档案的人，对其产生的价值，档案的形成者是价值主体。档案的第二价值：指档案对除形成档案的人以外的利用档案的人产生的价值，也就是对社会的，社会的利用者是价值主体。"① 社交媒体信息虽然与传统档案存在着差异，但是它们都具有第一价值与第二价值。对发布的用户来说，此信息是不是对自己有用，为对发布者的价值，也就是第一价值。而对社交媒体平台，社交媒体信息是否能够提高平台的收益、用户体验或对其他利用者的价值等，对社会与档案部门而言，是否能够有助于学术的研究，为其第二价值。另一方面，其真伪的鉴定，不同于传统档案鉴定，社交媒体信息真伪的鉴定需要具体问题具体分析，若从大数据角度而言，对于其信息真伪的鉴定问题需要弱化。如果是政府官微信息的真伪鉴定问题则不能弱化。社交媒体平台每个用户都有自己的账号，并无权对他人发布的信息进行更改，只能通过复制等方式再通过自己的账号发布，因此也很难对原信息的真伪进行辨别，并且，社交媒体用户所发布的信息表达的是用户自身的观点，既然是一种情感，其真伪我们无从判断，即便是谣言、虚假信息，它所反映的也是真实的社会记忆与现实，将这些痕迹保存下来，恰恰更加真实与全面地记录了社会的"现在"与"过去"。社交媒体信息量大、类多的特点，更说明了归档保存后进行智能化分类的必要性。

（二）社交媒体信息鉴定原则

社交媒体信息的鉴定，其鉴定范畴从三个角度出发。首先，依据档案部门划分鉴定范畴。不同部门归档信息类别不同，各个档案部门紧密结合又有区分，做到什么类别的信息应归档什么档案部门；其次，依据档案馆职能划分，各个档案馆职能不同，如政府官微发布的信息与普通用户发布的信息应有所区分；最后，大数据应全部归档，应从利用的角度出发，并且分部门归档。结合传统档案鉴定与社交媒体信息的特点，其鉴定具有以下原则。

---

① 万凯莉：《论社交媒体信息的档案化鉴定》，《档案学研究》2016 年第 1 期。

全面性原则。在鉴定社交媒体信息时，应考虑各种综合因素，信息的热门度与关联度等，考量信息的档案价值与保存价值，无论是真实还是不真实的信息，我们都应该予以保存，对于不真实的信息我们可以在鉴定标记后保存，不可剔除，以保证社交媒体信息的完整。

社会性原则。权利下放，可赋予公众参与鉴定的权利，档案部门应根据实际情况制定符合社会需求和档案要求的社交媒体信息鉴定标准规范与规章制度等原则和标准。而且，与传统档案不同，社交媒体信息所反映的评论、娱乐、人们的日常等这些有价值与研究意义的信息，在鉴定时要充分被考虑。

个性化原则。社交媒体用户具有信息的所有权，即被公开的信息是否可以被保存，并判定其价值。档案部门应根据需求在满足档案要求的前提下，制定既适用于个人又面向社会的个性化鉴定的标准。

四　社交媒体信息鉴定标准与工具

（一）社交媒体信息鉴定标准

社交媒体信息进行归档保存，鉴定是必经之路，也是尤为重要的一步，需要依据科学的衡量来制定有力的鉴定标准，之所以说社交媒体信息鉴定标准是复杂的，是因为就国内而言社交媒体信息归档还处在理论阶段，而各学者对此标准也是百家争鸣。

目前并未产生较为确切的鉴定标准，主要分为以下几类："按照定义表述分，包括价值标准和真伪标准；按照应用性分，包括操作与理论标准；按照内容分，包括技术与内容标准；按照主体分，包括政府版标准和公众版标准。"[1] 这些标准之间互相渗透联系，并且相互补充，并不是孤立的。其中理论性标准是指导社交媒体信息鉴定的基础标准，它包括来源、价值与关联。就其来源而言，不同于以往的"全宗"、"立档单位"，社交媒体信息的来源可能是社会公众或社交媒体用户，因此这里的

---

[1] 周文泓：《全球社交媒体归档行动概览与展望》，《浙江档案》2016 年第 12 期。

"来源"是信息所反映的事件、活动与主题等广义的来源；就价值而言，每个用户在发布信息时都有自己的思考与想法，每条信息对不同人而言其价值也不尽相同，因此在进行价值鉴定时要灵活；就关联而言，在这个人际关系复杂的关联网络中，谁的追随、关注度越高，谁所发布的信息就越有意义，同样，互动、热度越高的信息，其价值也就越高。操作性标准是在具体鉴定实践过程中的详细的标准，分为面向政府与面向公众的双重标准，二者鉴定标准均由国家档案馆制定并颁布。政府导向标准一般适用于档案人员和档案部门，由国家档案馆、社交媒体平台及其技术人员、第三方技术公司及其技术人员实施。面向公众的标准，由社会公众或社交媒体用户实施，开展培训与教育宣传。

（二）社交媒体信息鉴定工具

社交媒体信息档案化鉴定是在网络上随时进行的，各鉴定主体根据既定的鉴定原则和鉴定标准对社交媒体信息进行判定后，采用社交媒体平台和社交媒体信息保存系统提供的鉴定工具进行具体操作。主要有以下三种工具：

一是只读电子记录表。即社交媒体信息保存系统中格式固定的只读表格，用于自动记录社交媒体用户、档案工作者、社交媒体平台、第三方技术公司和相关研究人员在系统中对社交媒体信息进行的所有操作。

二是读写电子记录表。即社交媒体信息保存系统中格式固定的可读写表格，社交媒体用户、档案工作者、社交媒体平台、第三方技术公司和相关研究人员对社交媒体信息进行附加标记、记录时使用。

三是标签。即社交媒体平台和社交媒体信息保存系统提供给用户与公众的，用以对社交媒体信息进行主题与关键词揭示的一项分类与标记功能。标签体系由档案部门、社交媒体平台和第三方技术公司合作开发，含指定性标签和自定义标签。指定性标签是指只可选择无法修改的固定标签，自定义标签则指用户可以根据自己的想法和语言习惯组织、编辑的标签。标签体系的设计应做到科学分类与个性分类相结合，即指定性标签应统一规范且尽可能符合档案分类要求。在指定性标签无法满足标记需求的情况下允许用户自定义标签。

综上所述，社交媒体信息的鉴定是复杂的、多元的，也更加网络电子化。国外社交媒体信息的鉴定，对于我国而言有可借鉴之处，并结合我国已有的档案鉴定理论。社交媒体信息具备档案的属性，二者之间存在着共性，但社交媒体信息的鉴定与传统档案鉴定方法存在差异，在对社交媒体信息进行鉴定的时候要结合传统档案的鉴定思想并具有创新意识，因此在对其鉴定时，既不能脱离传统档案鉴定方法，又要考虑社交媒体信息自身的特点。

第三节 社交媒体信息的保存

在本章中首先介绍英国国家档案馆与澳大利亚国家图书馆和档案馆的两个项目，它们在对社交媒体信息进行存储的实践中都具有共性：若想实现对海量的社交媒体信息长期有效地存储，首先应构建合理的保存机制，保存机制是社交媒体信息得以高效率存储并便于后期开发与利用的关键。

一 英、澳的社交媒体信息的保存工作

（一）英国国家档案馆保存社交媒体信息

"根据 1983 年英国档案法，并通过为期两年的项目实验，从 2014 年 5 月 8 日开始，英国国家档案馆网络档案管理部门（UKGWA）已在 Twitter 和 YouTube 上正式统一为英国中央政府部门提交社交媒体平台文件。标志着档案馆开始积累并永久保存复杂的社交媒体信息。"[1] 在项目启动时，该社交媒体档案库共有视频资源 7000 个，从 2008 年到 2013 年 9 月的 Twitter 文件共 65000 多份，多为大型的历史活动，如 2012 年的伦敦奥运会、女王的加冕典礼等。

---

① 高晨翔、黄新荣：《国外社交媒体文件归档的政策研究》，《图书馆》2017 年第 7 期。

英国的在线社交媒体库保存的文件包含网页链接，发布日期和时间、JSON 和 XML 文件等详细信息，同时为方便公众利用还将数据格式转为开放的 CSV 格式。英国国家档案馆在此次初次尝试对政务社交媒体进行归档保存。英国国家档案馆与欧洲网络记忆基金一起应对社交媒体归档保存等技术问题，使用收集工具确保文件内容和结构的原创性。

（二）澳大利亚国家图书馆与档案馆保存网络档案

"全部澳大利亚中央政府机构的网络档案（AGWA）由澳大利亚国家图书馆负责收集，从 2014 年 3 月起对大众开放数据库。"① 图书馆的归档方法采用网页快照的形式，可以通过在公众中搜索政府社交媒体信息来检索。现如今，只有通过登录相对应的社交媒体才能浏览图书馆所归档的政府社交媒体网络快照，并且"Reply"和"Reference"功能不可见，因此需要改进归档方法。同时，图书馆还存档其他类型的政府社交媒体信息，政府社交媒体的存档是其网络存档项目（Pandora）的一部分。

数字连续体理论是澳大利亚国家档案馆归档政务社交媒体信息的主要原因。这个理论所重视的是通过长期保存社会数字信息来实现社会数字记忆的传承。以数字连续体理论为基础，澳大利亚国家档案馆颁布了归档政府社交媒体的相关法规政策，其中指出"鉴于第三方社交媒体平台商所有的信息，或许不属于政府部门，对此政府在利用第三方社交媒体平台时，将采取必要措施确保社交媒体上发布的信息版权属于政府"②，这个政策具体表明政务社交媒体信息属于联邦财产。

通过对英国和澳大利亚的社交媒体信息保存思想的研究，并结合社交媒体信息实时、并发、海量等特点，在对我国的社交媒体信息存储数据库的选择上尤为重要。对此将从社交媒体的文本信息与大文件的存储

---

① 张晓娟、李沐妍：《政务社交媒体文件的管理模式研究》，《信息资源管理学报》2018年第 3 期。

② 黄新荣、高晨翔：《国内外社交媒体存档研究与实践述评》，《图书情报工作》2019 年第 4 期。

两方面着手，采用 MongoDB 技术和 GridFS 机制分别对前两者进行存储，具体理由及存储方法如下。

二 社交媒体文本信息的存储

鉴于国外对社交媒体信息的存储方法与社交媒体信息的特点，在存储这种实时、并发、海量的信息时，传统的存储方法面临着巨大的压力，社交媒体所产生的海量数据蕴含着潜在的巨大价值，为了有效地挖掘，应选择一种能长期保存、灵活并可拓展的数据库。

（一）构建合理的保存机制

由国外社交媒体信息的保存可知，由于社交媒体信息具有的不稳定性、多种媒体的集成性和元数据要求的特殊性，我国需要构建合理的社交媒体信息保存机制，以保证信息的真实与完整，在使用时能以原格式输出。只有保留其信息的完整内容，背景和结构信息以及元数据，才能提供真实的信息资源以供将来使用。美国的 Twitter 库中保存的 tweets 存成 JSON 文件，不仅具有原始内容还有相应的诸如发布者、时间、地点等元数据。这种元数据和背景信息的完整保存，可为长久的研究利用提供客观真实的信息资源。

综合考虑，适合采用非关系型数据库中较常见的 MongoDB 对社交媒体信息进行存储，将社交媒体的数据碎片和异构数据划分为文档数据和二进制大文件，其中文档数据是纯文本信息。二进制大文件包括图片、表情、动画、视频等。MongoDB 具有"面向集合存储、方便存储对象类型和 JSON 形式的数据、支持动态查询、模式没有固定规定、支持复制和动态恢复、支持多种语言、支持自动分片的全索引"[①] 等特点，非常适合存储大数据，并且 MongoDB 性能非常好，它将热数据存储在物理内存中，使得数据读取非常快速，内存充足。由于这个大文件不能直接存储在 MongoDB 文档中，因此引用了 MongoDB 提供的

---

① 张泽泉：《MongoDB 游记之轻松入门到进阶》，清华大学出版社 2017 年版，第 19 页。

GridFS 机制。

（二）利用 MongoDB 存储社交媒体信息

随着科技的不断创新发展，互联网技术的发展十分迅猛，随之涌现出了爆炸式的海量数据，这对互联网中所使用的数据库有了更高的要求，如可用性需求更高、存储效率要求更高、高可扩展性、高并发读写性。渐渐地，传统的数据库难以满足这些需求，与此同时，MongoDB 从众存储数据库中脱颖而出（具体请见本书第七章第二节对 MongoDB 数据库的介绍）。

"在 MongoDB 中，文档是其核心概念，类似于关系型数据库中的元组，由多个键及其相应的值有序地存放在一起组成。"[①] 集合等同于其中的表，并且具有许多个文档。几个集合形成一个数据库，单个 MongoDB 能够承载几个数据库，其两两之间是互不关联的，文档、集合与数据库之间具有一定的包含关系，如图 8-1 所示。

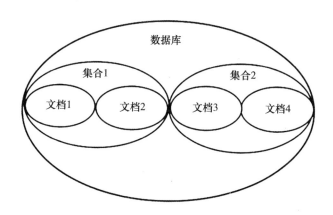

图 8-1　MongoDB 的层次结构

在传统的关系型数据库中，由许多数据表构成，具体的信息记录存储在数据表中，与集合、文档与对象这三个概念相对应。MongoDB 数据库也是由集合、文档与对象三个层次构成的，分别与关系型数据库中的

①　钟麟、员建厦：《一种基于 MongoDB 的大数据管理架构》，《计算机与网络》2016 年第 5 期。

对应关系统一。与此同时，关系型数据库中的数据表与 MongoDB 中的文档相对应，然而由于 MongoDB 的模式比较自由，因此集合里无行、关系和列的概念。

当存储文件较小时，直接将文档对象存入实现起来更便捷。BSON 文档对象作为 MongoDB 存储的最基本单元，可以是二进制类型的字段值。所以，MongoDB 能够储存文件资料、图片等。也能够直接将二进制数值存储至 MongoDB 的文档结构中。但是，到目前为止，由于 MongoDB 中的单个 BSON 对象小于 16MB，因此该方法适用于存储小文件。比较适用的场合，社交媒体用户将常用的例如 doc、ppt、pdf 等格式的文件上传，但要限制单张照片及文件要基本不大于 16MB，此时，可直接使用 MongoDB 的二进制方式存储，应用此方式将文件与图片转化为二进制的值，作为 BSON 对象的值，存储在 MongoDB 中。

三 社交媒体信息中大文件的存储

社交媒体信息除了文本类的信息可直接存储到 MongoDB 中，"大型文件（如大图像文件和视频文件）无法直接保存到 MongoDB 文档中"[1]。MongoDB 的一种可把大文件拆为一个一个小块的 GridFS 机制，以便完成较大文件的存储。

（一）GridFS 的简介及特点

对于社交媒体信息本身而言其格式存在差异，文件自身的大小也不能统一标准化，这时需要借助 MongoDB 的 GridFS 来处理。GridFS 是一种规范，用来处理大文件，具有很好的扩容性以便存储上千万的文件。"GridFS 文件系统是用于在 MongoDB 数据库中存储大文件的规范"[2]，可用来存储较大的文件如视频、动画、图片等。GridFS 不处理集合，但它

---

[1] 李伟、刘光明：《基于 MongoDB 数据库的临床医疗大数据存储方案设计与优化》，《工业控制计算机》2016 年第 1 期。

[2] 吴淼、倪力舜：《一种针对 MongoDB 数据库的证据获取方法》，《中国司法鉴定》2011 年第 3 期。

可以命名存储区域并将数据直接存储到数据库中。

（二）利用 GridFS 存储社交媒体信息

MongoDB 使用 GridFS 文件系统来存储文件，GridFS 文件系统是一种把文件存储在 MongoDB 数据库中的规范。GridFS 文件系统工作原理是，"该文件被分成几个小块，每个块通常大小为256K，每个块作为单独的记录存储在块集合中。相关文件信息的全部元数据都存储在文件集合中。对于文件，将有一个文件块与若干块"。

在 MongoDB 中存放数据时将涉及 3 个集合："userInfo. users，fileInfo. files，fileContent. chunks。"① 分别表示社交媒体信息源存储，文件大小类型源和文件组块信息。其中 userInfo. users 与 fileInfo. files 中的fileID 相对应时为社交媒体信息来源地址，可以是微博、微信、博客等，用来关联信息获取，而 fileInfo. files 与 fileContent. chunks 中的 fileID 相对应时关联的是社交媒体信息存储的具体内容。

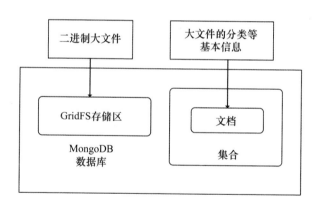

图 8 - 2　基于 GridFS 的大文件存储

如图 8 - 2 所示，二进制大文件和文档类信息保存于 MongoDB 数据库里，对信息查询时均能够用统一规定。可根据信息描述对其进行关

---

① 李兴武：《大数据下 MongoDB 数据库数据文档存储去重研究》，《数字技术与应用》2017 年第 9 期。

联、分类与检索。因此，全部数据均保存于相同数据库里，将访问规则相同、接口相同，使信息查询与分析更加方便化，最终达成统一化保存。

为了便于访问与检索，社交媒体信息必须按规则组织与存入。为便于相关性的查询，应建立各数据集合间的有效联系。在存储时可建立GridFS 分区，如社交媒体类型、用户间关联、话题关联等。利用 GridFS保存文件，检索采用关联文档，采用此方法要比采用 Lustre 存储效率高。这表明在 GridFS 存储和相关访问的基础上存在大型文件的性能优势。曾有学者在对临床医疗的大数据存储研究的实验中，证明了基于 GridFS 的大文件存储中在对关联性访问中的优势。医疗数据与社交媒体信息事实上具有一定的相似性，数据量大，结构相似，如文本、影像图片等，且都具有潜在的研究价值。

国外社交媒体信息的保存工作，社交媒体信息的保存在社交媒体信息的归档过程中是十分关键的一步，随着科技不断发展进步和互联网技术的创新，涌现出了爆炸式的海量数据，传统的存储方法便显得力不从心，结合社交媒体信息的特点，使用 MongoDB 的二进制存储方式来存储社交媒体信息，能够保证社交媒体信息的可用性需求、存储效率、可扩展性、并发读写性，更有利于日后对其开发与利用工作。

第四节　社交媒体信息的开发与利用

档案得以长期保存是因为其作为真实的历史记录，对于档案的利用者而言有利用价值，同样将社交媒体信息保存起来最终也是要对其进行开发与长期有效的利用，社交媒体平台多种多样，如微博、博客等。许多国家已经有利用社交媒体信息的先例。然而国内注重保存，若只"存"不"用"，社交媒体信息的价值将难以被发掘。由此可见，相关机构应重视和改进中国社交媒体信息的开发利用和智能化管理。

一　美、英、澳的社交媒体信息的开发与利用工作

社交媒体平台产生海量的信息所代表的不仅是一种数字记录，它反映了人类真实的活动，是生活记忆，其中涉及的普通群众、企业与政府的工作等信息，是一种别具特色的社会文化。

早在 2010 年，美国国会图书馆不但率先将 Twitter 进行存档管理，还开发了访问工具提供利用；2012 年，澳大利亚图书馆对博客这种社交媒体的信息采取不全部存档管理，与此同时，美国的卡洛莱纳州开始提供社交媒体归档利用的平台；2013 年，美国的 Twitter 网站开发了用户 Twitter 存档与检索的应用；2014 年，英国档案馆开发了社交媒体库，以线上的形式向大众提供有效利用。

由此可见，国外在对社交媒体信息的归档管理与开发利用方面不断地进行新的尝试，为了有助于我国借鉴国外对社交媒体信息开发与利用的经验，对此调研了国家图书馆与档案馆的官方网站，并结合国外社交媒体的理论与实践的研究，整理了一些国外典型社交媒体开发与利用的案例。

（一）建立档案利用平台——社交媒体库

建立完善的社交媒体库不但能够实现有序化、统一化地管理社交媒体资源，还可以方便利用者利用与开发。

1. 澳大利亚网络"社交媒体库"

自 2012 年以来，澳大利亚国家图书馆使用 PANDORA 网络归档系统存档博客页面，有选择地存档博客文章，并创建"社交媒体库"。该计划可追溯到 1996 年 PANDORA 档案计划的实施。由于国家图书馆开发了一套 PANDAS（PANDORA 数字存档系统）网页归档过程管理系统，网页信息的收集和归档变为现实。

澳大利亚国家图书馆从 2012 年 8 月 2 日起至 2015 年 9 月 29 日在此期间实行了对博客网页存档的计划，通过对网站的调研，此计划受到了英国网络档案馆自 2004 年以来对英国网站进行网页收集并对存档内容提供开放访问的启示，意识到社交媒体信息的重要性，存档博客的网页。

主要保存了 2010 年悉尼奥运会的博客网站信息、传统节日纪念日的重大活动以及相关政府博客信息等，方便大众访问并获取信息提供利用。

2. 英国政府网络"社交媒体库"

2014 年，英国国家档案馆开放了在线社交媒体库（英国政府网络档案馆，UK Government Web Archive），通过实际访问网站，能够很直观地看到一系列功能，其中，最主要的包括 Twitter 库和 Youtube 视频库，存储着 Twitter 上的推文和 Youtube 视频，如何有效地利用这些政府文件的导航，作为政府在线档案馆，所保存的推文与视频以政府相关文件为主。

相比澳大利亚的博客网页存档计划的网站只更新至 2015 年的存档信息，英国政府网络档案馆从 2010 年开始存储政府相关社交媒体信息至今，它的 Twitter 库中的存档信息最早产生于 2006 年，其内容也在每年不断更新，保证了其时效性。在存档时间轴每一年的下拉菜单中可以访问精确至每一天的存档文件，十分便捷。

如图 8-3 所示，英国政府网络档案馆归档保存的 Twitter 文件主要为政府推文文件、2012 年伦敦奥林匹克运动会的推文文件以及其他的推文文件。众所周知，一个国家成功举办奥运会是一件有重大意义的历史事

图 8-3　英国政府网络档案库存档 Twitter 文件

件，公众在社交媒体平台进行的热议话题也代表了当时的真实动态，建立专门的网络档案馆将重大事件归档保存是一件很必要的事情，无论从人类发展、社会进步还是科技等角度出发，都是十分有意义的事情。

3. 美国"维基人"平台

在 2011 年 5 月，美国国家档案馆创立了一个属于自己的专门服务于"维基人"的平台，"维基人"平台通过上传数字档案并将其复制件分享到维基百科，这样做的目的是将信息共享为方便公众利用资源，获取信息能够更加便利也就是达到资源共享。

除了维基共享，美国国家档案馆还计划将越来越多的数字档案上传到第三方平台为大众提供利用。近几年美国国会图书馆也将重心渐渐转移至创建"Twitter 库"。虽然截止到目前，该馆还未像澳大利亚与英国网络档案馆一样提供在线开放的 Twitter 库以便提供利用，但是美国国会图书馆与美国国家档案馆仍在为建立开放的能够提供利用的 Twitter 库而不断努力。

（二）利用社交媒体完善档案著录

档案不会由于年代的久远而变得越来越没有利用价值，相反会变得更有价值。然而，日积月累，这些资料逐渐变得不再那么完整了。为了保存和更好地完善这些材料，档案馆邀请公民通过社交媒体记录有关公开文件的信息。公民是社会变革变迁的目击者，因此应成为社会记忆的持有者。与此同时，档案著录信息越完整，能够被检索到的概率也就越大，以此不断吸引更多的"志愿者"来关注这一项目。

美国国家档案馆在 2011 年开展的"citizen archivist"项目中，同互联网主流的图片保存与分享网站 Flickr 合作，把图片上传到该网站供用户对其添加详细的标注信息，这项工作取得了良好的效果。那时，美国国家档案馆做过这样的统计。以半个月为有效期限，"大众档案员"已经为 1000 多页的档案手稿中加入注释，其他一些语言文件不仅为它们添加了注释，还准确地翻译了它们。

随着美国国家档案馆开展的"大众档案员"的热潮，在 2015 年，新加坡也相继实施了该项目，公民并不需要刻意地去创建专门的账号来填写信息，可通过已有的 Facebook、Google 和国家图书馆的账号进行登录，此平台也能够在图片中加入备注信息。除此以外，使用者可以通过社交媒体账户以上传的方式共享自己的个人档案，此档案信息便会出现在平台中。著录结束的档案被自动上传至在线档案目录以便利用者检索与利用。

（三）检索途径多样化

现如今，许多国家纷纷建立了在线社交媒体库，且多数均能够提供多样化的检索方法。例如，澳大利亚的 Web 档案库同时具有高级与普通的检索功能，高级检索中包括两种检索方式文本和网址检索，前者还可以使用"文件类型"的限定，从而限制返回特定文件类型，支持 PDF 与微软 Office 的文档类型。除此之外，"第三方社会机构 Archive socia 为美国北卡罗来纳州政府、奥斯丁市、南卡罗来纳州图书馆设计了开放的社交媒体库。其不仅能对多个社交媒体账户进行归档，更显著的特点是对于归档后的社交媒体信息可以提供高级检索，检索的范围包括日期、内容、参与者等"[①]。

澳大利亚政府网络档案库（AGWA）专门的高级检索网站，该收集包括在英联邦政府网站上免费提供的资料。可检索 1995 年至今的政府性相关社交媒体信息。2011 年 6 月首次收集了 AGWA 的内容，每年为档案收集新材料。

AGWA 收集（获取）的内容基于大约 800—900 个种子 URL 的列表，其范围包括嵌入内容，例如图像和样式表。使用 Heritrix 收集内容，Heritrix 是专门为档案收集设计的网络爬虫机器人。然而，由于网络收获过程的技术限制，一些内容可能无法被归档捕获。

若在搜索 AGWA 中没有找到想查找的政府内容，可在文本搜索结果页面的顶部看到"Search Trove"按钮。单击此按钮将使用在 AGWA 中输入的搜索术语启动对 PANDORA 归档的搜索。此选项不适用于 URL 搜

---

① 郭俊卿、黄新荣：《国外社交媒体文件的开发利用研究》，《档案》2017 年第 4 期。

索，因为 Trove 当前不支持对 PANDORA 归档的 URL 搜索。

该 AGWA 的初始版本是为了公众利益而提供的，以便提供对该档案材料的访问。在未来，澳大利亚国家图书馆打算随着其数字图书馆基础设施的重新发展，将这项服务与其他发现服务更紧密地结合。

（四）应用程序分析社交媒体信息

利用第三方机构对社交媒体信息进行分析，如美国的第三方社会机构 Archive Social，它能够自动将社交媒体信息进行归档，并且能够分析社交媒体信息，若信息中的评论触及政府的社交媒体法律或政策，该程序便会给政府传递出警报，政府一旦看到警报信息能及时将这些违反政策的信息进行妥善处理，有助于社交媒体政府信息的管理工作。

奥斯丁市的警察利用 Archive Social 对社交媒体信息的分析和警报功能，可在第一时间通过热度排序回应一些公众关注的问题。目前，有更多的机构开发了可供普通用户对归档的社交媒体信息进行分析的应用程序，如 Timehop、Tweetnest 等。其中 Tweetnest 不但能够允许用户亲身制订存档与备份计划，也能够通过条形统计图的方式，对每位用户 Twitter 每月的转发量与回复量进行统计，来直观地表现出不同时期的变化趋势，此外还允许用户个性化设置个人 Twitter 库的背景图以及颜色等。

通过对英国、美国、澳大利亚等国家的社交媒体开发与利用的研究，可以看出国外有关社交媒体的开发与利用正处于理论与实践不断交互融合、不断深入的阶段。而我国对社交媒体信息的开发与利用还基本处在理论多而实践少的状态，归档的实践工作还处在起步的阶段，对归档后的社交媒体信息有效地利用才能真正实现其价值。

二　社交媒体信息专业领域的智能化开发与利用

社交媒体信息在情报学、管理科学与工程等领域正在进行的网络信息分析、大数据舆情以及智能化管理的开发利用是值得被肯定的。档案学领域可以通过借鉴国外先进的理论与技术，结合我国现有的管理水平，积极开展我国的社交媒体文件的归档以及开发与利用工作。本书将通过社交媒体信息关键词抽取、主题分类、情感分析、构建用户画像四个方面的社交媒体研究热点进行阐述，介绍我国社交媒体信息专业领域的智能化开发与利用的发展方向。

（一）社交媒体信息关键词抽取

对于社交媒体信息而言，关键词反映了信息主旨，获取了关键词，便掌握了动态方向，在互联网飞速发展的今天，关键词抽取技术对建立互联网信息库与主题分类具有重要意义。

"关键词抽取是信息检索、文本分类与聚类等技术的基础。它不仅是执行这些任务不可或缺的基础和前提，也是互联网信息化建设的重要任务。"① 关键词抽取的方法总体可分为三种："基于统计的方法、基于机器学习的方法和基于自然语言理解的方法。"② 利用统计的方法对社交媒体信息进行关键词抽取，通过统计有关文本特征的信息来达到目的。其中最典型的是词频的统计，"IBM 的 Luhn 首先提出通过词频提取关键词"③。对于具有一定限定范围的文本信息而言，通常频繁出现的短语被视为关键词语，反之，频率较低的短语则被视为不那么重要的。这种方法的优点在于通用、简易、过程不复杂，缺点是通过统计抽取的关键词存在误差，准确率低。

机器学习方法包括很多种："Munoz 将以模糊谐振理论（ART）神经网络为基础的模型应用到关键词提取，运用 ART 模型将相关术语聚类为语法类，然后使用词作为相关关联共同出现以提取关键词集"④；"Chein 建议使用构造语法模式并使用 PAT 树对显式语法模式（SLP）

---

① 宋宇、罗准辰、真溱：《基于引用背景信息的关键词自动抽取方法研究》，《情报理论与实践》2016 年第 11 期。

② 叶菁菁、李琳、钟珞：《基于标签的微博关键词抽取排序方法》，《计算机应用》2016 年第 2 期。

③ Luhn H. P. , "The Automatic Creation of Literature Abstracts", *IBM Journal of Research and Development*, Feb. 1958.

④ Munoz A. , "Compound Key Word Generation From Document Databases Using a Hierarchical Clustering ART Model", *Intelligent Data Analysis*, Jan. 1997.

进行分类以提取关键字"[1]；"弗兰克等人利用 TF-IDF 指标确定词条位置，再采用朴素贝叶斯模型分类器抽取关键词"[2]；等等。通过机器学习的方法对海量语料信息进行学习，利用最大熵模型、决策树等方法对数据集进行训练，根据获得的相关模型提取关键词，但该方法的缺点是实现起来较为复杂。

基于语言学的方法通常是以词、句、语法和章节为层级对文本信息分析。对于关键词抽取的标注而言，此类方法是非常符合的，但目前如何运用语言学分析信息还是一个难题，因此这种关键词抽取的方法具有局限性。

以上三种关键词抽取的方法各有优缺点，针对以上方法的不足及社交媒体信息的特点，并结合已经被广泛应用于关键词抽取的语言学与统计两种方法的优点，提出一种基于多特征的中文关键词抽取方法，更能提高其有效性。

"基于多特征关键词抽取在抽取中文关键词过程中，从词频、关联度、词性以及位置等多种特征来全面考查关键词。首先对文本文档的分词结果进行词性标注，然后计算文档词语的词频、词性、位置、TF－IDF（信息检索方法）以及聚集特征等统计信息，最终抽取得到中文网页关键词。"[3] 上述涉及文本中词与词间的频率、关联度、单词性质和位置四个特征，可推出社交媒体信息或网页文本的关键词。"W 表示文本中的每个单词，其中 W_{Freq} 表示单词的 TF－IDF 词频，W_{POS} 表示单词的词性，W_{CF} 表示单词的关联度 CF，W_{Loc} 表示单词的位置。"[4] 特征描述如表 8－1 所示。

---

① Chien L. F. , "PAT-Tree-Based Keyword Extraction for Chinese Information Retrieval", Proceedings of the ACM SIGIR, Jul. 1997.

② Frank E. , Paynter G. W. , et al. , "Domain-specific Keyphrase Extraction", Proceedings of 16th International Joint Conference on Artificial Intelligence, Oct. 2005.

③ 杨颖、戴彬：《基于多特征的中文关键词抽取方法》，《计算机应用与软件》2014 年第 11 期。

④ 索红光、刘玉树、曹淑英：《一种基于词汇链的关键词抽取方法》，《中文信息学报》2006 年第 6 期。

表 8 - 1   关键词抽取时的各特征描述

类型	特征	描述
词性	POS	单词的词性信息，如名词、动词、形容词等
位置	Loc	根据单词位置，分为标题、起始段和其他三个部分
频率	Freq	采用 TF - IDF 值表示单词的频率信息
关联度	CF	表征单词网络之间的链接关系

基于多特征关键词抽取方法的优点是有效利用了词语之间的联系。为了有效避免方法单一而产生的不足，这种方法将词语语义融入其中，也同时避免了传统抽取关键词方法产生的偏差问题。但其缺点在于，既然是结合频率统计来完成关键词抽取，也存在一些高频干扰词，它们不是可以反映主题中心的关键词，而是不相关的高频词，如"是"、"的"、"和"以及其他候选关键词，会造成关键词选取错误，产生偏差。

针对以上缺陷的解决办法是将无关高频词启用"停词表"进行过滤，不同的文本群需要建立不同的"停词表"，对此，须利用关键词的所在位置及其词性进一步选取，达到准确、无干扰的结果。新的关键词抽取方法正在传统方法的基础上不断改进，基于多特征关键词抽取方法结合语言学与统计两种方法的优点不断完善，传统方法的整合也是新方法的发展趋势。

（二）社交媒体信息主题分类

随着 Web 2.0 网络的发展，越来越多的信息获取自互联网，而社交媒体平台便是其中一种重要获取途径，每天甚至每时每刻都有重要更新。互联网信息传播速度之快，海量社交媒体信息不断涌现，如何被有效地提供利用成为难题，如何提高其挖掘的有效性成为重点。这时，将社交媒体信息进行有效的主题分类就显得尤为重要了，这么做不但能够将信息的规模缩小，而且便于利用者有效利用与挖掘研究。

目前对海量的社交媒体信息进行主题文档分类还存在困难，涉及主题文档的向量表示与特征提取。然而，国内外越来越多的学者基于之前的研究经验不断尝试对文本分类进行新的改进。近年来比较流行的有监督学习算法是基于 Word2vec 的社交媒体信息主题文档分类方法。

"Word2vec 是 Google 在 2013 年下半年发布的一款面向公众的开源深度学习的学习工具。顾名思义，Word2vec（word to vector）主要用于将单词转换为单词向量并将单词映射到新空间。"① 其本质模型是一个基于输入、投影、输出的三层神经网络，其语义相似度是依据词向量与词向量的间距而得出的，并通过词频最终形成编码。词频高则代表有较少的隐藏层数，机器的复杂度因此而降低，处理效率变高。Word2vec 除了显示特征词的内在联系，还具有更高的处理效率，不止于其上下文的意思与语句结构，也能够推出与其相近的其他特征词。

使用 Word2vec 将社交媒体信息分类为主题文档的优势可表示为："结合 Word2vec，利用其潜在的语义分析功能来缩小特征词包，并用适当的系数替换主语词的语义相关特征词，有效降低了文档向量的维度；结合 TF-IDF 算法进行特征词加权，给每个特征词一个更合适的权重。"② 要对社交媒体信息进行有效的主题分类，需要将分类对象映射成高维数字向量，不是直接对信息文档进行分类，而是对映射的向量进行分类。

在构建模型之前，首先要对需要进行主题分类的社交媒体信息进行处理，所以，在一开始要对其进行预处理；数据预处理后对数据提取特征构建向量；最后实现主题分类。因此，Word2vec 分类法可分为三个阶段：预处理阶段、特征提取—词向量转化阶段、分类阶段。

1. 预处理阶段

针对文本与图片的社交媒体信息的不同特征，对其捕获的方式也多种多样，因此通常要做数据预处理。由于捕获与保存技术有限，这类获取的文本文档大多排版与格式不统一，通常也会出现空行和 HTML 标签

---

① 张冬雯、杨鹏飞、许云峰：《基于 Word2vec 和 SVMperf 的中文评论情感分类研究》，《计算机科学》2016 年第 6 期。
② 张谦、高章敏、刘嘉勇：《基于 Word2vec 的微博短文本分类研究》，《信息网络安全》2017 年第 1 期。

等情况，为了后续工作的准确率和分类效率，有必要通过预处理来统一文档格式。在进行特征提取之前必经的一个步骤是分词操作，这一步需要利用分词器，是把文档集向数字向量集过渡的非常关键的一步操作。

2. 特征提取—词向量转化阶段

通过以上操作的一系列处理后，在特征提取并建立向量阶段需要经过三个步骤：首先，构建特征词袋。在构建特征词时会涉及一个关键的定义——频率，这个频率是指任一特征词出现的频率，频率越大表示这个特征词的分布越广，但与此同时其个性描述性能越低，例如，当频率为 1 时，说明需要分类的所有文档集中都含有此特征词。在选取特征词放入特征词袋时，通过机器计算特征词频率取值有一定的范围要求，如 [0.1/CN，1/2]，其中 CN 是训练集数据分类结果中的聚类数，也就是说，放置在特征词袋的特征词出现的次数应不少于这类文档集的十分之一的文档数，并且还不能够在大于所有文档集的一半文档中出现过。频率为 1 的功能词不能放在功能词包中，因为选择功能词时，应该能够反映特征词的"个性"，更好地平衡特征词的"共性"。其次，浓缩特征词袋的本质是通过优化减缩特征词袋，目的是防止发生文档向量维度重复或相近等问题，有效减小特征词袋中特征词的数目。最后，文档向量阶段的构造主要是根据每个文档中的单词权重算法计算单词包中每个特征词的权重。在构造文档向量时，每个特征词在选择维度时被用作参考，并且总数是文档向量的维度。矢量化的文档集不是利用语句或者单词来描述的，建立文档向量的目的是有利于之后的主题分类的计算。

3. 分类阶段

分类阶段是建立 Word2vec 分类模型中最后一个阶段，此阶段的主要目的是将转变为数字向量集的文本向量集进行主题分类。"相似度计算公式使用欧式距离乘以角度余弦的倒数，以便考虑矢量之间的空间距离和矢量之间的角度。防止距离较小但方向相反的向量被分类为群集。"[①] 较

---

① 吴桃宇：《基于 Word2vec + BM25 的信息检索技术研究》，《电子世界》2018 年第 22 期。

高相似度的文档内含的社交媒体信息便会分到一类集合中，而每类集合会对应相应的特征词也就是最后的主题词。

（三）社交媒体信息情感分析

随着网络用户的增多，越来越多的人通过社交媒体平台来抒发自己的情感、发表对社会实时热点话题的评论等，有时相比在现实生活中与人沟通，他们更愿意将自己的心情、想法、观点在网上表达出来。这种即时性的社交平台所体现的是用户的想法、性格、偏好以及话题对社会产生的积极、消极的影响等。通过对社交媒体信息的情感分析、情感挖掘，可以得到许多潜在的内在联系，无论是从用户的角度还是信息利用者的角度出发，情感分析都是有价值的。

通常情感分析技术被用来挖掘文本信息，就社交媒体信息而言，用户表达的是一种主观情感信息，通过情感分析技术挖掘其中潜在的社会和商业价值。比如，消费者在网上购买商品的过程中，除了在购买前通过商品官网和一些销售网站来了解商品信息，越来越多的人在购买后通过微博来评价商品的好坏、使用心得等，这种评价纯属用户个人的主观评论，它表达了一种感受与想法，评论的人多了，品牌口碑也自然地逐渐地受到了影响，当然这些都与微博信息息息相关；其次，越来越多的用户通过社交媒体来关注实时热点话题与舆情言论方面，人们需要一个这样的平台去抒发自己的情感，相同的想法、态度多了便形成一种趋势，比如对某一事件持支持、反对以及观望看法或者称为"吃瓜群众"。通过对某一趋势的分析，便可了解到当前的某个社会现象、社会态势。

基于监督学习的方法在进行情感分析时依赖于评价对象的实体特征，但有时这种方法用到的特征不局限于与句子、文章或观点评论相关的特征，任意特征词权重的计算均可以用这种特定的方法来表示特征词与实体目标、属性间的距离。此方法包括三种权重："首先，深度差异。特征权重与特征词和目标实体在句法树中的深度差异成反比；其次，路径距离。如果将句法分析树看作一个图，特征权重与语法树中特征词和目标实体之间的深度差成反比；最后，简单距离。特征词的权重与该特征词与目标实体在句子中的距离成反比，在计算这个距离过程中不需要对句子进行句法分析。"①

基于情感词典的方法与基于监督学习的方法在某种程度上是相似的，但也存在着差异，主要的不同之处在于，基于情感词典的方法以观点或评论的对象为主，与句子、段落及文章的情感方法关联性不大。情感词典具体有两种方法："一方面，我们可以在利用情感聚合函数计算目标观点评价对象的情感倾向时，考虑情感表达词（词或者短语）与目标实体或属性在句子中的距离；另一方面，我们也可以通过计算每个情感表达词的作用范围，来判断当前情感词是否作用于目标实体或属性。这一过程需要利用情感表达词和观点评价对象之间的句法关系，且这两种方法也可以组合。"②

在情感分析的过程中需要特定的基本处理模块或资源来支撑此分析方法，"使用包含情感词短语、俚语、组合规则的情感表达词典；处理不同语言和句子类型（如情感转移和 but 从句）的规则集；情绪集合函数，或情绪单词与目标意见评估对象之间的一组关系"③。其中通过情感词语和目标评价对象这两种集合，可以得出具体的任意一个目标实体、属性所表现的倾向情感。

两种情感分析常用方法虽然相似但各有优缺点，目前，基于机器学习的方法已广泛应用，但单单依靠监督学习与非监督学习的方法想要在该领域取得巨大成绩是不太现实的。随着情感分析任务的数据量不断增加，可以设计出更加复杂的深度学习与算法自动学习均通用的方法。

（四）构建用户画像

用户画像技术的应用可以使广告供应商、各种引擎在进行推荐时更

---

① 邓淑卿：《网络用户情感分析方法及其应用现状分析》，《中山大学研究生学刊》（人文社会科学版）2016 年第 4 期。

② 杨立月、王移芝：《微博情感分析的情感词典构造及分析方法研究》，《计算机技术与发展》2019 年第 2 期。

③ 李毅捷、段利国、李爱萍：《基于复杂句式短文本情感分类研究》，《现代电子技术》2018 年第 22 期。

加精准，获取信息的效率更为提高。国外早已应用此技术，比如对世界杯的各球员进行用户画像，可以快速地了解每个球员的每场表现及水平。

用户画像不是用户的肖像，是联系用户的需求并进行方向设计。目前，用户画像已被广泛应用到品牌销售、体育等各个领域。在实际操作中，通过对用户相关数据进行分析，提取一些比较浅显易懂、贴近生活、流行的词语与用户的属性特点结合并做准确的描述。用户画像虽说是一种虚拟刻画，但它并不脱离市场与产品。

基于社交媒体的海量行为数据并结合用户画像技术对社交媒体用户进行画像，用户画像事实上是将用户信息标签化的过程，如年龄、性别、喜好、社交圈等。这种标签方便计算机的处理与人们理解，可进行分类统计，如喜欢咖啡的用户有多少、经常晨跑的用户有多少等。此外，还可利用关联规则与聚类算法的数据挖掘技术来计算分析：喜欢咖啡的用户有多少喜欢晨跑、年龄段分布情况等。用户画像为用户贴上标签后，使计算机与用户能更有效地建立联系，而不是单纯的数据存储。

社交媒体平台多种多样，以国内典型的新浪微博为例来构建用户画像。首先以与微博用户相关的全部数据为样本，目的是还原用户信息，最终以标签的形式展现，这个标签是人为制定的、有辨识度的、有特点的、计算机可识别的标识，通过标签可以很直观地了解用户的特点及基本信息情况。用户画像的标签有两个重要的特点：（1）短文本。通常用来形容用户特征的标签是十分简短的，这样便于计算机对文本的处理分析识别，制定规范化标准。（2）语义化。每个标签的意义易被理解，这使得在实际中构建用户画像模型变得更有意义，也为商业与业务活动中的群体及个人的喜好倾向提供了便利。

微博用户的信息根据信息的属性可以分为两类，一类是静态信息，主要是用户的基本情况，其属性等固定不变。针对此类信息，不需要额外建立模型，因为此类信息较稳定，只需要对这些信息进行数据清洗。另一类是动态信息，这类信息不是一成不变的，而是一种更新记录，如用户在某一时间发表了动态、转发了某条微博、评论了哪些热门等。以用户为单位，根据用户的倾向性来定义标签，这里的倾向性是指他全部的微博动态中哪类动态最多、参与的话题是何方面、关注的人属于什么类型、社交圈如何等，也可称其为用户行为。动态信息不同于静态信息的稳定性，需要建立模型来推出最终的用户标签。

为了构建用户画像，需要建立事件模型，最重要的三要素是人物、地点、时间。这里的人物是指需要构建用户画像的用户，地点是指微博的某个界面，时间是指用户更新动态的时间。具体细化为，标签的定义取决于动态内容，权重取决于用户搜索或浏览新浪微博的页面地址，如果一个新浪微博用户经常浏览某一类信息，那么他对这类信息的权重较大，而信息主要内容便是定义他标签的一个倾向性的方向，但具体还是要通过模型来判断。由于是针对新浪微博的信息进行分析，可根据其固有的功能来判断，其中点赞、关注、评论、转发、亲自编辑发送等不同类型的用户行为所表现出的权重是不同的。

通过构建用户画像建立标签，能够更加直观快速地了解一个人，然而，每构建一个用户画像都需要大量数据与精确的分析，就社交媒体中的新浪微博而言，分析海量的微博信息情况更加复杂，而且具体的权重数值需要精确的科学计算，最终慢慢细化并生成用户画像模型。

目前，国外对社交媒体信息的开发与利用的研究正不断地深入，澳大利亚、英国等国家利用社交媒体信息建立了网络社交媒体库，美国的"维基人"平台等既使社交媒体信息的价值得以发掘，又方便了利用者。我国对社交媒体信息的归档与开发利用的研究理论居多，通过对国外项目研究并借鉴国外的研究成果与经验，在人工智能的时代，社交媒体信息将被更智能有效地开发利用，除了被用于情感分析与主题分类等开发利用，也为未来的档案事业发展方向提供了参考。

附录一

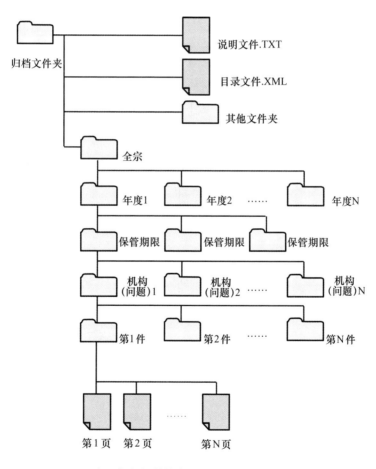

归档文件夹

说明文件.TXT

目录文件.XML

其他文件夹

全宗

年度1 年度2 …… 年度N

保管期限 保管期限 保管期限

机构
(问题)1 机构
(问题)2 …… 机构
(问题)N

第1件 第2件 …… 第N件

第1页 第2页 …… 第N页

图1　电子版数据载体存储结构（以件方式整理）

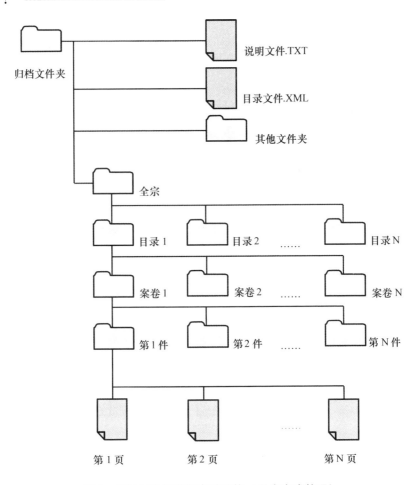

图 2 电子版数据载体存储结构（以卷方式整理）

附录二

表1

电子版数据接收登记表

全宗名称			
接收内容			
接收文件数		数据量	
载体起止顺序号		载体类型	
移交单位意见	移交人（签字）：　　　　　负责人（签字）： 移交单位（盖章）：　　　　　年　月　日		
接收单位意见	接收人（签字）：　　　　　负责人（签字）： 接收单位（盖章）：　　　　　年　月　日		

参考文献

1. 中文专著

丁海斌、卞昭玲：《电子文件管理基础教程》，辽宁大学出版社 2011
　　年版。

丁海斌、方鸣、陈永生：《档案学概论》，辽宁大学出版社 2012 年版。

冯惠玲、刘越男：《电子文件管理教程》（第 2 版），中国人民大学出版
　　社 2017 年版。

郭远威：《大数据存储 MongoDB 实战指南》，人民邮电出版社 2015 年版。

韩其睿：《操作系统原理》，清华大学出版社 2013 年版。

李智勇、李蒙、周悦：《大数据时代的云安全》，化学工业出版社 2016
　　年版。

王红：《操作系统原理及应用（Linux）》，清华大学出版社 2013 年版。

王英、蔡盈芳、黄磊：《电子文件管理》，清华大学出版社 2016 年版。

张尧学、史美林、张高：《计算机操作系统教程》，清华大学出版社 2006
　　年版。

张泽泉：《MongoDB 游记之轻松入门到进阶》，清华大学出版社 2017
　　年版。

2. 中文译著

［美］汉·加为、［加］米其林·坎伯、［加］简·佩：《数据挖掘：概
　　念与技术》，范明、孟小峰译，机械工业出版社 2012 年版。

［美］马克·鲁西诺维奇、［美］大卫·A. 所罗门、［加］亚历克斯·约内斯库：《深入解析 Windows 操作系统　第 6 版》（下册），潘爱民、范德成译，电子工业出版社 2018 年版。

［英］维克托·迈尔－舍恩伯格、肯尼思·库克耶：《大数据时代生活、工作与思维的大变革》，盛杨燕、周涛译，浙江人民出版社 2013 年版。

3. 中文期刊

陈亮：《人工智能技术在智慧档案馆建设中的应用初探——以太仓市档案馆为例》，《档案与建设》2016 年第 7 期。

陈玉茹、孙毅：《面向版本管理的虚拟文件夹技术研究及在图文档管理中的应用》，《电脑知识与技术》2008 年第 28 期。

戴旸、李文媛：《电子文件规范化移交研究》，《档案学通讯》2013 年第 1 期。

翟霭远：《对馆藏档案数字化风险及目录数据库与图像数据库挂接等问题的认识》，《档案管理》2007 年第 3 期。

段荣婷：《基于简约知识组织系统的〈中国档案主题词表〉语义网络化应用研究》，《档案学通讯》2011 年第 2 期。

樊英：《浅析非结构化电子文件》，《兰台世界》2016 年第 16 期。

高劲松、程娅、梁艳琪：《基于关联数据的图书馆数字资源语义互联研究》，《情报科学》2017 年第 1 期。

国家档案局：《全国档案事业发展"十二五"规划（摘要)》，《机电兵船档案》2011 年第 2 期。

国家档案局：《全国档案事业发展"十三五"规划纲要》，《中国档案》2016 年第 5 期。

加小双、祁天娇、周文泓：《美国政府电子邮件信息管理的分析与启示》，《档案学研究》2016 年第 6 期。

贾永刚：《论档案领域本体的构建》，《兰台世界》2009 年第 22 期。

赖雯：《档案数字化图像自动检测技术的研究与应用》，《科技与创新》

2018 年第 12 期。

赖雯：《档案数字化中图像倾斜检测技术的研究与应用》，《信息与电脑》（理论版）2018 年第 10 期。

李月娥、周晓林：《高校纸质档案数字图像存储与数据挂接模式探索——以中国矿业大学档案馆为例》，《档案与建设》2019 年第 5 期。

刘炜、李大铃、夏翠娟：《元数据与知识本体》，《图书馆杂志》2004 年第 6 期。

刘炜：《关联数据：概念、技术及应用展望》，《大学图书馆学报》2011 年第 2 期。

刘艳林：《档案数字化是开发档案信息资源的基础》，《办公室业务》2009 年第 12 期。

刘玉波：《档案信息资源共建共享机制建设问题刍议》，《黑龙江档案》2015 年第 1 期。

马寅源：《关联数据应用于档案知识服务的 SWOT 分析及策略》，《档案与建设》2017 年第 2 期。

聂曼影：《〈基于文档型非关系型数据库的档案数据存储规范〉解读》，《中国档案》2020 年第 7 期。

裴友泉、马仁杰：《电子文件的出路在于关联》，《档案学通讯》2005 年第 5 期。

饶继红：《人工智能在档案管理工作中的应用》，《集成电路应用》2020 年第 7 期。

沈志宏、黎建辉、张晓林：《关联数据互联技术研究综述：应用、方法与框架》，《图书情报工作》2013 年第 14 期。

孙碧燕、王咏：《非结构化档案信息管理对策分析》，《企业研究》2010 年第 6 期。

王大青：《电子文件分类方案需求研究》，《档案与建设》2014 年第 10 期。

王志宇、郭士华：《基于文档型非关系型数据库档案数据存储研究》，

《档案学研究》2021 年第 5 期。

王志宇：《数据库技术的发展与电子文件管理系统建设》，《兰台世界》
2016 年第 23 期。

王志宇、熊华兰：《语义网环境下数字档案资源关联与共享模式研究》，
《档案学研究》2019 年第 5 期。

文龙：《XML 与非结构化数据管理》，《电脑知识与技术》2009 年第
6 期。

于丽娟：《〈电子文件管理软件设计评价标准〉——DOD5015.2－STD》，
《档案学通讯》2003 年第 3 期。

张谦、高章敏、刘嘉勇：《基于 Word2vec 的微博短文本分类研究》，《信
息网络安全》2017 年第 1 期。

张倩：《高校档案大数据业务流程重组研究》，《档案与建设》2016 年第
11 期。

赵淑梅：《试析中国电子文件安全管理指导思想的演变》，《档案学通讯》
2015 年第 2 期。

4. 中外文网站

MongoDB 数据库：《爱思唯尔迁移至 MongoDB，深入了解巨型科研宝
库》，https：//mp.weixin.qq.com/s/BSGbr_ q5cRCSuJkx-b72hA，2019
年 7 月 11 日。

P. Ferris, "National Archives Discovery-Voluntary Service Assessment",
https：//dataingovernment.blog.gov.uk/national-archives-discovery-voluntary-
service-assessment/, 2014.4.22.

The National Archives, "British Army War Diaries 1914－1922", https：//
www.nationalarchives.gov.uk/help-with-your-research/research-guides/british-
army-war-diaries-1914-1922/, 2020.11.10.

The National Archives, "What we hold", https：//webarchive.nationalarchives.
gov.uk/20100604155824/https://www.nationalarchives.gov.uk/about/collection.

htm, 2019. 10. 15.

Wikipedia："Linked Data"，http：//en. wikipedia. org/wiki/Linked_ Data，2021. 10. 22.

国家档案局：《2019 年度全国档案行政管理部门和档案馆基本情况摘要（一）》，https：//www. saac. gov. cn/daj/zhdt/202009/5ce902bafc3f490d99596d55c8c33954. shtml，2020 年 9 月 4 日。

国家行政学院电子政务研究中心：《〈2020 联合国电子政务调查报告〉解读》，http：//www. e-gov. org. cn/article-173572. html，2020 年 7 月 13 日。

国务院：《国务院关于印发"十三五"国家信息化规划的通知》，http：//www. gov. cn/zhengce/content/2016-12/27/content_ 5153411. htm，2016 年 12 月 15 日。

胡明浩：《美国国家档案与文件管理署利用社交媒体开展档案文化传播工作的启示》，上海档案信息网，http：//www. archives. sh. cn/dalt/wgdagz/201402/t20140211_ 40307. html，2014 年 2 月 11 日。

苹果公司：《了解 Mac 上的"访达"》，https：//support. apple. com/zh-cn/HT201732，2020 年 12 月 24 日。

中国数据存储服务平台：《Gartner 发布全球分布式存储和主存储魔力象限，浪潮、华为入选》，http：//www. dostor. com/p/60029. html，2019 年 10 月 23 日。

后　　记

　　本书是我于 2016 年 3 月申报的国家社会科学基金项目"非结构化电子文件管理研究"（16BTQ089）的最终研究成果，该成果于 2021 年 10 月通过全国哲学社会科学规划办公室鉴定予以结项。现在呈现给读者的是在 2021 年 10 月通过鉴定的书稿基础上进行的修订。本次进行的修订，主要包括三个方面：一是对电子文件和电子档案在本书中的概念进行了界定，虽然两者之间在馆藏档案管理方面存在概念上的差异性，但本书大部分篇章所指电子文件的内涵和外延均包含了电子档案的研究；二是增补研究成果，由于本书的资助课题成稿较早，而近年来的信息技术突飞猛进，因此把 2020—2021 年领域内在技术方面的新的变化尽量进行了增补，如 NoSQL 数据库相关的论述及相关法规的解读；三是增补了我近年来发表的有一定社会影响的学术论文 2 篇。

　　我长期致力于电子文件和电子档案管理研究，从 2002 年起即为本科生讲解相关课程，并参编了数本电子文件管理教程。在电子文件和电子档案管理领域，近 20 年来的变化是巨大的。正如同竹木简牍取代了金石档案，而其又被纸质档案取代一样，数字化的电子文件及电子档案也必将逐步取代纸质档案，成为档案领域的主要管理对象，而这种巨变将在现当代成为现实。在档案业务信息化和档案内容数字化的过程中，信息技术的变革起着核心推动的作用，而大量非结构化数据的出现也成了管理者必须要面对的问题。为了厘清非结构化电子文件和电子档案的起源和现实情况，我在信息技术与档案管理实践相互融合的基础上，从多个管理维度出发对该问题进行了深刻的论述。为了更加系统地把握非结构化数据的特征，我结合了大数据环境下的档案管理特征，并从内容管理和语义挖掘角度增加了语义网环境的管理内容，也从社交媒体归档等Web 数据管理方面进行了应用性论述，以此探寻非结构化电子文件在管理和应用过程中的内在逻辑特征。

在研究过程中，针对国家档案局于 2019 年 12 月发布并于 2020 年 5月 1 日正式实施的《基于文档型非关系型数据库的档案数据存储规范》，我指导学生郭士华对其进行了研究和解读，我们围绕相关主题合作发表了《基于文档型非关系型数据库档案数据存储研究》（《档案学研究》2021 年第 5 期）。该篇论文得到了《规范》起草人陶光毅教授的关注，陶光毅教授亲自联系了我们并对我们的研究表示了高度认可。陶光毅教授的肯定极大地鼓舞了我们的科研团队，将来我也会在相关问题上和陶光毅教授展开更多的合作。在书稿的撰写过程中，沈阳市档案馆的周媛媛老师参与编写了本书的部分内容，同时我的多位研究生参与了书稿的编写和资料收集工作，她们是郭士华、熊华兰、崔海靖、袁馨怡、宋志萍，郭士华同学同时负责了本书的统稿工作，我的 20 与 21 级研究生参与了本书的校稿工作。

目前，国家正在大力推进新文科建设创新发展，在该背景下，2021年 12 月 10 日，国务院学位委员会办公室发布了新版学科专业目录，将"图书情报与档案管理"一级学科拟更名为"信息资源管理"。这表明，档案学的学术研究也正式进入以数据管理为对象的新时代。把档案记录作为信息资源加以研究和实践是领域内近年来的研究趋势，这更加剧了相关学科的交叉融合，也更能令档案的价值在科学利用的推动下实现崭新的智能化提升。数字化、单套制、无纸化的发展进一步促进了档案的文档一体化建设，电子文件和电子档案的界限也会进一步模糊。以云计算、大数据和区块链等前沿技术为牵头的技术变革下，非结构化、结构化、半结构化电子文件和电子档案的管理模式也会继续改变，它们之间的关联会进一步加强，其内容抽取和文本挖掘的操作也不再是极具困难的事情，但这又会将领域研究上升到智能化应用的高度，这方面的研究是永无止境的，档案价值带给人类的贡献也会愈加得以体现。因此，本书的研究可以说是现阶段的一种探索，还有大量的研究工作有待后续深入开展，本书中尚且存在的不足，恳望同行批评指正。

最后，我作为课题主持人要特别感谢"非结构化电子文件管理研究"课题组成员在课题申报、课题研究过程中所做出的贡献；感谢多位评审专家在项目结项评审中给予的较高评价以及非常宝贵的修改补充意见，有助于我在本书出版之前能有针对性地予以充实、修订和完善；感谢此书的责任编辑——中国社会科学出版社的刘女士。对"非结构化电子文件管理研究"这一项目以及给予该专著关注与鼓励的学人一并表示衷心的感谢！

本书的形成过程交代如上，专为记录这段值得铭记的学习和钻研时光，是为后记。

王志宇
2022 年春于辽宁大学